KB212199

천도교의 정치이념

천도교의 정치이념

『천도교청우당론』『당지』

김병제 · 이돈화 외 지음
임 형 진 해제

도서출판 모시는사람들

머리말

동학은 조선 봉건사회의 해체기에 발생한 민족종교이다. 당시의 피폐해진 민중의 힘을 하나로 결집시켜 반봉건 반외세운동을 수행하고, 지상에서 군자 국가를 건설하는 것을 목표했다. 동학은 그때까지의 민중적 사고의 총결산이자 그들의 이상적 세계관이 수운 최제우를 통하여 이상사회 건설로 완결된 것이다. 동학에서 주장하는 시천주, 사인여천, 인내천의 사상은 그대로 천도교로 계승되었다.

천도교의 역사는 그대로 우리 근대사의 고갱이와 일치한다. 대한제국 시기의 개화를 위한 민중계몽운동은 물론 3·1운동에서의 중심적 역할 그리고 어린이운동과 여성운동, 노동운동 등 천도교의 민족운동의 가치는 아무리 지적해도 지나칠 수가 없다. 이같은 행적들은 모두 동학의 창시자인 수운 최제우가 그렸던 이상사회를 향한 노력이었다.

『천도교의 정치이념』과 『당지』 그리고 『천도교청우당론』을 묶은 본 책은 그 연장선상에서 동학사상이 근대적 사상과의 교류 시기를 경과하고, 해방 후 천도교가 구상한 이상사회의 구체적 표현이라고 할 수 있다.

그동안 동학 천도교에 대한 연구가 적지 않게 있었음에도 불구하고 그들이 우리 근대사에서 왜 그렇게 많은 희생을 치렀는가에 대한 문제의식은 부족했다. 즉 동학은 창도 이래로 수많은 희생을 치르면서 오늘에 이르고 있는데 왜 이들은 자신의 목숨을 아무런 두려움 없이 민족의 제단 앞에 바칠 수 있었는가. 도대체 그들이 그토록 열망한 이상적 사회는 어떤 모습이었는가. 동학 천도교가 추구했던 근대 국가의 모습은 어떠한 상태이었는가에 대한 연구는 매우 부실하다고 하지 않을 수 없다. 그런 가운데 본 책자가 발행되게 된 것은 그 의미가 매우 크다고 할 수 있다.

『천도교의 정치이념』과 『당지』 그리고 『천도교청우당론』은 모두 해방정국기에 나온 천도교의 문건들이다. 이들 문건들은 모두 당시 천도교의 정치경제이념과 새로운 국가에 대한 비전을 구체적으로 표현하고 있다. 『당지』와 『천도교청우당론』은 당시 천도교의 전위단체인 〈청우당〉의 당학습 교재로 쓰인 것으로 이 책자의 내용은 그대로 당시 당원들에게 교육된 것들이다. 또한 『천도교의 정치이념』은 당시 남북한의 천도교 이론가들이 모여 만든 최고의 천도교의 정치이념서이자 정치노선이라고 할 수 있다.

해방 70주년이자 분단 70년인 2015년은 우리에게 해방의 기쁨보다는 오히려 분단의 아픔으로 더 다가온다. 이는 그만큼 민족 앞에 놓인 과제가 크다는 것을 반증하는 것이고 우리 민족 누구도 이 과제 앞에서 자유로울 수 없을 것이다. 동학 천도교의 150여 년의 역사는 그대로 민족의 역사라고 했을 때 여전히 이들이 추구하는 이상사회가 우리 앞에 과제가 되고 있음이 엄혹한 현실이다. 갈등을 치유하고, 반목을 화해로, 분열을 통합으로 그리고 분단을 통일로 극복하고자 하는 모든 이의 꿈이 이미 70여년 전 민족의 선배들이 제시한 글에 제안되어 있다. 얻고자 하는 자에게는 주어질 것이지만 반대의 경우에는 아무것도 얻지 못하고 또 다시 허송하는 70년이 될 것이라는 사실이 무겁게 다가온다.

이 책이 통일 한반도에 펼쳐질 새 나라의 정치적, 경제적, 문화적 이상향을 그려나가는 데 길잡이가 되는 고전으로 자리매김하길 기대한다.

2015년 3월
임형진

발간에 제하여

이 작은 책자는 비록 간단하나마 천도교 정치사상의 사회적 기반과 이론적 근거를 밝히는 동시에 천도교의 정치운동의 사실을 들어 그 이념 노선과 투쟁 대상이 무엇이었는가를 예증하고, 아울러 해방후 신조선 건설에 대한 대체 요강을 제시하였다.

그러나 이것은 마치 집을 짓는 데에 기둥, 들보, 도리, 방목方木, 서까래 등 재목될 만한 것을 골라 놓은 데 불과할 뿐이요, 아직 먹줄을 치고 대패를 놓고 골을 파서 자귀로 깎아서 사개를 맞추지는 못함과 같이 구체적인 이론적 체계와 현실적 정책을 완전히 내세우지는 못하였다.

앞으로 청우당靑友黨의 이념 노선과 및 현단계의 정강 정책을 구전한 책자가 속간될 것을 전제로 하고 우선 이것을 발간하면서 독자 제현의 양찰良察을 바란다.

포덕 88(1947)년 3월 31일
천도교총본부 지도관 김병제

차례

천도교의 정치이념

제1부
천도교의 정치이념

제1장 천도교의 정치사상과 사회적 근거

천도교의 정치사상은 최수운 선생이 당시의 국내정세와 국제정세를 비판적으로 관찰하여 그 대책을 강구한 데서 기인되었다. 당시의 조선 사회는 봉건제도의 말기로서 온갖 폐해가 함께 생기던(俱生) 때이다. 위로 용렬하고 밝지 못한 군주(庸君暗主)들은 특권계급에 조종되어 허위虛位를 지킬 뿐이었고, 정부 대관들은 각자의 위권명리威權名利를 도모할 뿐 국가 민생의 안위는 염두에도 없었으며, 더욱이 수백년래의 당쟁은 자당 옹호, 정적 타도에만 피차 열중하기 때문에 국가에 장차 큰 화(大禍)가 생길 것은 전연 깨닫지 못하고(沒覺) 있었으며, 그들의 조아(爪牙=손톱과 어금니 같이 요긴한 신하)인 탐관오리배는 민중의 고혈을 착취하는 그 한 가지 일(一事)에 전념하였고, 지방 토호는 역시 비천卑賤한 대중에게 사역토색使役討索・사형私刑을 자행하면서 이를 당연시하였으며, 국가풍교國家風教에 주도적 위치에 있는 유림 또한 그들의 본무本務인 강학명륜講學明倫은 명색뿐이요, 토호 지주배와 삼각동맹이 되어서 일반 민중을 억압・착취하였다. 또 그때의 경제 상태는 원시적인 농업과 수공업으로서 특히 토지 제도는 봉건적이었기 때문에 절대 다수 농민은 거의 전부 소작인으로서 지주의 착취는 물론이요 그 신분까지 지주에게 종속된 노예 생활을 하였고, 소수 자작농가가 있다 할지라도 그 문벌이 양반계급에 속하지 못한 사람이면 토호土豪의 어육魚肉됨을 면치 못하였다. 또 그때의 윤리도덕은 유교가 국시國是이니만큼 봉건적 전형 도덕인 오륜삼강의 명목이 있기는 있었으나, 그나마 유교의 본지인 왕도의 애국애민의 기강과 교화를 바르게 세우지 못하였을 뿐 아니라 도리어 특권계급의 민중 착취의 이용 도구가 되고 말았다.

이와 같이 정치는 부패하고 경제는 빈약하고 윤리는 퇴폐하여 국가는 날로 패망의 역域으로 기울어지고, 민생은 날로 도탄의 구덩이(坑)에서 헤매이게 되었다. 이에 빈천貧賤 대중은 행여 살아날 길을 얻을까 하여 직접 집권자에게 반항하는 민요民擾가 도처에서 봉기하였고, 혹은 외래 세력에 의존하고자 하여 천주교에 귀의하는 자도 있으며, 혹은 재래의 비결에 의하여 십승지지十勝之地와 진인眞人 출현을 기대하는 등 각종의 가련한 광경을 드러내었다. 이것이 당시의 국내 정세의 일단一端이었던 바, 최수운은 이것을 단적으로 비판하기를 "임금은 임금답지 못하고, 신하는 신하답지 못하다(君不君 臣不臣)."고 하여 정치의 부패를 표징하고, "아버지는 아버지답지 못하고, 아들은 아들답지 못하고, 남편은 남편답지 못하고, 부인은 부인답지 못하다(父不父 子不子 夫不夫 婦不婦)."고 하여 윤리의 퇴폐를 표징하고, "일세상 저 인물이 도탄중 아닐런가."라고 하여 민생의 고난을 표징하고, "유도 불도 누천년에 운이 역시 다했던가."라고 하여 종교의 쇠미衰微

를 표징하였다.

다음 국제 정세로는 영국의 산업혁명과 프랑스의 정치혁명을 거친 서양의 자본주의 열강 세력은 일찍이 국외 진출(發展)을 도모하여, 제국주의적 침략 마수를 인도·미얀마(緬甸)·동인도·베트남(安南)·중국 등지에 뻗치고 있던 때이다. 즉 1840년에 중국에서는 유명한 아편전쟁이 일어나 영국은 중국의 홍콩(香港)을 탈취한 외에 5개 항의 개방을 얻었고, 또 에로우 호 능욕凌辱 사건과 프랑스 선교사 살해 사건으로 인하여 1856년에 연합군의 북경 침입이 있었으며, 그보다 먼저 러시아는 아이훈(愛琿) 조약(1856)에 의하여 흑룡강 이북의 땅을 할취割取하였고, 나아가 연해주를 취하는 동시에 블라디보스토크(浦鹽斯德)를 군항으로 정하고 시베리아(西伯利亞) 철도를 부설하여 만주와 조선으로 진출할 계획을 세웠다. 이와 같이 서양의 자본-제국주의의 세력이 동양의 중심인 중국 전토를 유린하고 서로, 북으로 침침연浸浸然히 반도 삼천리를 엄습하고 들어오는 이때에 조선의 상하는 그에 대하여 오직 이질적(異樣)인 느낌을 가졌을 뿐 아무런 대책이 없었으며, 마침내 순조 31년(1831)에 영국의 배 한 척이 또다시 남해안을 돌아다닌(回遊) 일과, 그 이듬해에 프랑스 함선이 홍주 외연도外煙島에 서신을 전달(致書)함과 같은 일이 당시 민심을 극도로 자극시켰다. 이것이 그때 국제 정세의 대략이었던 바 최수운은 역시 이것을 단적으로 비판하기를 "서양 사람은 천주의 뜻이라고 하여 부귀는 취하지 않는다 하고, 그 교당을 세워 그 도를 행한다 하니…(西洋之人 以爲天主之

意 不取富貴 攻取天下 立其堂行其道)"라거나 "서양은 싸우면 이기고 치면 빼앗아 이루지 못하는 일이 없으니 천하가 다 멸망하면 또한 순망치한의 탄식이 없지 않을 것이니 보국안민의 계책이 장차 어떻게 나올 수 있는가?(西洋 戰勝攻取 無事不成而天下盡滅 亦不無脣亡之嘆 保國安民 計 將安出, 이상 포덕문)"라거나 "서양 사람은 무기로 공격하면 싸움에 당할 사람이 없다고 하니 어찌 순망치한의 근심이 없겠는가?(西洋之人 攻鬪 干戈 無人在前 豈可無脣亡之患耶, 논학문)"라고 하였다.

이것을 풀어 말하면 첫째, 서양 사람들은 말로는 "하느님을 위하기 때문에 부귀는 취하지 않는다."고 하면서 실제 행동은 무력을 가지고 천하를 쳐서 빼앗으며, 그러고는 그 땅에다 교당을 세우고 자기네의 종교를 선전한다는 것이요, 둘째, "서양은 무력이 발달하였기 때문에 어느 나라와든지 싸우면 반드시 이겨서 성공 못하는 일이 없으니 그 대로 나간다면 천하가 다 소멸할 터이니 우리 조선도 이에 따라서 순 망치한脣亡齒寒의 탄식이 없지 않으리라. 그렇다면 보국안민할 계책 은 장차 어떻게 하여야 되겠는가." 한 것이요, 셋째, "만일 서양의 무 력에 동양의 중심인 중국이 소멸하게 된다면 우리 조선은 어찌 순망 치한의 화단禍端이 없을 줄 아느냐." 하는 말씀이다. 그리고 최수운은 다시 "이 근래에 온세상 사람이 각자위심하여 천리를 따르지 않고 천 명을 돌아보지 아니하니…(挽近以來 一世之人 各自爲心 不順天理 不顧天 命)"라는 엄숙한 판단을 내리고 나아가 "이 세계는 장차 큰 변이 생기 리라. 그리하여 구시대 낡은 사회 낡은 문화는 파괴되고, 새 시대 새

사회 새 문화가 창건되리라." 하고 이에 분연 궐기하여 제세안민濟世
安民의 도를 구하게 되었으니, 이것이 천도교의 정치적 혁명 사상의
첫 출발이었다.

제2장 천도교의 정치사상과 이론적 근거

당시의 조선 사회를 종막終幕에 들어선 말세로 보고 시운시변의 사회법칙에 의하여 새 시대의 도래를 예단豫斷하고 제세안민의 도를 구하기 시작한 최수운은 16세부터 37세까지 약 21년간 고행·독서·사색을 계속하다가 마침내 경신(1860) 4월 5일에 이르러 천도를 대각하게 되었다. 그리하여 최수운은 먼저 이 시대를 선천/후천으로 갈라서 경신년 이전을 선천시대, 경신년 이후를 후천시대라 선언하고, 나아가 종교·정치·경제·윤리·도덕 등 선천시대의 기성 문물은 이를 일절 부인해 버리고, 그 낡은 터전에다 새로운 경제·윤리 등을 건설함을 전제로 후천개벽 운동을 일으키게 되었다.

개벽운동의 지도원리는 인내천주의이다. 인내천은 첫째, 인간과 한울님은 그 본질에서 둘이 아니요 하나라는 천인일체天人一體의 원리와, 둘째, 인간과 인간, 즉 나와 남은 그 근본에서 역시 둘이 아니요 하나라는 자타일체自他一體의 원리를 내포한다. 그러니만큼 인내천은 한편으로는 종교의식의 원천이 되어 온갖 도법道法과 교화가 여기에서 출발하고, 한편으로는 정치사상의 근저根底가 되어 온갖 이론과 행동이 이로부터 규정짓게 되었다.

여기에서 천도교는 그 성격상 스스로 성신쌍전性身雙全, 교정쌍방教政雙方의 실천 행동을 모두 갖추지(具全) 않을 수 없다. 그러나 본문은 주로 정치적 이념을 구명究明하는 것이기 때문에 종교 방면의 제문제는 논외로 하고 정치 방면에 관한 것만을 추려서 말한다면, 인내천은 그 응용상에 있어서 스스로 평등과 자유를 내포하였다. 인내천은 천天 자字를 일一 자字로 해석할 수 있으니, 사람은 하나이다. 사람 위에 사람이 없고 사람 아래 사람이 없는지라 사람과 사람 사이에 어떠한 계급이나 어떠한 차별을 인정할 수 없으며, 인내천이란 천 자를 본本 자字로 해석할 수도 있으니, 인간사회에는 인간이 근본이다. 인간 위에 신적 우상이나 물적 우상을 두어서 인간의 자유를 구속하거나 동등한 인간에게 명위名位의 우상을 두어 인간의 자유를 속박할 이유가 근본으로 없다는 것이다. 그러므로 인내천주의를 정치적으로 실현하는 데는 어쩔 수 없이 평등과 자유를 인정하지 않을 수 없다.

이제 평등·자유를 내용으로 하는 인내천주의에 입각하여 이 사회 현상을 검토해 보면, 봉건적 귀천 차별 같은 것은 이미 철폐되었지마는 아직도 유산-무산의 차별, 관민의 차별, 민족의 차별, 인종의 차별 등은 엄연히 존재하는 것이 사실이며, 이러한 차별이 있는 한 만인의 자유도 거기 따라서 제약될 것이 또한 사실이다. 평등과 자유는 인간이 타고난, 천연자재天然自在한 권리이니만큼 평등을 잃은 곳에 평화가 있을 수 없고, 자유를 빼앗긴 곳에 투쟁이 없을 수 없는 것은 그야말로 천리요 천명이다. 이 점에서 천도교의 정치적 기본 이념은 사람

사람에게 다같이 정치적 · 경제적 · 문화적 · 사회적으로 완전한 평등 자유를 실현하자는 데 있다.

이제 인내천주의의 정치사상에 관한 이론적 근거를 충실히 하기 위하여 최수운, 최해월(海月 崔時亨, 1827-1898), 손의암(義菴 孫秉熙, 1861-1922) 세 분 선생의 말씀과 행적을 열거한다.

1. 동귀일체설同歸一體說

이것은 수운 선생의 말씀으로, 여기에는 세 가지 중요한 의의가 있다. 그 하나는 "억조창생 많은 사람 동귀일체同歸一體 하는 줄을 사십 평생 알았던가."라고 하여 장래의 세계는 인류 전체가 다 같이 일체적인 평등 · 자유를 얻게 되리라는 것이다. 둘째는 "쇠운이 지극하면 성운이 오지마는 현숙한 모든 군자 동귀일체 하였던가."라고 하여 새시대의 성운을 맞이하는 방법으로는 동귀일체적 단결이 필요하다는 것이요, 그 셋째는 동귀일체에 대한 철리哲理이다. 인간 사회는 모든 개인의 집결체요 협동체요 조직체이다. 그러므로 개인은 부분적 존재요 사회는 전체적 존재로서, 부분적인 개인을 무시하고는 사회의 발전을 기할 수 없고, 전체인 사회를 떠나서는 개인의 생존을 도모할 수 없다. 그런데 오늘날 세계에는 개성의 자유를 편중하는 개인자유적 민주주의가 있고, 개인은 사회적 존재라 하여 사회 하에만 편중하는 전체주의가 있는 바 이는 둘이 다 편중의 결함이 있다. 편중偏重은 부조화를 낳고 부조화는 통증을 부른다. 동귀일체의 철리는 능히 이 부조화를 조화할 수 있고 이 편중을 쌍전할 수 있다. 동귀일체의 원리에서는 인간사회를 한 개의 인체와 같이 본다. 그리하여 육체 전체는 모든 기관을 꾸준히 조절하여 세포의 균형적 발육을 도모하고, 세포 각개는 각자 본능을 완전히 발휘하여 전체의 계속적 건전을 도모함과 같이, 인간사회도 이 원리에 맞도록 조직하여 사회와 개성의 쌍전적 발전을 도모하자는 것이다.

2. 사인여천설事人如天說

인내천은 그 응용에서 사인여천이 되고 사인여천은 그 실천에서 평등·자유를 주장한다. 이것은 천도교의 신윤리·신도덕의 최고 준적準的으로서 과거의 봉건적 계급 도덕이나 자본제적 개인 중심의 도덕을 부인하고, 인간성자연을 기초로 하는 인격 본위의 도덕이다. 귀천부귀의 차별이 없는 것은 물론이요, 인간 상호간 자연스러운 심정에서 우러나는 존경과 감사와 친애로써 상대하는 도덕인 것이다.

3. 보국안민설保(輔)國安民說

최수운은 원래 포덕천하 광제창생의 대사상을 품은 세계적 대종교가이면서도 한편으로는 열렬한 애국주의자이다. 그래서 그는 "함지사지 출생들아 보국안민 어찌 할꼬…."라고 하여 이 나라가 장차 망할 것을 애타게 걱정하고, 이 민족 이 민중에게 닥쳐올 고난을 눈물나게 근심하였다. 그리하여 그 방법으로는 각자위심各自爲心하지 말고 동귀일체하라는 것을 두 번 세 번(至再至三) 강조하고 나아가 "아국운수 먼저 한다." 하면서 개벽운동의 급선 과제로서 정신개벽·민족개벽·사회개벽을 제시한다.

4. 천직천록설天職天祿說

수운 선생은 경제 문제에 대하여 구체적으로는 명시한 것이 없으나, 그러나 한울님이 사람을 내고는 반드시 직업을 주었다는 말씀과 "한울님이 사람 낼 때 녹祿 없이는 아니 낸다."는 천직천록설에 의거해 본다면, 수운 선생의 경제적 평등관을 여실히 발견할 수 있다. 왜 그러냐 하면 천리로 볼 때에는 일월성신日月星辰 산하해육山河海陸은 다 같은 공유물이라, 인류 전체의 생활을 영위할 수 있는 것이요, 인간 자체에는 자기 생활을 자작자급할 수 있는 이목구비 사지백체의 기관이 구전具全하고 그에 따른 노동 능력이 자재自在하니만큼 이는 근본 천리로서 인간 각자에게 천직과 천록을 고르게 준 것이다. 그림에도 불구하고 오늘날 세상은 천직을 잘 지키는 노동자 농민은 천록을 받지 못하여 굶주림에 울고, 천직을 지키지 않는 무리가 도리어 남의 천직까지를 독점한 셈이니 이것은 천리천명을 위반한 사회적 죄악인지라, 당연히 근본적 개혁이 있어야 할 것이다.

5. 만사지萬事知는 식일완食一碗 설

이는 해월 선생의 말씀으로 위에 말한 수운 선생의 천직천록설을 좀 더 노골적으로 표시한 것이라 할 것이다. 그런데 이 말씀은 인간만사의 근본적 해결은 무엇보다도 대중에게 밥 한 그릇을 균평하게 분배하는 데 있다는 것이다. 아닌 게 아니라 인간사회에서 개인-개인 간의 분쟁이나 계급-계급 간의 투쟁이나 민족-민족 간의 알력이나 국가-국가 간의 전쟁이란 것은 그 근본 원인을 캐고 캐어 본다면 사실 밥 한 그릇 싸움에 불과한 것이다. 말하자면 남의 밥그릇까지 빼앗아서 제 소유로 삼겠다는 강자의 탐욕과, 제 몫으로 오는 밥그릇만은 빼앗기지 않겠다는 약자의 불평, 그것이 인간사회 모든 분란의 최대 원인이다. 그러므로 인간만사의 해결책은 공연히 크고 어려운 문제만 생각할 것이 아니라 사람사람 각자의 밥 한 그릇(食一碗) 문제에서 출발해야 한다는 것이다.

6. 노예해방奴隷解放

수운 선생은 최초 계급 타파의 시범으로 가정 전래의 노예를 해방하여 한 사람(一女)은 며느리(子婦)를 삼고 한 사람은 양녀를 삼아 출가

시켰다. 백 년 전 그때 노예를 해방하였다는 것도 놀라운 일이거니와 며느리와 양녀를 삼았다는 것은 실로 철저했다고 할 수 있다.

7. 정치적 실천 운동

수운 선생은 득도 후 겨우 4년 만에 순도하였기 때문에 정치적 실천 운동은 직접 지도하지 못하였거니, 최해월 선생은 갑오혁명운동을 직접 지도하였고, 손의암 선생은 갑오운동 때에도 제일선에서 싸우고, 갑진개혁운동이나 기미독립운동에서는 최고 수령으로서 직접 지도를 하였다. 3대 운동의 의의를 다음 장에서 구체적으로 해설하겠지만, 두 분 선생이 이 3대 운동의 직접 지도자이니만큼 천도교의 정치적 이념은 이론보다는 행동에서 스스로 명시된 것이 사실인 것이다.

8. 순도정신殉道精神

과거의 모든 선각자, 혁명가들이 받은 고난과 박해와 희생을 최수운 최해월 손의암 세 분 선생도 꼭 같이 받았다. 수운 선생은 이단의 지목으로 당시 정부에 잡혀 좌도난정左道亂正이란 죄명으로 대구 장대에서 참형을 당하였고, 해월 선생은 비밀결사인 동학당을 지도하기 모두 35년 동안에, 도산검수刀山劍水의 갖은 고난과 박해를 받다가 마침내 정부에 잡혀 또한 좌도난정의 죄명으로 경성감옥에서 교형을 당하였으며, 의암 선생은 그 초년에 해월 선생을 쫓아서 구들돌이 검을 새 없이 돗자리가 더울 새 없이 각지로 전전하면서 온갖 고난과 박해를 받은 것은 막론하고라도, 동학당을 단독 지도하게 된 후에도 도저히 국내에서는 몸을 숨길(藏身) 도리가 없기 때문에 부득이 성명까지 바꾸고 외국으로 망명하여, 혹은 상해로 혹은 동경·대판 등지로 쫓겨다니(逼留)면서 별별 고난을 다 겪었으며, 마침내는 3·1운동의 영수로서 형기刑期 중에 환원하게 되었다.

이와 같이 세 분 선생이 이 도법, 이 주의를 실현하기 위하여 기성 사회의 모든 세력의 박해와 싸우면서 백절불굴 초지를 시종일관해 나아가다가 마침내는 생명을 버리고 주의를 살린 그 정신, 그 기백은 진실로 천도교의 혁명사상을 웅변으로 입증한 것이다.

9. 후천개벽後天開闢

원래 우주 생성의 원리가 통일에서 분열로, 분열에서 다시 통일로 진전하는 과정을 밟는 것과 같이 인간사회의 진화·변천도 역시 이 원리에 벗어나지 못하나니, 이로써 보면 선천개벽은 통일에서 분열로 나아가는 과정을 말하는 것이요, 후천개벽은 분열에서 통일로 다시 회복되는 노정을 말하는 것이다. 이를 좀 더 자세히 설명하면 여기에 한 개의 복숭아나무가 최초에는 복숭아씨라고 하는 한 개의 통일체에서 지하에서는 뿌리로 지상에서는 줄기로 분열이 생겨가지고, 거기에서 또 다시 가지로 잎으로 꽃으로 천지만엽의 분열을 거듭하다가, 최종에는 과실에 와서 다시 통일이 되나니, 이 한 개의 원리는 우주의 전체 진화에도 적용되고 사회 발전에도 적용이 된다.

인류 사회의 발전 과정을 역사적으로 회고한다면 원시공산사회는 한 개의 통일체였다. 그 통일체가 한 번 바뀌어(一轉) 노예제도가 생기게 되면서부터 분열이 시작되었다. 그리하여 본래는 평등 무차별하던 인간군人間群이 노예와 자유민으로 분열되고, 귀족과 평민으로 분열되고, 영주와 노예로 분열되고, 지주와 소작인으로 분열되고, 자본가와 노동자로 분열되고, 유산계급과 무산계급으로 분열되어 왔다. 생각건대 현대의 유산-무산의 계급적 분열은 분열의 최후계급인 동시에, 계급 해방 운동은 분열에서 재통일되는 최초의 운동이라 할 수 있다. 이것은 계급적 과정에서만이 아니라 종교, 정치, 경제, 문화 등 모든 것이 다 같이 과거에는 통일로부터 분열되어 오다가 지금에는 분열에서 다시 통일을 향하여 나아가는 중간 과정에 있다고 할 것이다. 천도교의 개벽운동은 이 원리를 기준(則)으로 하여 정치적·경제적·문화적 통일·향상을 도모하자는 것이다.

10. 사람성性 자연사관自然史觀

이것은 과거의 유심사관이나 유물사관을 지양·통일한 천도교 특유의 역사관이다. 위에서 말한 통일에서 분열로, 분열에서 통일로 나아가는 개벽 원리는 사회진화의 계급적 법칙을 가리키는 것이요, 사람성자연사관은 사회 진화의 주동적 법칙을 가리키는 것이니 이는 사회 진화의 주동력을 사람성자연의 시대적 진화에서 찾는 것이다. 우리가 지기至氣의 표현인 것과 같이 사람성자연도 지기의 표현인 바, 지기란 것은 물物도 아니요 심心도 아니며, 또 물의 근根이요 심의 원源이라. 사람성자연은 물과 심이 호상 연락되면서 호상 배치되며, 호상 견제되면서 호상 계기되며, 호상 긍정하면서 호상 부정되며, 호상 균형을 요구하면서 균형을 파괴하며, 조화를 얻으려고 하면서 모순되는 반대일치反對一致의 결과를 나타내는 것이다. 이 사회 진화의 주동력을 유심사관唯心史觀은 인간 사상의 변화에서 추진된다고 주장하고, 유물사관唯物史觀은 경제적 조건의 변화가 원인이 된다고 주장한다.

그러나 사람성자연사관은 이 두 가지 이론을 다 같이 부정하는 동시에 다 같이 긍정한다. 왜 부정하느냐. 유심/유물사관의 대립은 원래 사상적 분열 과정에서 심心 또는 물物의 한편에 서서 통일점·일치점을 발견하지 못한 편견이기 때문에 이를 부정한다. 그러면 부정하고 나서 다시 긍정하는 이유는 무엇이냐. 심 또는 물이란 것은 사람성자연의 각 일면적 작용으로 둘이 다 역사 발전에 대하여 중요한 관계를 가졌기 때문에 이를 긍정한다. 사람의 의식적 작용이 없으면 경제적 조건이란 것이 저 혼자서 변화할 리가 없고, 또 경제적 조건이 변화되지 않고는 사람의 사상이 저 혼자 변화를 일으킬 수 없는 것이다. 그러므로 사람성자연은 언제나 그 주동적 주체가 되는 동시에 그 자체에 변천·발전의 자재한 법칙을 가지고 인간의 사상과 경제적 조건에 변화적 작용을 일어나게 하는 것이다.

사람성자연의 이론적 근거와 구체적 연구는 이 글에서 상론相論할 수 없으므로 이를 생략하거니와(이돈화 지음, 『신인철학』 참조 - 편집자 주) 이제 통속적으로 알기 쉬운 실증을 든다면, 벌도 사람과 같이 집단생활을 하고 개미도 사람과 같이 집단생활을 한다. 그러나 벌이나 개미 사회는 몇 천 년, 몇 만 년이 지나도 아무런 변천과 진화가 없나니, 그것은 벌성性자연이나 개미성性자연이 본래부터 변천 변화가 없게 된 까닭이다. 그런데 인간사회는 천 년 전과 천 년 후가 엄청나게 변천이 있고 진화가 있는 것은 사람성자연이 선천적으로 변천·진화할 만한 본질을 가진 까닭이다. 심 또는 물이 그 주체인 사람성자연의 양면 작용임을 바르게 관찰하지 못하고, 이를 유심 또는 유물이라고 단정하는 것은 마치 걸어가는 사람을 보고 한 사람은 그 사람의 의식이 주동이라 하고 다른 사람은 그 사람의 다리가 주동이라 하는 것과 같은 논법이다. 그러나 사실 의식과 다리는 사람 자체의 작용일 뿐 그것의 주동으로서 행보하게 되는 것은 아니다. 다시 말하면 사회진화에서 심과 물은 의식과 다리의 통일적 주체인 걸어가는 사람 그 자체와 같다는 말이다. 이와 같은 사람성자연사관은 위에 말한 개벽 원리와 아울러 천도교 정치사상의 기초가 되는 동시에 지침이 되는 것이다.

11. 지상천국의 이상

지상천국은 천도교의 종교적 최고 이상인 동시에 정치적 최고이상
도 된다. 과거 종교에서는 생로병사生老病死의 인생고와, 한서풍설寒
暑風雪의 자연고와, 빈부귀천의 사회고를 불가항不可抗 불가피不可避
의 운명으로 알았기 때문에 이 세계를 고해 또는 마굴魔窟이라 단안
하고서, 고해와 상대되는 천국 세계를 현실 세계 밖에 가설·가정해
놓고 세상 사람으로 하여금 현실적 죄고罪苦의 생활에서 위안을 주어
왔다.

최수운은 우선 이것을 개벽하였다. 그리하여 세계는 근본에서 고
해도 마굴도 아니다. 세계 그대로가 극락 천국의 소질을 가졌으며 인
간은 그 본질에서 시천주侍天主인 신령적 존재이므로 종교적 정신개
벽에 의하여 인간의 성능性能을 최대한으로 발휘시키고, 정치적 사
회개벽에 의하여 인간의 생활을 최고도로 향상시킨다면 이 인간으로
하여금 지상신선이 되게 하고, 이 세계로 하여금 지상천국이 되게 할
수 있다는 것을 명시하였다.

참으로 우리 인간이 신령적 존재임을 자각하기만 하면 생로병사에
대한 미망은 곧 해소될 것이요, 사람성자연에 맞는 사회제도가 실현
되기만 하면 부귀빈천에서 생긴 모든 참화와 고통은 완전히 제거될
것이요, 인간의 무한 역량을 충분히 발휘시키기만 하면 모든 자연계
에서 오는 재해도 최소한으로 경감될 것이다. 이것은 결코 공상이 아

니요 망담이 아니다. 가능성이 확실히 있는 것이다. 천도교의 정치운동이 이 지상천국을 최고 목표로 하여 추진된다. 여기에서 한마디 첨언하고자 하는 것은 지상천국의 이상은 원래가 영원성을 가지는 만큼 어느 한 시대 한 단계의 혁명에서만 완성될 것이 못 되므로 천도교의 정치운동은 항상 좀 더 이상적인 신사회를 지향 전진하게 된다는 것이다.

이상 몇 가지 예증에서 천도교 정치사상의 이론적 근거와 혁명성·자주성은 비록 대강이나마 밝혀진 줄 믿거니와, 이와 같은 이론적 근거와 혁명적 정신을 가진 정치사상이 그 발전 과정에서 스스로 민주주의적 혁명운동으로서 새로운 역사적 현실을 전개하게 될 것도 또한 자명한 이치일 것이다.

제3장 천도교의 정치운동사와 그 의의

1. 갑오혁명운동甲午革命運動

정계의 부패, 민생의 도탄이 극에 달한 조선(李朝) 말엽에 동학의 출현은 실로 깜깜한 마을(昏衢)의 큰 촛불(巨燭)이요 긴긴 밤(長夜)의 큰 종소리(洪鐘)였다. 그 빛이 비치는 곳에 어느 눈이 놀라지 아니하며, 그 소리 들리는 곳에 어느 귀가 쏠리지 아니하리오. 인내천주의에 입각한 평등·자유의 사상과 신사회 출현의 이상은 당시의 빈천대중에게는 참으로 천래天來의 복음이니만큼, 봉건적 특권계급의 기반인 양반 부유층을 제외한 일반 대중은 물이 아래로 흘러가는 기세(如水就下之勢)로 동학당에 몰려들게 되었다.

그리하여 동학도중이 늘수록 관리·토호·유생의 압박과 박해는 심해지고, 그것이 심해질수록 동학도중은 더욱 그 수가 불어나게 되었다. 그 소문이 점점 퍼져서 마지막에는 최수운이 도당을 불러모아 (嘯聚) 가지고 역모를 일으킨다 하여 마침내 최수운은 정부에 잡혀 대구 장대에서 참형을 당하였기 때문에 동학의 발전도 한동안 부진상태에 있었다. 그 뒤 해월 선생의 부단한 노력에 의하여 임진·계사년

대(1891-1892)에 이르러서는 전라 · 경상 · 충청 · 경기 · 강원 · 황해 등지를 휩쓸어 요원의 기세로 크게 발전하여 그 수가 실로 수백만에 달하게 되었다. 그러나 도道가 한 자(一尺) 높아지면 마魔는 열 자(一丈) 높아진다는 말과 같이 동학이 이렇게 발전되는 반면에 기성 세력의 동학을 탄압하는 도수도 그만큼 강하여지기 때문에 동학도중의 고난은 감내하려야 더 감내할 여지가 없는 최절정에 달하게 되었다.

1894년 갑오 정월에 혁명의 화산은 마침내 터지고야 말았다. 전봉준全琫準 선생의 지휘로 전라도 고부에서 폭발된 이 혁명의 불길은 불과 몇 개월 만에 전라도 전역을 진소盡燒해 버리고 그 형세가 장차 북으로 옮겨 붙으려(延燒) 할 때에, 북에서도 또한 해월 선생의 지도와 의암 선생의 통솔하에 혁명군이 봉기하게 되었다. 남북이 호응하여 일어난 이 혁명군의 세력은 당시 정부군으로만은 도저히 저항할 도리가 없었기 때문에 정부에서는 원병援兵을 청국淸國에서 청해 오게 되고, 청군이 조선에 상륙하게 되자 일본군은 그것을 호기로 하여 조선에 출병하게 되었다. 그리하여 조朝 · 청淸 · 일日 삼국 군대는 연합해 가지고 혁명군을 영격迎擊하였으므로 혁명군은 그 해 연말까지 악전고투를 계속하였으나 마침내 초지를 관철하지 못하고 그만 실패하였다.

그 당시 이 혁명운동이 발발한 지역은 전라 · 경상 · 충청 · 경기 · 강원 · 황해 등 6도가 거의 전부였고, 이에 참가한 민중은 다대수多大數의 농민과 노예 천역자賤役者 등이었으며, 이 혁명의 큰 기호旗號는 제폭구민除暴救民, 척양척왜斥洋斥倭였으며, 혁명 선언의 내용 조문條文은 악질 지주배를 징벌할 것, 악질 관리 등을 징벌할 것, 악질 토호와 유생을 징벌할 것, 칠반천역七班賤役을 철폐할 것, 백정白丁 머리에 평량립平涼笠을 제거할 것, 노예를 해방할 것, 청춘과부를 개가케 할 것, 일체 공사채를 탕감할 것, 토지는 농민에게 분급할 것 등이었다. 그리고 이 혁명운동의 희생자는 아직도 그 정확한 숫자는 알 수 없으나 약 80만 가량으로 개략 계산(槪算)해 왔다. 혁명운동의 사실은 대략 이상과 같거니와 먼저 운동의 정치적 동기를 찾아본다면 이러하다.

첫째는 동학도중의 새 세상에 대한 희망이다. 당시의 일반 도중은 최수운이 가르쳐준 바 지상신선의 세계, 즉 지상천국의 이상이 그들이 갈구하는 최대 희망이었던 만큼 일거에 정부를 개혁하고 자기네의 이상을 실현하자는 것이 무엇보다도 큰 원인이었다.

둘째는 계급의식이다. 동학의 사상의 근간은 인내천이요 인내천은 그 실행에서 사인여천으로 나타나고 사인여천은 스스로 자유 · 평등을 원칙으로 하는 만큼 당시의 반상귀천의 계급적 차별이 심한 데 자극된 도인들은 계급제도 타파를 목적으로 한 계급의식이 강하게 발달되었다. 당시 동학당에는 삼불입三不入이란 말이 있었으니 삼불입이라 함은 유불입 반불입 부불입(儒不入 班不入 富不入)을 말한다. 봉건적 특권계급의 기득권 요소라고 할 수 있는 이 유반부儒班富 세 계급은 동학에 들지 못한다는 뜻인 바, 이 말이 얼마나 그들의 계급의식을 눈뜨게 하였을까는 많은 말(多言)을 기다릴 필요가 없다.

셋째, 관리 토호 등의 압박이다. 이것은 이 운동의 직접적인 동기일 것이다. 원래 조선은 머지않아(不遠) 멸망하리라는 데에 실망한 민중은 마치 바싹 마른 섶(薪)과 같이 되었는데, 거기에다 평등·자유의 새 세상 출현이란 동학의 기름을 붓고, 또 다시 관리 토호배의 압박이란 열을 가해 주었으니 어디서든지 불길만 한 번 번쩍하게 되면 손 쓸 새 없이 소진될 가능성이 충분하였다. 이 운동의 동기는 그렇거니와 이 운동의 의의는 어떠하냐.

첫째, 갑오혁명은 민주혁명의 안민운동(安民運動)이다. 즉 민주주의 혁명에 의하여 봉건제도를 타파하고 민생을 도탄에서 구출하자는 운동이다. 그 이유는 이 혁명운동의 담당자가 빈천대중인 점으로 보아 그러하고―물론 갑오혁명은 동학당의 운동이었으나 동학당의 구성분자를 계급별로 볼 때에 절대 다수가 농민이었고 그 나머지는 일반 천민(賤役) 계급이기 때문이다―, 반상 철폐·노예 해방·토지제도 개혁·여자 해방 등 그 혁명 목표로 보아 그러하고, 혁명 대상을 봉건 특권계급에 둔 것으로 보아 또한 그러하다. 갑오혁명은 18세기 프랑스 혁명과 같이 세계사상 최대의 민중운동이었다. 다만 다른 점을 찾자면 프랑스 혁명은 그 담당 부대가 시민계급이었는데 이것은 농민 중심이었으며, 프랑스 혁명은 성공을 하였는데 이것은 실패하고만 그것뿐이다. 그러나 민중 자체의 혁명 수단에 의하여 봉건사회를 깨쳐 버리고 평등·자유 사상에 입각한 민중 본위의 새 사회를 실현하고자 한 그 이상, 그 정신만은 피차가 조금도 틀림이 없기 때문이다.

둘째, 갑오혁명은 민족자주의 보국운동輔(保)國運動이다. 즉 우리 민족의 자주적 역량으로 외래의 제국주의적 침략을 방지하여 국가를 위기에서 구출하자는 운동이다. 그것은 '척양척왜斥洋斥倭'라는 기호 旗號가 이를 증명하거니와, 당시 청일러淸日露 삼국의 세력은 조선 정부를 싸고 서로 각축하였으며, 조선의 정치가들은 친청파 · 친일파 · 친러파로 갈려 각기 외세를 끌어들여 자기의 세력 부식에만 급급하였을 뿐이요, 조선의 국권이 장차 어디로 가느냐 하는 것은 전연 망각한 상태에 있었다. 동학혁명의 지도자들은 여기에 깊이 착안하여 한 편으로는 조선 자체의 악惡제도인 봉건사회를 개혁하여 인민을 구제하는 동시에, 다른 한편으로는 조선의 국권을 침략하여 오는 외래의 제국주의 세력을 배제하고 조선민족 자체가 자주적으로 국권을 옹호하고자 한 것이다.

말하자면 갑오혁명은 수운 선생의 유지遺志인 보국 · 안민의 두 가지 과업을 일거에 완수하고자 한 것이다. 갑오혁명은 이와 같이 두 가지 중요한 의의를 가졌거니와, 진정한 의미의 보국안민은 아직도 그 과업을 완수하지 못하였으며, 또는 그때의 혁명 대상이었던 봉건제도는 붕괴되었으나 그 잔재 세력은 그대로 남아 있으며, 제국주의의 세력은 아직도 이 지구를 휩싸고 있는 만큼 우리는 50년 전(1930년대 기준 - 편집자 주)의 이 혁명운동을 계승하여 그때(當年)의 미未성공을 성공케 하여야 할 것이다.

2. 갑진개혁운동甲辰改革運動

갑오년 청일전쟁에서 일승청패日勝淸敗의 결과를 맺은 뒤에 조선은 청국의 종속국의 지위를 벗어나 독립국가로서 대한제국이 되게 되었다. 그러나 이때의 대한 독립이란 조선의 자주적 독립이 아니요 외국인 일본의 책략으로 되었던 만큼, 일본의 세력이 조선에 진출하게 될 것은 기정의 사실이거니와, 그와 이해 상반되는 한 개의 적수가 생기게 되었으니 그것은 말할 것도 없이 남진을 도모하는 제정 러시아이다. 말하자면 조선과 만주를 자기의 수중에 넣자고 하는 것은 러일 양국의 꼭 같은 배짱이었다. 그리하여 이 양대 침략 세력은 조선과 만주를 도마 위에 놓고 서로 밀고 당기고 찢고 까불고 하다가 갑진(1904) 2월에 와서는 마침내 무력전으로써 자웅을 결정하게 되었다. 그런데 조선과 만주는 러일전의 목적물인 만큼 러露 일日 그 어느 편이 이기더라도 조선의 국권을 침해할 것은 당시의 안목과 식견을 갖춘 선비(其眼之士)는 다같이 우려하던 판이었다.

동학당은 갑오혁명에서 80만의 희생자를 내고 일패도지一敗塗地하고 말았으나 그 여세는 날로 발전하여 중남육도中南六道에도 다시 세력을 부식하게 되었지마는, 특히 서북으로 흘러들어 평안도와 함경도에는 한때 가가호호가 전부 동학군이라 하여도 별로 틀리지 않을 만큼 발전이 되었다. 안으로 동학의 발전이 이렇게 잘 되는 반면에 밖으로 동학에 대한 관헌의 압박이 너무나 가혹하기 때문에 해월 선생의 뒤를 이어 동학을 지도하게 된 손의암은 외국 유람을 표방하고 상해·일본 등지에서 망명생활을 하던 때이다.

'국권 확립' '동학 현도'의 2대 염원을 품은 손의암은 이 기회에 일거에 그 염원을 달성하려는 큰 구상(雄圖)를 가지고 국내의 백만 교도들을 동원하여 진보회를 조직해가지고 일대 민중운동을 일으키게 되었다. 그때 진보회의 표면 강령은 ① 독립기초를 공고히 할 것, ② 정부를 개혁할 것, ③ 군정 재정을 정리할 것, ④ 인민의 생명재산을 보호할 것 등 네 가지였으나, 손의암의 복안은 국체國體·정체政體를 근본적으로 개혁시키고자 한 것이 사실이었다.

이렇게 발기된 진보회는 경향 각지에서 일제히 개회를 하고 단발 혹의(斷髮黑衣)로써 죽음을 무릅쓰고 정부 개혁·국정 갱신을 절규하는 한편, 도에는 지부, 군에는 지회를 설립하여 13도 3백여 군에 진보회의 깃발이 번득이지 않는 곳이 별로 없게 되었다. 그래서 당시의 관민이 한참 동안은 그 원인을 알지 못하여 당황망조(唐慌罔措=당황하여 어떤 행동을 취할지 알지 못함 - 편집자 주)하였으나 얼마 후 진보회는 곧 동학당의 후신임을 알게 되자 정부에서는 더욱 경겁(驚怯=놀라서 겁냄)하여 한편으로는 군대를 풀어 진압하며 한편으로는 일병日兵과 교섭하여 재차 갑오(1894)의 복철(覆轍=앞선 사람의 잘못)을 밟고자 하였다.

이때 동학의 국내 지도자인 이용구는 손의암에게 보고도 없이 일병의 보호를 받는 일진회一進會와 합작하여 진보회를 일진회로 변경하게 되었다. 이로부터 이용구는 손의암의 지도 정신과 배치되는 길을 향하여 마침내 일본과의 타협을 취하여 나가다가, 최후에는 소위 보호독립선언이란 것을 발표하였기 때문에 결국 일진회는 세인의 지탄을 받게 되고, 손의암은 영단을 내려 일진회를 해산하고 이용구 이하 62인은 제명 처분하여 국면을 수습하고 말았다.

진보회의 운동은 이상과 같이 용두사미의 결과를 짓고 말았으나 이 운동이 천도교의 정치운동사에서 간과하거나 묵살해 버릴 수 없는 한 개의 커다란 사실인 만큼 우리는 그 의의와 과오를 진지하고 또 엄정하게 구명하는 데서 공죄功罪 양면이 한가지로 우리에게 살아 있는 교훈이 될 것으로 믿는다.

첫째, 갑진운동의 성격을 우리는 민주주의 정치의 현실운동이라고 규정한다. 봉건적인 당시의 정부를 민주주의적으로 개혁해가지고 그 힘으로써 독립 국권을 공고히 하자는 것이 기본 취지요 목적이었다. 손의암의 본의대로 말하면 러일전쟁은 만한滿韓 문제 때문이니 러시아가 승리하면 만한은 러시아의 세력권이 될 것이요, 일본이 승리하면 만한은 일본의 세력권이 될 것은 명약관화의 사실이다. 그러므로 이에 대한 대책으로는 러일 어느 편이 이길 것을 잘 보아가지고 이길 편에 가담해서 패할 편을 향하여 선전포고를 하여서 전승국의 지위를 얻어야 한다. 그래야 전승국의 지위를 이용해 독립 국권을 완전히 보전하게 될 것이다. 그러나 이 대책은 정부 당국자가 아니고는 실현할 수가 없다. 더구나 당시 정부 당국자들은 국제정세에 어둡고(暗昧) 정치적 식견이 부족하여 손의암의 치서致書를 요망한 말(妖言)이라 배척하기까지 한 것을 볼 때, 다시 그러한 정부에 대해서 무엇을 기대할 여지가 없었다. 뿐만 아니라 이럴까 저럴까 걱정하는 동안에 러일전쟁은 벌써 벌어지고 말았다. 그래서 제2단계 대책으로 설계한 것이 진보회의 발기이다. 개회를 계기로하여 몇십 만의 회원을 서울(京城)에 집결시켜 일거에 현 정부를 뒤집어 엎고 민주주의적 신 정부를 수립해서 만사를 해결해 보자는 것이다. 이것으로 보아 이 운동의 성패득실은 별문제로 하고 정치적 이념만은 민주주의 정치 실현인 것이 틀림없다.

둘째, 갑진운동의 효과로 말하면 ① 민권신장 ② 신문화 건설 ③ 봉건의식 타파 등을 들 수 있다. 순수한 민중으로서 정치적 집단을 조직해서 정부를 공격하고 관리를 탄핵한 것은 유사 이래 처음 일이며, 머리를 깎고 색깔옷을 입고 신문을 발행하고 학교를 세워서 신교육을 장려한 것이 또한 이로부터 시작하였으며, 그때까지도 반부班富 계급과 관민의 차별 관념이 강하던 조선 사회에서 민주주의를 고창한 이 운동은 실로 조선의 봉건 잔당에게 최후의 조종을 들려준 셈이다. 말하자면 조선의 봉건 계급은 갑오혁명에서 그 생명을 잃어버리고 갑진운동에서 아주 장사를 지냈다고 할 수 있다.

셋째, 갑진운동의 과오로 말하면 우리는 의암 선생이 직접 진두지휘를 못한 것이 그 첫째라고 생각한다. 만일 선생이 이 운동을 직접 담당하였다고 하면 성패득실 간에 선생의 복안을 과감하게 실행해 보았을 것이요, 이용구가 회무를 자의로 전횡하지 못했을 것이요, 또는 그렇게 되었다면 송병준을 앞잡이로 한 일본군의 농락과 이용을 당하지 아니하였을 것이다. 우리로서 선생에게 과오를 돌린다는 것은 천만 미안한 일이지만 실상인즉 이것이 선생다. 죽을 때까지(終世) 잊지 못하던 참회이기 때문에 우리는 선생의 정곡을 대신해서 이 뜻을 피력하는 바이다. 둘째로는 이용구의 배신과 전횡이다. 이용구가 만일 의암 선생의 지도대로 적극 과감하게 나아갔다면 어느 정도의 성공이 있었을 것도 사실이요, 불행 성공을 못한다 할지라도 민족사회에 부끄러움은 없을 것이다. 그러나 그가 한 번 선생에게 배신의 망념을 품은 순간부터 회무를 전횡하게 되었을 것이요, 회무를 전횡하게 되자 모든 마수는 그를 유혹하였을 것이요, 유혹에 걸리게 되자 그의 앞에는 오직 천장단애千丈斷崖인 자멸의 길만이 나서게 된 것이다. 한마디로 말하면 이용구의 과오는 악으로서의 커다란 교훈인 것을 우리는 잊지 말아야 한다. 그 다음은 당시 두목들에게도 과오가 있다는 것을 지적하고 싶다. 이용구가 그처럼 배신 전횡하는데도 어찌하여 민주주의적 비판과 항쟁이 없었던가. 민주주의 정치를 실현하자는 그들로서 어찌하여 진보회 내부에서는 그와 같이 수수방관만 하였던가. 일진회가 백만회원의 일진회가 아니고 이용구 일인의 일진회였던가. 알고도 말을 못했다면 이는 무용無用이니 무용도 죄과요, 몰라서 말을 못했다면 이는 무지이니 무지無知도 또한 죄과이다. 우리는 오늘에 있어서 과거의 선배들에게 구태여 과오를 돌리자고 하기보다도 우리 스스로의 자기 비판, 자기 반성이 될까 하여 이 말을 토로한다.

3. 기미독립운동己未獨立運動

기미운동을 우리는 두 가지 입장에서 관찰할 수 있으니 하나는 조선민족적 입장에서 보는 것이고, 다른 하나는 천도교 입장에서 보는 것이다. 기미운동을 민족적 입장에서 생각할 때는 너무나 간단 직절直截한 일이기 때문에 거기에 무슨 깊은 연구와 긴 설명을 요할 여지가 없다. 한 개의 민족이 타민족에게 정복을 당하였으니 언제나 기회만 있으면 해방운동을 하는 것은 너무나 당연하고 또 당연한 일이기 때문이다. 그러나 천도교 입장에서 이를 관찰하는 데는 민족적 견지에게 보는 것과 다른 점이 있다. 그것은 무엇이냐 하면 천도교에서는 어떠한 정치운동을 하든지 그 내용에서는 반드시 천도교의 주의목적을 사회적으로 실현하자는 것이 제일의적第一義的이 되어 있기 때문이다. 이러한 관점에서 다시 한 번 갑오, 갑진운동을 고찰하고 나서 기미운동의 의의를 찾아보기로 하자.

갑오혁명은 왜 일어났느냐? 동학이 갑오년대에까지 이르고 보니 그 자체가 포용한 대중적 역량은 클 대로 커졌는데 그를 제약하고 있는 외계의 압력, 즉 봉건적 특권계급의 압력은 갈수록 가중되었다. 그러니까 그 압력에 눌려서 그냥 자멸하든가 그렇지 않으면 그 압력을 깨뜨리고 비약하든가 그 두 가지 중에 어느 한 가지를 취하지 않고는 더 이상 나아갈 수 없는 절정에 다다랐기 때문에 자멸의 길을 버리고 비약의 길을 취한 것이다. 그러면 갑진운동은 왜 일으켰느냐? 갑진운 동은 첫째, 러일 양국의 각축장이 되어서 위기 일반에 처한 조선의 국 권이 바로서도록 돕자(扶植)는 것이요, 둘째, 봉건적 낡은 껍질(舊殼)을 벗지 못한 정부를 개혁하여 민주주의적 정치를 실현하며 나아가 조 선으로 하여금 문명국의 일원이 되게 하자는 것이다. 그런데 이상 두 가지는 표면의 목적이고 그 내용에는 또 한 가지 중요한 목적이 있었 음을 우리는 간과할 수 없다. 그것은 무엇이냐 하면, 동학 현도, 즉 비 밀결사로 45년간이나 내려온 동학을 현도시키자는 것이다. 보국안 민을 신조로 한 동학으로서는 국권 확립, 민권 신장도 자기의 일(自家 事)이 아닌 것은 아니다. 그러나 그보다도 반세기 동안이나 받아 온 박해 · 탄압을 면하고 자유를 얻고자 하는 그 욕구야말로 얼마나 강 할 것이냐. 갑진운동은 이와 같은 세 가지 목적으로 일어나게 된 것이 다.

그런데 기미운동에 임할 때는 경술국치를 당한 지 이미 십 년이 된 지라, 조선민족으로서나 천도교로서나 유일한 염원이 민족해방이었 던 만큼 운동 목적이 전연 일치하게 되었다. 그러므로 갑오 · 갑진운 동은 천도교 단독으로 하였으나 기미운동만은 전 민족적으로 거사 를 하게 되었다. 그러나 기미운동에 대해서도 깊이 따지고 보면 같은 해방운동이라 할지라도 민족적 입장의 그것과 천도교 입장의 그것이 확실히 다른 점이 있다. 무엇이냐 하면 같은 일제의 압박이라 할지라도 천도교는 이중적 압박을 받았으므로 해방에도 이중적 의의가 있으며, 그것보다도 더 중요한 것은 천도교의 사상과 제국주의와는 본질적으로 빙탄氷炭과 같아 서로 용납(相容)할 수 없다는 것이다. 타민족을 무력으로 정복하고, 정치적으로 압박하고, 경제적으로 착취하는 제국주의가 있는 한 인내천, 사인여천, 동귀일체, 지상천국의 천도교의 진리와 이상은 실현할 수 없을 것이다. 그러므로 제국주의는 어디까지 천도교의 투쟁 대상이 되고 혁명 대상이 될 뿐 타협할 성질의 것이 아닌 점에서, 같은 독립운동이라 할지라도 천도교의 그것이 더욱 강렬하며, 뿐만 아니라 민족해방이란 그 목적 이외에 반제 투쟁의 의의를 겸한 데서 확실히 다른 점이 있다. 여기에서 우리는 기미운동을 단순한 민족해방으로만 인식하고 반제 투쟁 의의를 망각한다면 그것은 천도교 자체의 입장을 망각하는 과오가 된다는 것을 재인식해야 한다. 그렇게 하는 데서만 앞으로의 우리 노선이 명확해질 줄 안다.

제4장 천도교청우당의 출현과 그 의의

1. 천도교청우당이 생긴 경로

기미독립운동이 발발한 이후 천도교 청년들의 활동욕과 투쟁열은
어느 청년들보다도 강렬하였다. 그러나 범박한 교회 조직만으로는
그 열의를 완전히 발휘할 수가 없었기 때문에 결국 그해 9월 2일에 천
도교청년교리강연부란 것을 조직하게 되었다. 최초에 그와 같은 명
칭을 내세운 것은 일시 당국의 탄압을 덜 받기 위해서이다. 그랬다가
그 이듬해 3월에 다시 천도교청년회로 명의를 변경하면서 활발한 운
동을 진전시켰다.

그 사업을 간단히 소개하면, 정치시사잡지 『개벽』을 발행하고, 순
회강연을 적극 실행하여 말과 글로써 민중에게 정치의식을 고취하였
으며, 한편 천도교소년회를 조직하여 조선 어린이들의 정서 함양과
사회적 지위의 향상을 도모하는 등 문화운동, 계몽운동에 주력하였
다. 그러다가 계해년(1923) 9월 2일에 이르러 청년회는 자체의 성장과
시세의 변천에 따라 발전적 해소를 단행하고 새로 주의·강령·약속
을 세워서 천도교청우당으로 재출발하게 되었다.

2. 천도교청우당의 출현 의의

청우당이 생기게 된 의의를 말하자면 무엇보다 당헌 제1조의 내용을 해명하는 것이 첩경일 줄 안다. 당헌 제1조에 "천도교의 주의 목적을 사회적으로 달성코자 이에 시종始終할 동덕으로써 한 개의 유기체를 조직하여 그 명칭을 천도교청우당이라 한다."고 하였다. 이 조문이 그대로 당의 출현 의의를 여실히 설명하고 있는 바, 여기에 좀 더 해설을 붙인다면, 첫째, 천도교의 주의 목적 그대로가 당의 주의 목적이 된다는 것이다. 둘째, 사회적으로 달성코자 한다 함은 현실적·정치적 의미를 표시한 것이다. 셋째, 시종할 동덕으로써 조직한다 함은 천도교인 중에도 특히 천도교의 주의 목적을 사회적·정치적으로 실현하고자 하는 활동 부대만을 재조직한다는 것이다. 이것으로 보아 천도교청우당은 천도교의 전위대, 별동체로서 천도교인 중 정치운동 부대의 재조직이라고 정의하는 바다. 그러므로 청우당은 그 자체 성격이 정치운동을 주로 하는 천도교적 정치단체요, 천도교적 청년운동 기관이 아니다. 이 점은 위에 표시한 청년회를 해소하고 당으로 재출발한 경로를 보면 확증될 줄 안다.

3. 천도교청우당의 운동 목표

천도교청우당은 무엇을 하였으며, 무엇을 하고자 하였는가. 이것은 당의 주의·강령·정책이 이미 있는 만큼 별달리 설명한 것은 없으나, 그러나 그때의 강령은 당시 시국관계로 막연한 추상적 문구의 표현이었기에 다소간 설명을 더하지 않을 수 없다. 첫째, 당의 주의를 지상천국 건설이라 하였으니 지상천국의 내용을 순수 정치적 견지에서만 추상한다면 무침략·무탄압·무착취·무차별의 진정한 평등·자유의 세계를 말하는 것이니, 이것은 고원高遠한 이상인지라 구체적으로 말(辯論)할 것 없고, 둘째, 당의 강령은 새 제도의 실현과 새 윤리의 수립을 내세웠으나 그 역시 이상에 속한 것인 만큼 조급히 논할 것 없다. 셋째, 당의 정책으로서 정신개벽·민족개벽·사회개벽을 기한다 하였으니, 이 정책에 와서야 비로소 당의 정치적 기본 이념이 표시되었다고 볼 수 있는 바, 실제로 청우당의 활동 목적은 이 민족개벽과 사회개벽 두 가지에 중점을 두었던 것이 사실이다. 민족개벽이라 함은 여러 가지의 의의가 있지만 일본 제국주의의 굴레(羈絆)에서 우리 민족이 해방을 얻자는 것이 제일의적이었고, 사회개벽이라 함은 자본 사회의 제도를 개혁하여 무산계급을 해방하자는 것이다. 이상 세 가지를 종합해 보면 청우당의 현실적인 정치이념은 민족해방과 계급해방이었던 것을 분명히 알 수 있다. 원래 보국안민은 천도교의 신조요 염원인 만큼 천도교의 그것은 곧 당의 이념이 된다. 그런데 해석상 보국은 민족해방이 되고 안민은 계급해방이 되는 점에서 다시 의심할 여지가 없다.

이에 대한 참고로 『청년당소사』 제39항에 있는 부문운동의 대의 중 1절을 적기하면 "여기에 우리가 분명하게 인식하지 않으면 안 될 것은, 우리 당이라 하면 당 자신을 위하여 존재하는 것이 아니요 창생의 이익을 위하여 있는 것이며, 또 당원이라 하면 당원 자신을 위하여 있는 것이 아니라 역시 창생의 이익을 위하여 있는 것이다. 그러므로 우리가 당을 조직하고 당원을 훈련하는 것은 오직 이 민중의 이익을 호지護持 중진키 위한 방법에 불과한 것이다."라고 하였다.

여기서 청우당의 정치이념 중에 노동대중의 계급적 권익 옹호가 있었던 것을 더욱 분명히 인증認證할 수 있다. 실제로 청우당 운동사 중에 가장 뚜렷한 일로는 비밀결사인 오심당吾心黨을 조직하여 당의 핵심체를 만든 것과, 유소년·청년·학생·여성·농민·노동·상민 등 부문운동을 일으켜 그들 대중을 조직하고 훈련하였으며, 그중에도 특히 농민운동에 주력하여 중앙에는 조선농민사를, 지방에는 150여 개의 군농민사를 조직하고 20만 이상의 사원을 포용하였으며, 130여 개소의 농민공생조합을 조직하여 농촌의 조합 경제 수립을 시도하는 한편, 농민생활의 경제적 이익과 협동을 도모하였으며, 월간잡지 『조선농민』과 『농민순보』를 발행하여 사상 계몽에 힘써 왔다. 그러다가 1934년에 오심당의 비밀 탄로로 수백 명의 투옥자를 내었고, 중일전쟁의 발발로 인하여 일제의 탄압이 혹심하기 때문에 1937년에 청우당은 그만 지하로 잠적하게 되었다.

제5장 천도교의 건국이념

천도교의 정치사상은 수운 선생이 그 당시 국내적 결함과 국제적 위기에서 깊이 자극되어 보국안민의 도를 구함으로써 출발하여 마침내 그의 대각大覺에 의하여 인내천 원리에 입각한 이론적 근거와 지상천국 건설의 이상을 확립하게 된 것이다. 그리하여 갑오·갑진·기미의 3대운동을 통하여 민주혁명에 의한 봉건제도 타파, 민주정치 실현, 약소민족 해방과 제국주의 타도의 구체적인 실천 행동에 옮기게 되었고, 다시 청우당의 출현으로 정신개벽·민족개벽·사회개벽이란 기본적인 이념을 표명하게 되었다.(註: 정신개벽이라 함은 과거의 잘못된 관념 형태를 전부 개혁하여야 하겠다는 것이며, 민족개벽이라 함은 민족의 완전 해방과 민족적 모든 결함을 전부 혁신하자는 것이요, 사회개벽이라 함은 구 사회제도를 근본적으로 개혁하여 사람사람의 성능을 최대한으로 발휘시키고 사람사람의 생활을 최고로 향상시키자는 것이다.)

제2차 세계대전에서 민주주의 연합국의 승리로 말미암아 우리 조선민족은 일본 제국주의의 굴레(羈絆)에서 해방을 얻었다. 그리하여 조선은 이제 건국이란 커다란 과업을 앞에 놓게 되었다. 이 중대한 단계에 있어서 우리 천도교에서는 그 정치적 기본 이념과 역사적 사명을 과연 어떻게 구현하며 어떻게 수행할 것인가. 건국 즉 독립국가 건설이란 것은 한 개의 관념이 아니요 구체적·현실적 사실이다. 마치 집을 짓는다 하면 집을 짓겠다는 생각이나 말로만 되는 것이 아니요, 구체적인 건축 설계와 현실적인 건축 자료를 준비해서 실제로 손을 대어 건축을 해야 집이 되는 것과 같은 일이다. 생각건대 조선민족에게 부여된 정치적 사명은 두 가지가 있으니, 그 첫째(其一)는 민족해방이요, 둘째(其二)는 사회해방이다. 연합국의 위대한 전승으로 인하여 우리의 민족해방이 대행된 것은 사실이지만 자주독립을 완성하지 못한 만큼 아직도 이 이중적인 정치 과업은 우리에게 그대로 남아 있는 것이 또한 사실이다. 만일 우리에게 지워진 과업이 민족해방이나 사회해방이나 그 둘 중의 어느 하나만이라면 문제는 간단하겠으나, 두 가지의 과업을 동시에 수행하지 않으면 안 되게 된 것이 조선의 특수한 사정이다. 그러나 일제의 탄압하에 토착 자벌資閥이 형성되지 못한 만큼 혁명적 파괴를 하지 않고도 건설만 하면 잘 될 수 있는 것이 또한 조선 현실의 특수점이다. 여기서 우리는 냉정하게 생각하고 주밀하게 논의하여 민족 만년 대계인 이 양대 과제를 완전히 수행해야 하겠다.

조선은 어디까지 조선민족의 조선인 만큼 정치도 우리 힘으로 수립해야 할 것이다. 다시 말하면 국제민주주의 원칙에 의하여 우리 민족 절대 다수가 요망하는 진정한 민주주의 국가사회를 건설해야 할 것이며, 연합국의 원조는 우리의 주권이 손상됨이 없이 자력의 부족을 보충하는 정도로서 민족적 우호관계를 돈독히 하는 데만 한할 것이요, 그 이상의 타력 신뢰, 외세 의존은 배제하지 않을 수 없다. 신뢰는 자주가 아니요, 의존은 독립이 아니기 때문이다. 조선민족이 요망하는 정치·경제·문화는 연합국의 지도자들보다도 민주주의를 이해하는 조선의 평민이 더 잘 안다. 그러므로 우리는 미국형인 자본가 중심의 자유민주주의를 원치 않는다. 왜냐하면 자본주의 제도가 내포한 모순과 폐해를 미리부터 잘 알기 때문이다. 동시에 소련류인 무산자 독재의 프롤레타리아민주주의도 필요치 않다고 생각한다. 그것은 조선에는 일찍이 자본 계급의 전횡이 없었기 때문이다.

우리는 오직 조선의 현 단계에 적응한 '조선적 신민주주의(朝鮮的 新民主主義)'를 주장한다. 조선적 신민주주의란 어떤 것이냐. 민족해방과 계급해방을 경중선후의 차별 없이 같은 목적으로 취급하는 민주주의이다. 조선의 자주독립과 아울러 조선민족사회에 맞는 민주정치, 민주경제, 민주문화, 민주도덕을 동시에 실현하려는 민주주의이다. 지금의 조선에는 정치문제를 운위하는 정당이나 단체는 민주주의를 표방치 않는 자가 하나도 없다. 그러나 그 실제 내용에서는 민족해방에만 편중하지 않으면 사회해방에만 편중할 뿐이요 그 두 가지의 해방을 쌍전雙全 완수하려는 것은 거의 없다고 할 수 있다. 좀 더 노골적으로 평하자면 혹은 친미반소, 혹은 친소반미적인 극단 경향으로써 자기네만이 조선 정권을 좌우할 만한 세력을 키우고 기반을 닦기까지는 독립은 늦어져도 무방하다는 배짱을 가진 것이 공연한 비밀이다. 삼천만 대중은 이것을 원치 않는다. 이것은 자당自黨 하나를 위하여 삼천만을 희생시키는 최악이다. 당분간은 대중을 속일 수 있다 하여도 총명한 민중이 끝까지 모를 수도 없다. 한 사람의 손으로 천하 사람의 눈을 다 가릴 수는 없는 법이다. 천도교는 이를 적극적으로 배격한다.

민족해방, 즉 자주독립의 수행은 조선민중 전체의 절대적 기원이다. 이를 지연시키거나 지연해도 무방하다고 배짱을 부리는 자는 민족의 반역자로 규정하지 않을 수 없다. 또한 계급해방, 즉 민주경제의 건설은 약 십만 내외의 대지주와 자산가를 본위로 한 구 경제제도를 개혁하고 그 토대 위에 전 민족의 생활문제를 근본적으로 해결할 만한 신경제 제도를 수립하자는 것인 만큼 이를 반대하거나 무관심하는 자는 그 역시 민족의 반역자라고 규정하지 않을 수 없다. 그 이유는 전자는 민족의 권위를 떨어뜨리는 행위이고, 후자는 민족의 생활을 좀먹는 행위이기 때문이다.

우리는 조선민족의 역사적 · 문화적 긍지와 지존을 확보하는 동시에 나아가 세계 진운進運에 공참共參하며 세계 문화에 기여하자는 민족적 양심으로 민족국가의 완성을 극력 주장한다. 그리고 시험적인 제도인 자본 제도의 모순과 폐해를 모방하여 장래할 동족 상살相殺의 혁명 참극을 제거(芟除)하는 동시에, 민주 생활의 참된 행복을 창조하기 위하여 민주경제의 실현을 적극 주장한다. 이제 우리는 조선 건국의 내용 골자가 될 민주정치, 민주경제, 민주문화, 민주윤리의 개의를 아래와 같이 제시한다.

1. 민주정치

조선의 현 단계에서 우리가 주장하는 '민주정치'는 자본가 전횡의 자유민주주의도 아니요, 무산자 독재의 프롤레타리아민주주의도 아니고, 조선에 적응한 '조선적 신민주주의'를 바탕으로 한 민주정치라 함은 위에서 이미 논술한 바 있다. 이제 조선적 신민주주의를 바탕으로 한 민주정치의 본질과 내용을 해설한다면, 대개 민주정치라 하면 국가의 주권이 인민에게 있다는 것과 '인민에 의한, 인민을 위한, 인민의 정부가 통치하는 것'이라 함은 이미 민주정치를 말하는 사람들의 통상 상식이 되어 있다. 그러나 실제에 있어서 진실로 인민에 의한, 인민을 위한, 인민의 정치를 완전히 실현한 나라는 이 지구상에 아직도 존재하지 못하였다. 보통 민주주의를 논하는 이들은 그 기원을 고대 그리스-로마에서부터 잡으나, 그때의 민주주의란 것은 국가 전 인구의 십분의 일도 되지 못하는 자유민自由民만에 국한하였고, 자유민에 비하여 십 배 이상의 수를 차지한 노예들은 제외한 것인 만큼 그것을 진정한 민주주의라고는 볼 수 없다. 또한 민주주의로서 가장 발달하였다고 하는 근대적 민주주의는 표면적·형식적으로 완전한 민주주의라 할 수 있으나, 그 역시 내용적·실질적으로 본다면 진정한 민주주의가 아닌 것을 우리는 잘 알 수 있다. 왜 그러냐 하면 근대민주주의는 그 이론상 개인의 독자성, 즉 개성을 존중(개인주의)하며, 자유를 존중(자유주의)하며, 평등을 주장한다. 그렇기 때문에 모든 토의에서 그 성원은 누구나 일대일의 자격이 부여되며, 따라서 종다수가결(다수결주의·의회주의)이 신조가 되었다.

그러나 자본주의 국가에서 현재 실행되는 민주주의는 명목뿐이요 실상은 다르다. 일대일의 원칙은 어느 틈엔가 일인 대 일인이라는 본래의 의미를 떠나서 일원 대 일원(一圓對一圓)처럼 부의 양을 계산하는 한 개의 방편으로 변하고 말았다. 인간의 머릿수에 의하지 않고 재산의 다과를 표준하게 되었다. 마치 주주의 수에 의해서가 아니고 주권의 양에 의해서 결정되는, 주식회사적인 일대일로 변하고 말았다. 그것은 자본주의가 발달한 국가일수록 무산자의 수가 유산자에 비하여 열 배 백 배가 되지만 정치상 실권으로는 공쑢인 것을 본다면 누구나 쉽게 알 수 있을 것이다.

근대 민주정치가 이와 같이 된 원인을 탐구해 보면, 당초 시민계급이 군주·귀족의 전제정치인 봉건제도를 타파하고자 하는 혁명을 일으킬 때에는 혁명 세력을 집중시키기 위하여 자유·평등의 슬로건으로 일반 근로대중을 불러들여 그들과 한가지로 이 혁명에 성공을 고하게 되었다. 그러나 일단 혁명이 성공한 뒤에는 시민계급이 경제적 실권을 잡게 됨으로 해서 결국 정치적 실권도 그들의 수중에 독점하게 된 것이다. 그러므로 자유민주주의 사회에서 일반 민중에게 평등권이 있다면 그것은 법률상에 국한된 것이요, 자유가 있다면 자기의 노동력을 자유로 처분할 수 있는 그것뿐이라고 할 것이다. 우리가 주장하는 민주정치는 이러한 가면적 민주주의 · 형식적 민주주의가 아니요, 전 인민이 정치적 · 사회적으로 자유와 평등을 향유할 수 있는 진정한 민주주의임은 두말할 여지가 없다. 여기서 우리는 먼저 인민의 권리를 아래와 같이 주장한다.

첫째, 인민은 법률상 일률一律 평등으로 할 것.

둘째, 인민은 법률에 의하여 권리와 자유를 상실한 자를 제외하고는 일률로 정치, 경제, 문화, 사회생활의 전 영역에 참여할 권리를 가질 것.

셋째, 만 20세 이상의 인민은 평등한 선거권, 피선거권을 향유할 것.

넷째, 인민은 언론, 출판, 집회, 결사, 신앙, 연구, 시위, 파업의 자유를 가질 것.

다섯째, 인민은 신체의 자유를 가질 것. 즉 법률에 의함이 아니면 체포, 구금, 심문 또는 처벌을 받는 일이 없을 것.

여섯째, 인민은 거주의 자유를 가질 것. 그 거주의 장소를 법률에 의함이 아니면 침입, 수색 또는 봉쇄할 수 없도록 할 것.

일곱째, 인민은 이전의 자유를 가질 것. 법률에 의함이 아니면 이것을 제한할 수 없도록 할 것.

여덟째, 인민은 신서信書 비밀의 자유를 가질 것.

아홉째, 인민은 법률이 허락하는 한도에서 재산 사유의 권리를 가질 것.

열째, 인민은 육체적·정신적 노동력의 보호를 받을 권리를 가질 것.

열한째, 인민은 청원, 소원, 소송을 제기할 권리를 가질 것.

열두째, 인민의 기타 자유와 권리는 사회의 질서, 공공의 이익을 방해하지 않는 한 균일한 국가의 보호를 받을 권리를 가질 것.

열셋째, 인민의 자유와 권리를 제한하는 법률은 국가 안정의 보장, 긴급 위난의 낭비, 사회질서의 유지 또는 공공이익의 증진을 위하여 필요한 것에 한함.

우리는 진정한 민주정치를 실현하기 위하여 이상과 같은 인민의 기본적 권리를 주장하는 한편 중앙·지방을 통하여 입법기관에서 인민의 의사를 대변하는 대의원이나, 행정기관에서 인민의 공무를 대행하는 행정관이나, 사법기관에서 인민의 양심적 명령을 실현시키는 사법관이나를 막론하고 다같이 인민의 일반적·평등적·직접적 선거에 의하여 이를 선출하는 동시에 그들의 실제 행동이 인민의 본의에서 월권하는 경우는 파면하는 권한도 인민이 가져야 한다. 그렇게 하는 데서야 비로소 인민은 진정한 통치의 주권자가 되고 관리는 진정한 인민의 공복이 될 것이요, 그렇게 하는 데서야 비로소 진실로 인민을 위한 법률을 제정하고 경제를 건설하고 교육을 실시하게 될 것이며, 또는 그렇게 하는 데서야 비로소 다수가 소수의 무리한 지배와 압박을 받지 아니하며, 선이 악에게 억울한 굴종을 당하는 상황을 면하게 될 것이다.

이 밖에 우리가 반드시 수행해야 할 몇 가지의 중요한 과업이 있다. 무엇이냐 하면

첫째, 봉건적 제관계를 청산해야 한다. 우리는 일찍이 근대적 민주주의도 경험하지 못하였을 뿐 아니라 봉건적 제관계는 지금도 의연히 강력하게 우리를 지배하고 있다. 봉건적 제관계를 타파한 뒤에야 비로소 민주주의는 제대로 성장할 수 있는 것이다. 그러므로 봉건 유제인 토지관계와 봉건적 특권 유습을 완전히 개혁하고, 남녀평등을 구체적으로 실현해야만 민주주의적 건설이 가능할 것이요,

둘째, 식민지적 성격을 제거해야 한다. 우리 조선은 일제의 식민지로서 경제 기구, 정치체제가 의존적이며 또는 편중되어 있기 때문에 이것을 급속히 청산하고 자주적인 체제를 정비해야 한다. 조선의 토착 자본은 자주적으로 성장하지 못하고 영원히 지주적 성격을 탈각하지 못하였을 뿐 아니라, 잉여가치 외에 이득을 구하는 소위 매판적 성격을 가졌기 때문에 민족 자본 본래의 반제적 성격을 나타내지 못하고 도리어 외국 의존적인 점에서 식민지화의 위험을 다분히 내포하고 있다. 제국주의는 자국 내의 근로 대중을 노예화하며 타국의 민중을 예속시킴으로써 국제적으로 민주주의를 파괴하는 것이다. 그러므로 제국주의로부터 민족을 해방하지 않고는 민주주의는 건설할 수 없는 것이며,

셋째, 반동적 파쇼를 타도해야 한다. 파시즘은 자유 민주주의를 파괴하였을 뿐 아니라 세계 인류 문화를 총 파괴에로 유입하려다가 국제 민주주의 앞에 굴복하고 말았다. 그런데 조선의 지주나 토착 자본가들은 민주주의적 방법으로는 지배계급으로서 민중을 지배할 만한 능력을 가지지 못한 만큼 그들은 운명적으로 파쇼화할 성격을 함유하고 있으며, 더욱이 과거 일제시대의 관료와 기타 일제 협력자는 일제의 군벌적·관료적 파쇼에 중독되어 있고, 또는 조선의 진정한 애국자 세력에 대해서 자기 공포를 느끼는 동시에 그 연명책으로 파쇼 세력을 조성하고 있는 것이 조선의 현실이다. 그런 만큼 우리는 언론, 출판, 집회, 결사, 시위, 파업 등 자유를 구체적으로 보장하고 박탈당하지 않도록 인민의 기본적 권리를 확보하여 인민의 위력으로써 이를 제어해야만 비로소 민주주의의 육성을 볼 것이다.

넷째, 근로 대중의 단결로써 영도적 세력을 지어야 한다. 조선의 근로 계급은 비록 어리고 약하나 조선에 있어서는 유일한 혁명 세력이며 애국 세력이다. 산업자본이 자주적으로 성장하여 주권을 장악하고 외래의 제국주의에 반항하지 못하는 조선에서는 민족의 선두에서 해방과 자주 독립을 전취할 자는 오직 근로 계급뿐이다. 선진 자본주의 국가는 물론이요 중국의 그것과도 다른다. 지주·자본가 계급이 제국주의와 결탁하고 타협하여 자신을 유지·발전시키는 동안에 근로 계급만은 자초지종 제국주의 자본과 토착지주 자본가에게 착취당하고 억압당하였다. 인구의 8할 이상이 되는 이들 근로 대중의 해방이 없이는 진정한 민족해방은 없을 것이다. 근로 계급의 완전한 해방과 민주주의적 발전을 위해서는 그들의 총역량을 집결하여 정치적 중심 세력을 이루는 데에서만 진정한 민주정치가 건설될 것이다.

2. 민주경제

민주경제라 함은 동귀일체의 신생활 이념을 기반으로 한 민주주의 경제제도를 말한다. 과거 봉건시대의 경제제도는 봉건적 특권계급이 경제적 실권을 가졌고, 현대 자본주의 사회의 경제제도는 소수의 자본가 계급이 경제적 실권을 잡은 것과는 근본적으로 다르게 근로층에 속한 인민 대중이 민주주의적으로 경제적 실권을 가질 수 있는 경제제도를 말하는 것이다. 구체적으로 말하면 지금까지 생산수단(토지, 광산, 공장, 교통기관, 기계 등)과 분리되어 있던 생산력 담당자(농민, 노동자, 기술자 등 근로층)에게 생산수단을 법적으로 재분배 또는 장악하게 하여 사회적 생산의 정당한 토대를 부여하는 동시에 경제권을 소수의 지주·자본가로부터 인민 전체에 옮겨 놓자는 것이요, 계급적 대립이 없는 단일성인 '민족경제'를 실현하자는 것이다. 이러한 내용을 가진 민족경제만이 조선민족이 갱생할 유일한 방도일 것이며, 이러한 민족경제의 방향으로 발전되어 가는 것이 조선 경제사회의 역사적 순로이며, 이러한 민족경제 제도의 실현을 담당할 수 있는 정권만이 진정한 민주주의 정권일 것이며, 이러한 민족경제 제도를 실현할 수 있는 정치만이 진정한 민주주의 정치일 것이다. 그렇다 해서 중소상공업의 자유기업을 금지하자든가 또는 어느 정도의 개인 사유권을 일절 부인하는 것은 아님을 말하여 둔다.

원래 민주경제와 민족경제와는 불가분리의 표리관계를 가진 것이다. 정치를 표면적·형식적이라 하면 경제는 이면적·실질적인 점에서 민주경제를 떠난 민주정치는 존립할 수 없을 것이며, 민주적 신경제가 명목에만 그친다면 민주정치도 명목에만 그치고 말 것이다. 조선의 일부 정치가들은 정치 독립이 된 뒤에 경제 건설을 논의해도 늦지 않다는 것을 주장한다. 그러나 그것은 정치와 경제의 표리관계를 이해하지 못하는 정치가의 무식이 아니라면 반드시 자본제 연장의 엉뚱한 의도를 포함한 궤변일 것이다. 요컨대 민주정치와 민주경제는 건국 당초에 동시 해결해야 할 연관성과 필요성을 가진 것이다. 우리가 주장하는 '조선적 신민주주의'의 주안점은 오로지 여기에 있다. 예를 들면 토지문제는 민주경제의 기본 조건인 만큼 민주정권이 수립되는 즉시로 이를 해결해야 할 것이다.

민주경제를 실현해야 할 필요성은 무엇인가. 첫째로는 인구의 증가요, 둘째로는 계급 구성의 관계이다. 조선민족의 인구는 일제시대의 통계에 의하면 국내만으로도 매년 25만 내지 28만의 증가를 보였으므로, 앞으로 국가적으로 후생 행정이 완비되고 민주경제의 정책이 실현됨에 따라서 민생문제가 법적으로 해결된다면 인구의 자연증가율에 특별한 변동이 없는 한 (100년 후, 1940년대 말 3천만 인구 기준 - 편집자주) 조선민족의 인구는 줄잡아 7천만을 추산할 수 있다. 우리 인구가 증가한다고 우리가 사는 이 땅덩어리가 넓어질 리는 만무하다. 앞으로 우리의 외교정책에 의하여 만주나 연해주 지방에 우리 민족의 거주 자유와 영업 자유를 얻는다 할지라도 민주경제 정책에 의하여 경제적 생산 방법을 새로운 방면으로 전환시켜 경제적 생산 역량을 증가하지 않으면 안 될 것이다.

다음은 민주경제의 필요성으로 빈부 대립의 계급 구성을 논하여 보자. 1941년 통계에 의하면 조선의 전 농가 호수 약 370만여 호 중에서 자작농 약 53만호를 제하고는 자작 겸 소작이 72만3천 호, 순소작이 164만7천 호, 합계237만 호이고, 농업노동자가 약 10만 호, 화전민이 약 6만 호인즉, 경지와 분리된 농가 호수가 약 253만 호이며, 그 반면에 일부 자작농을 겸한 소지주가 71,935인, 전연 농업에 종사하지 않는 대중大中 지주가 32,890인, 합계 104,825인이었는 바 그들 소수 지주군이 소유한 경지는 실로 전田이 1,399,700정보, 답畓이 1,150,400정보, 합계 2,555,000여 정보에 달한다. 그러니까 결국은 10만 내외의 지주군이 250여만 호의 빈농민을 지배·착취하는 것이 계급 대립 현상인 만큼 이것을 하루바삐 개혁하지 않으면 안 될 것이다.

그리고 그 밖에 또다른 방면으로 중요히 생각할 문제가 있다. 그것은 무엇이냐 하면 농토의 협소, 농업기술의 미발달, 농업생산액의 빈약 등 여러 가지 관계로 보아서 앞으로 조선에는 농업 입국이 불가능한 만큼 농공 병진책을 써야 되겠다는 그것이다. 왜 그러냐 하면 현대 국가의 경제관계란 것은 아무리 하여도 순전히 자작자급으로만은 될 수 없으므로, 유무상통有無相通하는 국제적 통상을 요하지 않을 수 없는 것이며, 그것을 하자면 적어도 수입-수출의 균형은 도모해야 할 것이요, 수출입의 균형을 얻자면 공업생산이 아니면 안 될 것이다. 전문가의 말에 의하면 조선의 농업생산은 여하히 발달시킨다 할지라도 자칫하면 자작자급도 부족하리라 하니 우리는 농산물을 가지고 외국 수출을 도모할 수는 없는 것이 그 첫째 이유요, 또는 일제시대의 비율로만 볼지라도 농산액과 공산액은 대개 17대 1이 된다. 즉 농민 17인의 생산액이 공업노동자 1인의 생산액과 같게 된다는 말이다. 그러니까 국가의 경제력을 충실하게 하기 위해서도 공업 발전을 도모해야 한다는 것이 그 둘째 이유이며, 전시하에 일제의 잔학한 착취로 인하여 아주 고사해 버린 일용품은 우선 자작자급해야 할 것인데 그것을 위해서도 공업 발전을 하지 않으면 안 될 것이 그 셋째 이유이다.

그렇다면 공업 발전은 어떻게 해야 할 것인가. 공업경제에서와 마찬가지로 민주경제 체제에 의하여 중요 산업기관은 국유로 하고 그 경영은 국영 또는 공영으로 하여 자본가적 이윤 착취의 방지를 원칙으로 하는 동시에, 한편 토지제도를 개혁하고 농업정책, 즉 농업 생산 양식을 근대화시켜 적은 노동력으로 많은 경작과 많은 수확을 얻도록 하며, 그 잉여 노동력을 공업 노동력으로 전환케 하는 것이 급선무일 줄 안다.

조선민족의 생활문제는 민주주의를 기반으로 하여 농공 병진을 도모하는 민족경제 정책이 해결할 것이므로, 조선 건국의 필연적 노선은 이 한 길이 있을 뿐이며 그것이야말로 조선민족의 장래를 축복하는 역사 발전의 궤도일 것이다.

"천직을 지키는 자는 반드시 천록을 받아야 한다." 함은 수운 선생의 본지인 바 이것을 뒤집어 말하면 "일하지 않는 자는 먹지 못한다."는 말도 된다. 우리가 주장하는 민족경제는 이 교훈을 구체적 현실적으로 실천하자는 것이다. 그러므로 이 민주경제 제도는 천리에 비추어도 틀림이 없고, 인도에 맞추어도 사개가 맞는 당당정리의 정체임을 확신한다.

3. 민주문화

'민주문화'란 무엇이냐. 동귀일체의 신사회 생활에 적응한 민주주의 문화를 말하는 것이다. 이것은 봉건사회 내지 자본 사회의 계급문화, 기형적 문화를 상대로 하여 지어진 명사이다. 우리는 말만 하면 우리의 유구한 민족사와 한가지로 찬연한 문화를 자랑한다. 그러나 이제부터 우리는 신시대 신생활에 적응한 민주적 신문화를 재수립하지 않으면 안 될 것이다. 왜 그러냐 하면 과거의 구문화는 부하고 귀한 특권계급만이 향유할 수 있고 번화한 도시에서만 향락할 수 있는 계급적·기형적인 것이었기 때문이다. 우선 그 실례를 교육 방면에서 들기로 한다면, 과거 봉건사회의 교육은 말할 것도 없거니와 현대적 교육제도로만 보더라도 중등 이상의 교육기관은 대부분 도시로만 편중되었으니 멀리 농산어촌의 자제들은 취학의 길을 얻기가 극히 어려울 것이요, 학비를 스스로 변통하지 않으면 안 되게 되었으니 도시에 거주하면서도 노동자 내지 일반 무산자의 자제는 역시 입학할 도리가 없는 것이 사실이다. 그러므로 부호가富豪家 자녀는 천생 둔재라도 전문대학의 졸업생 행세를 뻔뻔히 하지마는, 무산자의 자녀는 아무리 천재라도 초목과 한가지로 그저 썩어지고 만다. 물론 해방 전까지의 조선의 교육제도란 것은 일제의 식민정책에 의한 식민지 교육이니만큼 그 결함을 거론할 필요도 없지마는, 선진 자본주의 국가의 그것을 보더라도 이상과 같은 결함은 없지 않을 줄 안다. 그는 그럴 수밖에 없을 것이다. 교육은 경제와의 표리관계가 있나니 경제기관이 도시로 집중되는 만큼 교육기관도 도시 집중이 안 될 수 없기 때문이다.

다음 교육의 정신, 즉 교육의 이념으로 말하면 과거 조선의 소위 서당교육이란 것은 실생활에서 떠난 형식적 윤리의 교육이요, 출세를 꿈꾸는 과문科文의 교육이요, 조선 자체를 망각한 사대사상의 교육인지라 장황한 비판이 도리어 번거롭고 자질구레한 일(煩屑)이 되겠지마는, 현대식 교육으로 말하면 과거 교육에 비해서는 실로 격세의 감이 없지 않다. 그러나 현대 교육의 결점은 자본주의 경제제도의 수호·유지(護持)와 자본주의 정치제도의 합리화를 목표로 한 개인주의·이기주의에 중점을 둔 그 점이다. 이러한 교육제도와 교육이념으로는 아무리 하여도 인간의 성능을 최대한으로 발휘시킬 수 없고 인간의 생활을 최고도로 향상시킬 수는 없다. 여기에서 우리는 교육 제도의 사회화, 교육기관의 대중화, 교육정신의 민주화를 주장하는 동시에 당면의 급무로는 문맹 퇴치, 초등교육의 의무제 확충을 철저 화할 것과, 경제 건설의 기본이 되는 기술자의 양성, 노동자와 농민의 교양, 부인계몽 등을 제안한다.

그리고 그 밖에 한 가지 특별히 제창하는 바는 '천재교육天才敎育' 그것이다. 금후 조선민족의 성기盛氣를 높이고 위신을 세우며, 나아 가 세계 문화에 참된 공헌을 하자면 천재교육, 그 길이 가장 첩경일 것이다. 그 방법은 어떠한가. 천재를 발견한다면 그 사람의 교육은 전 국가 전 사회가 책임을 지고 성공하기까지 그를 지원해 주는 특별 법안을 세워서 전 국민 가운데 어느 한 사람도 빠짐없이 천재란 천재 는 다 선출할 수 있도록 하여야 한다. 그리하여 우리 민족 가운데서 세계적인 학자, 기술자, 발명가를 선출하게 하는 것이 우리 민족의 최 대 노력처요 또는 가능성이 충분히 있다고 믿는다. '인걸은 지령地靈' 이란 옛말도 있거니와 우리 조선은 산천과 기후가 실로 세계에서 가 장 수려하고 가장 적의한 만큼 천재적 인물이 배출될 만한 지리적 조 건이 구비해 있다. 과거의 우리 역사상 인물을 회고해 볼지라도 최치 원 같은 문장, 솔거와 같은 명화, 원효와 같은 고승, 최충과 같은 교육 가, 율곡과 같은 철인정치가, 서화담 같은 이학자理學者, 최수운 같은 대종교가가 다 조선이 낳은 천재요, 신라의 첨성대, 고려의 기기와 활자, 이순신의 거북선, 정평구의 승차, 이장손의 비격진천뢰, 김정호의 여지도 등이 다 조선의 천재들이 발명 또는 창작한 세계적 자랑이다. 이것으로 보아 조선은 천재 없는 나라가 아니라 천재를 잘 양성치 못한 나라인 줄 안다. 그러니만큼 앞으로 우리가 전 국가적 계획으로 이를 적극 장려한다면 참으로 세계적 천재가 많이 나올 것은 의심할 필요가 없는 줄 안다.

다음 예술 부문에서 음악의 예를 든다면 그 역시 계급적·기형적임을 잘 알 수 있다. 조선의 아악雅樂이 아무리 고상하다 할지라도 그것은 왕궁가의 전용 음악이었던 만큼 일반 대중에게는 수라상의 반찬과 같아서 먹어 보려야 도저히 먹어 볼 수 없는 것이며, 광대의 노래나 기생의 춤이 아무리 훌륭하다 할지라도 그 역시 특권계급의 오락이 아니면 부호 아들의 향락적 대상이 될 뿐이요 일반 민중에게는 별반 인연이 없는 것이었으며, 또는 문학의 예를 든다면 그 역시 특권계급을 중심으로 하여 어디까지든지 그들의 공덕을 찬송하고 그들의 권위를 높여 주고 그들의 영예를 도와 주고 그들의 부귀를 정당화한 것뿐이요 일반 민중의 실생활을 토대로 하여 민중의 울음, 민중의 웃음, 민중의 주림, 민중의 헐벗음을 여실히 표현한 것은 일찍이 읽어 본 기억이 없다. 옛날 문학으로서 항간에서까지 환영하는 〈춘향전〉만 할지라도 그것이 과연 누구를 위한 것이냐. 한 개의 권문세가의 아들인 이몽룡을 표준한 것일 뿐 늙은 기생 월매의 딸인 춘향을 해방시켜 준 것은 아니다. 더 노골적으로 말한다면 권문세가의 아들을 위하여 천하의 여자들로 하여금 춘향과 같이 정조를 지켜 달라는 일종 마술적 문학인 것이 사실이다. 최근 조선에 신문학이 수입되면서부터 봉건적 윤리에 반기를 든 자유주의적 문학은 상당한 진전이 있었다 할 것이다. 진정한 민주주의의 영역에 들어섰다고 볼 것은 새벽 하늘에 별보기만치 드물다.

원래 문화란 것은 시대적 · 사회적 산물이니만큼 구시대 · 구사회의 기성문화가 그대로 신시대 · 신사회에 적용될 수 없다. 그러므로 우리는 현존한 문화의 각 부문에서 봉건적 · 일제적 모든 잔재를 청소하는 동시에 대중생활을 향상시키고 대중 정서를 함양시킬 수 있는 민주주의에 입각한 신문화를 건설해야 한다. 물론 신문화를 수립하자면 먼저 새로운 정치 · 경제의 제도가 실현되고야 될 일이다. 그러나 조선의 금일과 같은 초창기에 있어서는 신문화의 운동이 신정치 · 신경제의 건설을 추진하는 데에 유력한 보조역이 되는 만큼 이 문화운동을 적극적으로 전개하는 것이 역시 건국 공작의 일익—翼이 된다는 것을 잊지 말아야 한다.

4. 민주윤리

민주윤리라 함은 사인여천 정신 맞는 새 윤리, 즉 민주주의 윤리를 말한다. 이 역시 봉건적인 계급 윤리와 자본 사회의 개인적 윤리를 상대로 하여 지어진 명사이다. 과거의 우리 민족은 동방예의지국이니 군자지국이니 하여 윤리 도덕에 있어서는 세계에 우리가 제일이거니 자긍자처自矜自處하여 왔다. 그러나 우리가 자긍해 온 그 윤리, 그 도덕이란 과연 어떤 내용이냐. 우선 이에 대한 공정한 비판이 있어야 비로소 민주주의적 윤리관이 밝아질 것이다. 생각건대 삼국시대와 고려시대도 봉건적 사회인 만큼 대동소이하였겠지마는, 조선왕조에 와서는 특히 유학이 국교로 된 관계상 그때의 표준 도덕은 오로지 유교식인 삼강오륜 그것이었다. 그런데 삼강오륜은 어디까지 계급적이다. 군주 중심, 아버지 중심, 남자 중심, 어른 중심, 양반 중심, 관리 중심의 도덕인 반면에, 관민과 자녀와 아내와 어린이와 상민과 서민은 아랫사람이라 하여 무조건하고 윗사람에게 승순承順 복종하면 그것을 선으로, 다소라도 불복불순하면 악으로 판정하는 계급 윤리였다. "임금은 비록 어질지 못할지라도 신하는 반드시 충성을 다해야 하고 (君爲臣綱), 아버지는 비록 혜가리지(윗사람이 아랫사람을 사랑함) 못할지라도 아들은 반드시 효도를 다해야 하고(父爲子綱), 남편은 비록 방탕할지라도 아내는 반드시 정조를 지켜야 한다(夫爲婦綱)."고 한 삼강의 해설로 보아도 넉넉히 알 수 있다.

여기에서 우리가 분명히 인식해야 할 것은 윤리 도덕도 고정불변하는 것이 아니라 이 사회가 변천함에 따라서 한가지로 변천한다는 그것이다. 근래 일부 완고한 인사들 중에는 금일의 세상은 도덕이 퇴폐하였다고 통탄하는 사람을 종종 보게 된다. 즉 '자식이 부모의 말을 듣지 않는다, 젊은 사람이 어른들에게 반항한다, 여자들이 내외할 줄 모른다, 학생(生徒)들이 선생에게 항쟁한다.' 하여 걱정하고 나무라는 따위이다. 그러나 그들의 머릿속에 뿌리박고 있는 윤리 관념 그것은 말할 것도 없이 과거 봉건사회에서 말과 글로써 배우고 풍속과 습관으로 젖어진 도덕인 만큼 그 텃자리인 봉건사회가 무너질 때에 그 윤리도 또한 생명을 잃게 될 것이다. 그럼에도 불구하고, 이 시대 이 사회에 앉아 그것이 퇴폐되었다고 한탄하는 것은 실로 시대의 착각이 아니라면 윤리 도덕의 본질을 모르는 무지일 것이다.

민주주의 신사회에는 민주주의의 신윤리가 수립되어야 한다. 봉건 윤리는 관계도덕, 즉 군신·부자·부부·장유·반상·관민 등 관계를 표준한 도덕이었으나, 신시대의 윤리는 인간 상호간 평등적 입장에서 인격을 세워야 할 것이다. 일례를 들면 '예禮'라는 것은 생활 양식의 규범으로서 필요한 것이요, 혼란의 처리 방법으로서 민주사회에서도 요청될 뿐만 아니라 자연스러운 감정의 발로로서 더욱 순화되어야 할 것이다. 그러나 개념화한 형식적인 허례를 다시 진흥시킨다면 그것은 봉건적인 '계급례階級禮'의 반복에 불과한 것이고 결코 민주사회의 창조 과정을 정화시키는 것이 아니다. 양반의 '계급적 예'는 지배를 위하여 자체를 장엄화하는 것이지마는, 인민의 '민주적 예'는 생활의 순화를 위한 것이다.

민주적 예를 알기 쉽게 말하자면 생활양식에 있어서 인격적으로 평등화하려는 규범인 것이며, 타인에게 불쾌감을 주지 않는 사회적 약속인 것이다. 그뿐 아니라 타인의 의견과 인격을 존중할 줄 알아야 한다. 만일 민주정치를 논하면서 타인의 의견과 인격을 무시한다면 민주정치의 본질을 몰각한 것이며, 민주 공덕을 말하면서 타인의 면전에서 불쾌한 언동을 자행하는 것은 민주도덕을 모르는 까닭이다. 이와 같은 실례를 일일이 들 수 없다. 다만 신윤리는 인격과 공동생활을 철도哲道로 하고 표준으로 하여 거기에 부합되는 인간의 행위임을 이해한다면 별로 틀림이 없을 것이다.

천도교에서는 윤리의 최고 준적準的으로 사인여천事人如天을 가르치고, 그 실천 행동으로 성경신誠敬信을 제시하였다. 사인여천은 인간격 평등과 인간성 평등을 원칙으로 한다. 과거 사회에서는 같은 인간격에 귀천의 차별을 인정하고, 같은 인간성에 선악의 차별을 시인해 왔지마는, 이것은 실로 천작天作이 아니라 인작人作이었고 선천적이 아니라 후천적이었다. 유아의 생활에서는 귀천선악의 차별을 찾을 수 없음과 같이 원시공산사회에도 귀천선악의 차별이 없었다. 그러다가 노예제도가 생기면서부터 비로소 자유민과 노예 간에 귀천의 계급 차별이 생기고 계급적 차별 생활에서 또다시 선악이란 행위의 차별이 지어지게 되었다. 그리하여 그것이 승려시대, 봉건시대, 자본제 시대까지 오면서 다소간 변형은 되었으나 근본적인 변질까지에는 이르지 못하였다. 그러나 이제 한 번 더 변하여 이 사회가 정치와 경제적으로 완전한 민주주의 영역에 들어서기만 하면 그때는 귀천선악의 차별도 완전히 소멸될 것이다. "얻기 어려운 재물을 귀히 여기기 때문에 백성으로 하여금 서로 다투게 하였다."는 노자의 말과 "도척이

나쁜 것이 아니라 도척이 생기게 한 사회가 나쁘다."고 한 최수운의 말씀이 다 같이 이상의 내용을 도파한 것이라고 생각한다.

사연여천의 실천 덕행인 성경신을 해설한다면 이러하다. '성誠'은 진실과 근면과 근기根氣 세 가지 내용을 가진 것이니, 대인접물에서 진실이 없으면 성이 아니요, 근면이 없으면 성이 아니요, 근기가 없으면 성이 아니다. 가령 어떤 정치가가 말로는 민족 사회를 위하여 노력한다고 하면서 그 실제 내심으로 정권욕에만 급급하다면 그는 성의 있는 정치가라고 말할 수 없을 것이요, 설사 마음만은 진실하다 할지라도 자기의 임무를 위하여 부지런히 활동하지 못하거나, 또는 한때는 부지런히 활동을 하다가도 그것을 끝까지 근기 있게 계속하지 못한다면 그것 역시 성의 있는 정치가라고 인정할 수 없을 것이다. 정치가뿐 아니라 어떤 사람을 막론하고 이상 세 가지 표준에 들어맞는 사람은 정성 있는 사람이 될 것이요, 정성 있는 사람은 신시대를 창건하고 신윤리를 수립할 만한 선구자라고 할 것이다.

다음, '경敬'은 경천敬天 · 경인敬人 · 경물敬物이란 삼경三敬을 구체적 내용으로 한다. 그런데 '경천'은 종교적 의미의 경천을 제일의적으로 함은 물론이거니와 그 외에도 여러 가지 의미의 경천이 있다. 예를 들면 진리를 사랑하는 것도 경천이요, 시대에 순응하는 것도 경천이며, 약소민족을 위하여 해방운동을 하는 것도 경천이 되고, 근로 계급을 위하여 해방 투쟁을 하는 것도 경천이 된다. 그러므로 이에 반하여 진리를 무시하거나 시대를 역행하거나 약소민족을 침해하거나 노동민중을 억압하는 행위는 역천이 되나니, 경천자敬天者 홍興하고 역천자逆天者 망한다는 인과법칙을 알아야 한다. '경인'은 사인여천의 원칙에 의하여 귀천선악의 차별이 없는 평등적 입장에서 만인의 인격을 동일하게 존경하는 행위를 말하는 것이니, 여기에서 생각할 점은 단순한 관념만으로 만인의 인격을 평등시하는 데 멎을 것이 아니라, 나아가 대중에게 평등 의식을 넣어 주고, 평등 사회를 건설하고, 평등 생활을 실현케 하는 모든 행동이 진정한 경인이 된다는 것을 인식하고 실천해야 할 것이다. '경물'은 도덕적 경물과 경제적 경물 두 가지가 있나니, 모든 자연물을 사랑하고 보호하는 일이 그 하나요, 소극적으로는 모든 물품을 절약하고 적극적으로는 모든 경제적 생산을 충실히 하는 일이 그 둘째이다. 우리의 터전인 이 국토 안에 민둥산(禿山)이 많고 황무지가 있는 것도 우리가 경물의 도덕을 몰랐다는 실증이요, 해방된 우리 땅이 불결하고 파손이 많은 것도 우리가 경물의 도덕을 모른다는 실증이다. 도덕은 사람과 사람 사이에만 있는 것이 아니라 사람과 물건 사이에도 있다는 것을 알아야 한다.

그다음 '신信'은 정직과 충실이 완비된 행위를 말하는 것이니 언행의 정직, 임무의 충실은 사람으로 하여금 자기의 신념이 서게 하고 타인의 신용을 받게 한다. 그러나 같은 신信일지라도 구시대의 신과 신시대의 신이 그 실제에서 다른 것을 알아야 한다. 봉건시대의 신은 주로 지배자와 지배자 간에 상호 신뢰를 약속한 것이요, 지배자가 피지배자에게 약속한 신信은 아니다. 말하자면 양반이 다른 양반과는 신을 지켰으나 소작인에게는 지키지 않았다. 그러나 금일은 신은 '평등적 신'이요 '민주적 신'이라야 할 것이다. 그리하여 동지에게 신을 지키고 민중에게 신을 지켜야 한다. 그러한 신이라야 비로소 사회 도덕이 되고 정치 도덕이 될 것이다.

우리는 이 성경신이 민족 전체의 표준 도덕이 되기를 기원하며, 따라서 이 도덕이 신사회 건설의 추진력이 되기를 요청한다. 건국 도상에 있어서 이 민주윤리는 민주경제·민주문화와 한가지로 절대 필요하다는 것을 다시 강조해 둔다.

제6장 천도교청우당의 부활과 그 정치적 진로

1945년 8월 15일 연합국의 전승으로 인하여 조선이 해방을 얻게 되자 일제의 탄압으로 말미암아 지하에 자취를 감췄던(潛踪) 청우당은 8년 만에 부활(1945)하게 되었다. 청우당은 부활된 지 이미 만1년, 당원 50만, 도당부 6개소, 군당부 200여 개소를 포용한 조선 유일의 대정당으로서 건국 대업에 당당한 보무를 내디디고 있다.

천도교의 정치이념을 그대로 당의 이념으로 하여 아래와 같은 강령을 내세웠다.

> 첫째, 민족 자주의 이상적 민주국가의 건설을 기획함
> 둘째, 동귀일체의 신생활 이념에 기한 경제 제도의 실현을 기획함
> 셋째, 사인여천 정신에 맞는 새 윤리의 수립을 기획함

이 강령을 한 말로 한다면 조선적 신민주주의에 의한 민족국가의 건설과 아울러 민주정치 · 민주경제 · 민주문화 · 민주도덕을 실현하자는 것이다. 우리 조선민족은 인구 비록 3천만을 넘지 못하고 국토 비록 3천리에 불과하나, 그러나 반만년의 유구한 역사와 찬연한 문화

를 가진 단일민족국가로서, 무력武力과 부력富力은 없다 할지라도 민족적 긍지와 자존심을 결단코 다른 사람에게 뒤처지기 싫어하는 우리들이다. 그러므로 청우당은 이 3천만의 총의를 바탕으로 하여 민족적인 자주 독립을 수행하는 동시에 진정한 민주주의 정치의 실질적 내용인 동귀일체의 경제제도, 즉 민주경제와 그에 뒤따라야 할 민주문화, 민주도덕을 실현할 것을 주장한다.

청우당은 자본제 사회의 기성 정당같이 자당의 세력 부식이나 이권 점유를 위해서 정권욕에 급급하는 그런 유의 정당은 아니다. 숭고한 진리와 위대한 이상을 가지고 적게는 이 나라를 바로잡고 이 민족을 살리며, 크게는 전 세계를 평화의 땅(域)으로, 전 인류를 행복의 생활로 끌어올리기 위하여 약 1세기의 시간에 걸쳐서 백만 이상의 희생자를 내면서 악전고투하여 온 천도교의 역사적 사명을 자체의 사명으로 하며, 천도교의 혁명적 정신을 자체의 정신으로 하는 혁명적인 당이다. 이 민족을 위하여 존재한 당이요, 이 민중을 위하여 존재한 당이다. 이 민족과 휴척(休戚=기뻐하기도 하고 슬퍼하기도 하는 일)을 같이 하고, 이 민중과 고락을 같이할 당이다. 이것은 우리 당의 호의적 · 상대적 조건이 아니요, 기본적 · 절대적 조건이다.

세상에서는 청우당을 좌당左黨이라고도 하고 우당右黨이라고도 한다. 그러나 청우당은 '민전(民主主義民族戰線, 左)'에도 가담하지 않고 '민의(民主議院=南朝鮮大韓國民代表民主議院, 右)'에도 참가한 일이 없다. 그것은 결코 배타적 의미로 그런 것은 아니요 우리의 주장인 조선적 신민주주의에 부합되지 않음으로써이다. 그렇다고 우리 당은 추호도 독선적 행동을 취하자는 것은 아니다. 진정한 그리고 공정한 의미의 좌우합작과 남북통일을 지성으로 추진하는 동시에 미소공위美蘇共委 속개를 촉진하여 민주주의 임시정부 수립을 위해 적극 노력하는 바이다. 우리 당의 당시黨是를 이해하는 당이면 우리는 그 우당友黨 됨을 조금도 주저하지 않는다.

제2부
당지

제1장 교회와 당의 관계

교(天道敎)와 당(靑友黨)은 일체一體의 양면이며 이위일체二爲一體이다. 교는 광원光源과 같다 하면 당은 광선光線과 같다 할 수 있다. 이 진리는 천도교와 그의 신자로 구성된 청우당과의 관계에서 특별히 그러하다.

원래 천도교는 원융무결圓融無缺한 실재이며 무소불통無所不通한 진리이다. 그러므로 수운대신사 말하기를 "우리 도(吾道)는 무극대도無極大道이며, 유불선 합일이며, 지금에도 비할 수 없고 옛적에도 비할 수 없는(今不比古不比)의 이치(理)라." 하였고, 의암성사 말하기를 "우리 도는 만 과학, 만 종교의 진리를 통일한 존재라." 하였으니, 이 말씀은 다만 이 천도의 무극 원리는 무소부재無所不在 무사불섭無事不涉 무사불명無事不命하다는 것을 설파한 것이다.

이렇듯이 천도는 기본체에서 현현영묘玄玄靈妙의 무궁성을 가졌으나, 활용의 방면으로 보면 개략하여 내외 두 가지로 나눌 수 있다. 하나는 영적靈的인 것이며 하나는 물적物的인 것이다. 전자는 성심性心 등을 수련하는 종교적 방면을 가리키는 말이요, 후자는 수신제가치국평천하를 요리하는 정치적 방면을 말하는 것이다. 그러므로 천도교를 교리적 술어로 논할 때는 첫째, 영육일치靈肉一致, 둘째, 물심쌍전物心雙全, 셋째, 성신쌍수性身雙修, 넷째, 교정합치敎政合致 등의 전일全一 교체敎體로 표현하는 것이다.

이러한 교체는 원래가 인지인모人知人謀를 종합하여 고안해서 내놓은(案出) 교리가 아니요, 천도의 원융혼일圓融渾一한 무위자연의 본성을 그대로 표현한 것이다. 천도는 천지만물의 현상에서 나타나지 않는 곳이 없다. 그러나 만유는 그 존재성에서 편재편견偏在偏見에 지나지 않는 것이요, 그것이 가장 완전히 나타난 곳은 오로지 사람성자연에서 그 본성의 전일성이 가장 가깝게(彷佛) 표현되었다 할 수 있는 것이다. 사람은 그 존재성에서 성性과 신身이 완전히 표현되어 있고, 그 생활양식에서 교정이 합치되었으며, 영육쌍전의 이치를 가진 것이다.

말하자면 천도가 안으로 나타난 것은 솔성지위도率性之謂道 수도지위교修道之謂敎라 하는 교회敎會라 할 수 있고, 밖으로 나타난 것을 수신제가치국평천하修身齊家治國平天下하는 정치라 할 수 있다. 그리하여 이 양 방면을 통일하여 이를 바르게 깨닫고 바르게 인도한 것이 최수운 대신사의 교리로서, 세계 개벽 이래 초유의 천도교이다. 이렇듯이 완전성을 가진 천도가 20세기 금일에 나타난 것은 시대성의 소치이며 인문 진화의 결과이다. 마치 수목이 자랄 만큼 자라면 수목 전체성을 집중하게 한 과실이 나타나는 것과 같은 것이다.

천도교 87년(1946년 기준)의 역사는 교정일치敎政一致의 역사이다. 일면에서 종교적이며 일면에서 정치적이다. 안은 교敎 밖은 정政, 음양합일陰陽合一 · 내외구비內外具備 · 좌우합치左右合致의 완완전전完完全全한 역사이다.

수운 선생은 대역大逆과 이단異端의 명목으로 대구장대에서 순도하였다. 당시의 한국(朝鮮) 정부는 선생의 행위를 혁명 대역으로 몰고, 선생의 도법을 이단으로 지목하여 참형을 내렸다. 이로써 보면 선생의 보국안민을 목적으로 한 정치운동은 개벽사상을 고취한 정치혁명이며, 포덕천하를 목적한 교화사상은 종교개혁을 선전한 것이다. 이것이 바로 교정일치의 표현이라 할 수 있다.

신미申未년(1871) 이필(李弼濟)의 영웅적 혁명운동은 한 손에 검을 잡고 한 손에 경經을 든 운동이다. 영해, 영덕, 영양, 문경 등 각 군을 일거에 격멸하고, 필경은 적군의 총포에 거꾸러졌다. 그의 동기는 순전히 탐관오리를 토멸討滅하여 파사현정破邪顯正의 정치를 실현하고자 하는 조선 초유의 민중적 혁명운동이었다. 이 역시 천도교회의 정치적 방면이 활동한 것이다.

신사辛巳(1893) 신원운동은 조선 초유의 민중시위운동이다. 그들 민중은 말할 것도 없이 동학당이다. 그들은 누구의 사주使嗾를 들은 바도 아니고, 순전한 현도顯道운동으로 수운대신사 신원을 목적으로 하여 일어선 것이다. 그들 대중은 수만 명이 보은 장내에 집합하였다가, 홍계훈이 인솔한 수천의 관병도 꺼릴 것 없이 정정당당한 합법운동을 계속하였고, 이어서 경성에 집합하여 광화문 밖에서 통곡일성으로 시위운동을 두 차례나 계속하였다. 이 운동에서 조선민중의 기개를 나타내었다.

갑오甲午(1894) 동학혁명운동은 세계인이 공지하는 바와 같이 동학당의 정치운동이 혁명화한 것이다. 신미 혁명운동에 실패를 보고, 신사 시위원동에 효과를 얻지 못한 동학당은 일거에 국체를 변혁하고 창생을 도탄에서 구하고자 하였다. 그들의 영수領帥는 남은 전봉준, 북은 손의암이라 할 수 있으나 그 실에 있어서는 동학운동이야말로 대중이 자원 출전한 의용전이었다. 유반부 3계급을 제외한 일반민중은 한 사람도 동학운동에 참가하지 않은 자가 없었다. 소위 '마당포덕'이라 하여 대중이 수천수백 명씩 광야에서 자진하여 입도하는 동시에 동학군에 참가하였다.

당시의 조정은 이를 막을 아무 실력도 없었다. 그래서 조정에서는 구원병을 청나라에 요구하였다. 청병淸兵이 동학 토벌대로 아산포에 상륙하는 동시에 왜병倭兵 역시 천진조약天津條約을 빙자하고 인천에 상륙하여, 조·청일 삼국군이 동학혁명군과 싸웠다. 동학군은 기계적 실력의 부족으로 다시 패산敗散하였다. 오호, 조선의 운명도 가련하였다. 그로 인하여 청일전쟁이 일어났다. 필경 동양 대세는 왜인의 손에 들어가고 말았다.

갑진甲辰(1904)개화운동은 동학혁명이 실패한 후 10년 만의 일이다. 갑오혁명에서 동학당은 40만이나 되는 대중을 희생하고, 최고영수인 최해월, 전봉준, 손천민도 그 결과로 참형을 당하였다. 이때에 손의암

성사는 외국으로 망명하여 훗날을 기다리다가 러일 간의 풍운을 이용하여 합법적 개화운동을 일으켰다. 20만 동학군이 하루아침에 단발흑의斷髮黑衣를 하고, 진보회進步會라는 정당을 조직하고, 정당운동으로 정부를 개혁하고자 하였다. 이것이 조선 초유의 정당이었다. 그리하여 정치, 경제, 교육, 문화 등 전반에 걸쳐 외래문화 선진국의 문명 정치를 구현하고자 한 것이다. 러일전쟁 결과 조선은 마침내 왜적倭敵에게 합병되어, 국가가 망하고 민족이 망하고 문화가 망하고 종족이 망하고 오로지 조선혼으로 산출한 천도교만이 종교적 명의하에서 지하운동으로 조선의 명맥을 이어왔다. 이 운동을 시종여일히 인도한 이는 말할 것도 없이 손 의암 성사이다.

기미己未(1919) 독립운동은 왜적에 반대·항거하는 운동인 동시에 조선혼을 멸망에서 구출하는 민족운동이었다. 이 운동으로써 산 조선이 있다는 것을 세계에 알렸을 뿐만 아니라 4천년의 역사를 미래 자손에게 계승케 하는 영교靈橋를 지었고, 억만 조령祖靈의 심법을 자손에게 전수하는 도력이 표현된 것이다. 이 운동은 물론 조선 대중의 총궐기로 생겼으나 그 중심은 역시 동학당의 대중이었으며 영수는 역시 손의암성사였다.

을유乙酉(1845) 8월 15일은 조선민족이 왜적의 속박에서 해방된 날이다. 이 해방은 물론 연합국의 혜택으로 된 것은 사실이다. 그러나 '개같은 왜적놈을 한울님께 조화받아 일야간에 소멸한다.' 한 대신사의 예언이 적중된 것으로 보면 실로 한 개 기적이라 할 수 있다.

왜적은 멸망하였다 하나 조선의 장래는 아직 미지수에 있다. 38선의 장벽, 남북의 대치, 당파黨派의 악惡투쟁, 국제 파쇼 잔존 세력의 발호 등등이 다같이 인류 전도의 운명을 미혹케 한다. '기험하다 기험하다 아국운수 기험하다. 함지사지 출생들아 보국안민 어찌할꼬. 오호 보국안민의 방책이 어디에서 나올 것인가.' 이는 수운 선생의 우국적 예언이었다. 이뿐만 아니라 선생의 열렬한 애국의 지성으로 나온 세계관은 날이 갈수록 신신新新한 의의가 나타난다. '일천지하 변복變復(開闢)운수 다시 개벽 아닐런가. 요순성세 다시 와서 국태민안 되리로다. 무병지란 지난 후에 살아나는 인생들은 한울님께 복록 정해 수명일랑 내게 비네.' 선생의 예언적 세계관은 물론 영감으로 나온 것이다. 금일의 현세가 신통하게도 이 예언과 부합되는 것을 볼 때에 우리는 기험한 금일의 운명을 재차 선생의 예언으로부터 음미할 필요가 있다.

'보국안민의 방책이 어디로부터 나올 것인가.' 그러면 선생의 믿는 바 보국안민의 방책이란 과연 어떠한 것인가. 선생의 저서 중에서 그 대의를 추출하여 보면, 선생의 보국안민의 방책은 대체 3대 요령으로 나누어 볼 수 있다. 첫째, 신인간 창조, 둘째, 조선혼 파지, 셋째, 동귀일체 운동이 그것이다.

선생은 신인간新人間 창조를 비유로 말하기를, "여기에 적국을 항하여 출진하는 어진 장수(良將)가 있어 자기 편 군세를 조사하여 보았더니 군기·군량·군병이 다 질병 상태에 있다. 이때 제군은 무엇부터 먼저 개조할 필요를 느끼겠는가. 물론 군기·군량도 필요하리라. 그러나 그것보다도 급무는 군병의 질병일 것이다. 이와 한가지로 우리 조선의 현상은 정치, 경제, 교육, 종교, 도덕, 군사 모든 것이 질병 상태에 있다. 그러나 그보다도 급무 중 급무는 인간의 질병 상태 그것이다. 우리 조선 인민은 인간 그 자체의 본질로서 무서운 질병 상태에 빠져 있다. 그러므로 보국안민의 최선 급무가 인간 개조이다. 인간 개조란 말은 인민을 정신적 질병 상태에서 구출하자는 것이다."고 절규하였다. 이것이 우리 교의 정신개벽운동이다.

다음은 조선혼朝鮮魂의 파지把持인데, 조선인은 조선인이면서 조선혼을 잃어버린 민족이었다. 조선혼이란 대체 무엇인가. 조선혼이란 것을 조선의 시조이신 단군 사상에서 찾아보면 천주天主사상이 곧 조선혼이었다. 단군신화에 의하면 단군의 할아버지는 곧 환인桓因 천주이시므로 조선민족의 시조는 곧 천주이시다. 이 천주사상은 수천 년간 동방문화의 원천이 되어 원시덕치생활을 계속케 하였다.

중국으로부터 유불선 사상이 들어오자 동방천주사상은 쇠퇴하였다. 수운 선생은 이 사상을 계승하여 천주사상을 부활시켰다. 그러므로 수운 선생의 천주사상은 서양으로부터 들어온 서도西道의 신교적神敎的 천주사상이 아니요 조선 고대문화를 일으킨 동방 범신교적 천주사상이다. 수운 선생의 천주사상은 종교적으로 보면 우주적인 범신적 천주신이며, 정치적으로 보면 민족신인 조선혼이다. 민족신적 조선혼이 종교적 우주신으로 직관直觀되면서 조선민족은 조선혼을 파지하게 되었다. 이러한 의미의 조선혼의 파지는 곧 천도교 신앙도 되며 보국적 혼백도 된다. 이것이 천도교 87년 동안의 보국사상이며 민족개벽운동이다.

해방 이후 청우당이 다시 일어섰다. 청우당이라는 명사는 어찌 되었든지 그것은 87년간의 천도교 정치 역사를 바탕으로 하고 계기를 따라(隨機) 표현된 천도교 정치운동이다. 그러므로 청우당은 순수한 현실적 정치에만 간여하는 보통 정당이 아니요 윤리적으로 인간 개량을 지향하는 당이며, 민족적으로는 혼을 파지하는 당이며, 정치적으로는 민족 통일을 목적하는 당이다. 그리하여 종교적으로 지상천국을 세계 만국 위에 건설코자 하는 당이다.

셋째로 동귀일체 운동인데, 현재 조선은 무엇보다도 민족통일을 절규하고 있다. 그러나 알고 보면 이것은 1세기 전에 수운 선생이 부르짖던 동귀일체 사상에서 벗어나지 않는 것이다. 수운 선생의 동귀일체 사상은 조선민족은 조선혼인 천주사상으로 일이관지 하라는 사상이었다. 민족통일을 민족혼으로 일관하는 데는 누구나 이의가 없을 듯하나 만일 민족통일을 정치적 압력으로 한다든지 외래사상으로 한다든지 미신부패한 도덕으로 한다면 거기에는 누구든지 이의를 가질 수 있다.

민족통일을 민족혼으로 통일한다고 해서 민족이 제국주의의 침략행동, 배타 사상으로 전화하리라는 우려는 어느덧 구식 사상이 되었다. 금일 이후 민족주의는 '민족은 세계공화의 단위가 된다는 입장'에서 각 민족이 세계 공화의 일원으로 세계 행복을 함께 누리게(共享) 한다는 민족주의이다. 더욱이 수운 선생의 천주사상은 인내천적 세계관이 낳은 신인합일사상인 점에서 이는 조선민족만을 통일할 사상이 아니요, 세계 억조를 오심즉여심吾心卽汝心의 지기일원하에 총친화總親和·총단결總團結할 세계일가 사상이다. 이러한 사상을 정치적 현실에 활용하여 지상에 이상적 천국을 실현하고자 하는 것이 청우당의 사명이요 우리 교의 사회개벽운동이다.

　이상은 천도교와 청우당의 관계를 일언하였다. 이제 그 모체인 천도교의 정체를 종지·강령·목적으로 구분하여 간단히 말하고자 한다.

제2장 천도교의 종지 · 강령 · 목적

1. 종지 : 인내천

천도교의 종지宗旨를 인내천이라 한다. 종지를 다시 본체와 응용으로 갈라 보면

1) 본체상 인내천이다. 다시 이를 종교적 · 철학적 사상의 양방으로 갈라 말하면, 첫째, 종교적 방면으로 보자. 종교에서는 우주본체를 인격화하여 천주 혹은 우주신이라 부른다. 그리하여 천지만물은 다같이 우주본체인 천주 혹은 신령의 조화적 · 자율적 화생이라고 본다. 이러한 의미에서 천지만물은 아들격(子格)이 되고 본체는 어버이격(父格)이 된다. 그러므로 본체(천주)와 현상(만유)은 일체이위一體二位이다. 범신관적 의미에서 본체는 만유의 내재적 본능이 된다. 그러므로 내재적 본능은 각자 고립적 실재가 아니요, 영능靈能으로 일이관지한 전일적 영묘불가사의靈妙不可思議의 무궁체이다. 그중에도 인간은 본체의 전일 성격을 비교적 구체적으로 품부하였다고 본다. 다만 인간은 자유의지를 악용惡用함으로써 본체의 양능良能을 현상 생활에 전적으로 표현하지 못할 뿐이다. 그러므로 인간을 본질로 볼 때에는

진실로 신의 아들, 즉 신의 분신이다. 다만 본체는 전일적이며 인간은 부분적 개체를 가진 구별이 있을 뿐이다. 인내천이란 이름은 이러한 원리에서 생긴 것이다.

인간이 신의 아들이면서 신의 지인지애至仁至愛의 성능과 전지전능의 행태를 표현하지 못하는 이유는 인간 개체의 성능이 무명無明에 가까운 까닭이다. 인간은 개성을 보호하고자 하는 물욕·번뇌·미망·악념 등에 물들기 쉬운 동물인고로, 그 본체인 전능전명全能全明을 발휘하지 못하고 스스로 번뇌미망煩惱迷妄을 만들어 자승자박의 무명의 고해에 빠져 하늘과 사람의 구별을 짓게 된다. 그러므로 인간이 능히 천도의 수행을 통해 무명을 해탈하면 인내천의 본지本地 풍광을 얻게 되는 것이다. 이것이 종교적으로 본 인내천이다.

다음은 사상적으로 본 인내천을 이야기해 보자. 첫째, 진화사상進化思想으로 보면 진화사상은 불완전이 완전으로 나아간다는 의미에서 천지 만물은 일시의 창조 행위에서 된 것이 아니요, 일원적 우주진화력이 서행徐行한 자율적 조화에 의하여 지금의 우주와 같은 삼라만상을 낳은 것이다. 그러므로 우주 진화는 전前단계가 후後단계보다 비교적 불완전하다. 다시 말하면 후단이 전단보다 비교적 완전한 것이며, 그리하여 인간은 우주 최후 단계에 생성한 동물인고로 인간성 중에는 우주의 전 성격을 구비한 것이다. 즉 인간은 우주의 과실이다. 수목의 과실이 수목의 전 성격을 내포한 것과 같이 인간은 우주의 모든 이치를 구비하였다. 이것이 진화상으로 본 인내천이다. 진화를 다시 우주 진화, 생물 진화, 인간 진화의 3부로 대별하면 우주의 변화는 기초적 진화인 까닭에 풍수화토風水火土 사대四大의 무기적인 물리화학적 본능화라 할 수 있고, 생물 진화는 곧 생명 진화이므로 동식물의 진화를 말하는 것이며, 인간 진화는 영성의 진화를 말하는 것이다. 그러므로 인간은 그 자체로 물리화학적 본능, 생명생리적 본능, 영성본능의 3대 본능이 구비하였다. 즉 우주자체의 전지전능의 본능이 무기물계의 단계에서는 물리화학적 본능으로 나타나고, 동식물의 단계에서는 생명의 본능으로 표현되었으며, 인간의 단계에서는 영성의 본능으로 나타난 것이니 이 영성의 본능이야말로 우주 본체의 참 성격을 구현한 것이다. 이 점에서 인간은 소우주이며 소분천小分天이며 신령의 아들격이라는 것이다.

둘째, 철학사상에서 본 인내천은, 인간은 유심·유물의 본체인 지기적 본질을 구비하였다. 그러므로 인간은 정신과 육체에서 지기의 능심능물能心能物의 본능을 구비하였다고 보는 것이다. 사람은 한 개의 갈대다. 그러나 생각하는 갈대다. 사람은 한 점의 불, 한 방울의 물로도 그 생명을 파괴할 수 있다. 사람의 육체는 그만큼 연약한 동물이다. 그러나 생각은 어떠한가. 천문·지문·인문, 천지인 삼재의 진리를 밝히고(發明) 만유의 본성을 탐구한다. 진리는 본래 객관적 존재인 동시에 주관적 존재이다. 즉 우주의 객관적 존재의 진리와 인간의 주관적 존재의 진리는 사고에서 합치되는 것이다. 인간 미망 중에서 한 가지 예를 든다면 인간은 우주의 아들이며 동시에 우주 그 자체의 화

생물이면서 우주 그 자체와 인간 자기를 분리하여 우주와 자기와는 아무 관계 없는 객관물로 인정하는 것이다. 이것이 인간에게 미망이 생긴 원인이다. 그리하여 인간의 사고, 그것도 우주와 분리하여 자기는 우주 밖에 존재하면서 우주를 사고하는 것처럼 생각하는 것이다. 그것이 인간과 우주를 분리하게 하는 원인이다. 인간의 육적·영적 존재는 다 같이 우주의 원리에서 생겨난 것이라면 인간이 생각한 모든 진리는 우주간에 고유자재한 것임에 분명한 것이다. 그러므로 인간의 문화란 것도 그 실에 있어서는 우주 그 자체의 문화인 것이다. 인간의 발명, 창조, 창작, 창건이라는 것도 우주간에 선존하는 진리를 깨달은 데 지나지 않는 것이다. 그러므로 주관과 객관은 같은 존재인 동시에 같은 근원으로부터 나온 것이다. 이 점에서 인간은 이 지상에서 능히 우주의 주인공이 되어 만유의 영장이 된 것이다. 이 역시 인내천의 본체의 하나이다.

2) 응용상 인내천

위의 원리상 인내천의 진리를 응용의 방면에서 보면, 인내천은 인본사상도 되며, 사인여천의 윤리도 되며, 인간 지상의 도덕도 되며, 여천합일與天合一의 종교도 되며, 평등자유의 제도도 되는 등 실로 활용자재의 인문을 창조할 수 있는 것이다.

첫째, 인본사상은 인간을 본위로 하고 모든 인문을 건설하자는 것이다. 과거 신본위·심본위·물본위 사상 등은 다 같이 인간 본위를 망각한 문화였다. 과거의 모든 종교는 인간성의 실재를 망각하고 유신만을 실재 본위로 하여 문화를 건설한 것이라든지, 심본위 사상이 유심 본위로 하여 유심에 치우친 문화를 주장한 것이라든지, 자본주의 사상이 황금만능을 본위로 하여 인간을 노예로 한 것과, 유물 본위가 인간의 지위를 타락하게 함은 다 인간 본위를 망각한 것이다. 그러므로 금일 이후의 인간 문화는 살아 있는 인간 그대로의 인간격을 실재 본위로 하고 모든 문화를 건설하자는 것이다. 인본위 사상은 자아의 발견이며 인간 자기의 발견이다. 인간은 원시 이래 인간 이외의 타물을 실재 본위로 하고 생활문화를 창건하였던 것을, 이제는 인간 자기야말로 실재 본위라는 것을 깨닫고 모든 제도와 문화를 인간 본위 위에 건설하자는 것이다. 예를 들면 정치에서 이상적 민주주의, 경제에서 공동생산·공동분배주의, 문화에서 대중문화주의, 교육에서 보편타당주의, 도덕에서 평등자유주의 같은 것은 다 인본위 사상의 맹아로 볼 수 있다. 둘째, 사인여천의 윤리라는 것은, 인간은 그 본질에서 천주의 분신이므로 천주에게 경의를 표하는 심성으로 인간에게도 사인여천의 경의와 만인평등의 윤리를 창건하자는 것이다. 존비귀천尊卑貴賤의 차별을 철폐하는 것은 물론의 일이요, 천륜으로 정해진 부자-형제-장유 사이에도 질서의 차별을 정연하게 하는 동시에 인간격 본질의 평등을 인내천의 원칙에서 인정하는 것과 같은 것이다. 셋째, 인간 지상의 도덕이라 함은 인간 자기가 인내천, 즉 신령의 아들인 것을 확신하고 인간격의 존엄을 자랑하는 동시에 경천, 경인, 경물의 원리를 활용하는 것이다. 예를 들면 강도와 같은 악인이라도 그 행위는 어디까지든지 미워할 수 있으나 그 천부의 본성에는 경의를 표하여 대할 것이며, 초목과 생물을 이용후생利用厚生할지라도 그 생생生生의 본질을 학대하지 말자는 것 등이다. 넷째, 여천합일의 종교는 곧 인내천의 종교 같은 것을 말하며, 평등자유의 제도는 악평등·악자유를 제재하는 반면에 평등 속에 차별적 조화가 있고, 차별 속에 평등적 동귀일체가 되는 제도를 베풀어(設) 가는 것이다.

2. 강령 : 물심일원 성신쌍전 교정일치

첫째, 물심일원, 성신쌍전, 교정일치는 천도교의 강령이라 할 수 있다. 일반적으로 종교에서는 강령을 분명히 표시할 필요는 없다 할지라도 천도교와 같은 교정일치의 종교에서는 강령을 표시하고 교의 요령을 설명하는 것이 편리하므로 강령이라는 명목 아래 물심일원物心一元을 말하고자 한다.

둘째, 천도교는 유심론도 아니요 유물론도 아니다. 동시에 유심론이면서 유물론이다. 이러한 비물비심非心非物, 즉물즉심卽物卽心 원리를 파지하기 위하여 천도교의 우주본체론인 지기일원의 진리를 상세히 알(詳知) 필요가 있다. 천도교의 우주본체론은 천주天主와 지기至氣를 들 수 있다. 천주와 지기는 이위일체이다. 천주는 광원이라면 지기는 광선과 같다. 천주는 물이라면 지기는 물의 흐름이다. 그러므로 천주, 지기, 만유는 천도교우주관을 구성하는 3대 본질이며 동시에 삼위일체의 묘능을 가졌다.

천도교에서 말하는 신은 범신관적汎神觀的 일신관一神觀이다. 천주의 신력神力이 영묘불가사의의 체體인 지기로 표현되고, 지기 자신이 자율적 조화로 능심능물能心能物의 만상萬像의 본능과 형상으로 화한 것이다. 그러나 천주와 지기 본체는 동시에 만상을 초월하여 항구恒久 자존자율하는 것이다. 이것이 범신관적 일신이다. 지기는 물과 심을 창조할 만한 영묘의 체로 만유를 스스로 표현하게 하고, 자율자존적 본능으로 만유의 중에 존재하면서 동시에 만유를 초월한다. 만유 속에 존재하는 지기는 생로병사의 무상 변화를 하는 동시에 항구불변의 영체를 지속하는 만유의 본체가 되는 것이다. 지기는 우주의 본체가 되는 동시에 유심과 유물은 우주의 작용적 양능이 된다. 본체는 불변이며 작용은 상변常變이다. 그러므로 지기일원론에서 지기는 우주 본체이며 유물·유심은 지기의 작용에 불과하다. 유심은 지기의 작용이고 지기는 물심의 본체이다. 심은 지기의 내적 존재이며 물은 지기의 외적 표현이다. 외적 표현은 변화를 의미하고 내적 존재는 항구 상존을 의미한다. 그러므로 지기는 변/불변과 상常/불상不常의 조화적 모순을 가진 영묘의 체이다.

셋째, 인간도 또한 지기의 간섭하지 아니함이 없음(無事不涉)과 명령하지 아니함이 없는(無事不命) 본체에서 화생된 존재이다. 심은 지기의 내적 존재이고 육체는 지기의 외적 표현이다. 외적 표현인 오관

五官은 자연 율법인 시공의 약속과 제재를 받게 되고, 내적 존재인 심은 절대 자유인 자유의지로 나타난다. 이러한 지기의 양면 작용은 인간을 우주 본능의 표현으로 나타나게 한 것이다. 절대 자유와 절대 제약은 우주 구성의 양능良能이다. 대신사는 이러한 모순적 조화를 형체가 있는 것 같으나 나타내기 어렵고(如形難像), 들리는 것 같은데 보기 어렵다(如聞難見)고 하여 사람의 지식이나 글(人知人文)로 추측하지 못한다고 단언하였다. 지기적 물심 양능의 조화로 인간의 성신性身이 생겨나왔다(出來). 그러므로 인간은 지기至氣의 성능을 구체적으로 가지고 나왔다. 이 점에서 인간의 도는 성신쌍전에 있다. 천도가 유불선儒佛仙 합일이라 한 것도 성신의 원리를 유불로 나타내고, 선으로써 양자를 조화하게 한 데 있다. 유는 신身을 상징한 것이요 불은 성性을 상징한 것이며 선은 기氣를 상징한 것이다. 이것이 곧 성신쌍전이다.

넷째, 성신쌍전의 원리에서 교정일치의 활용이 생긴 것이다. 교敎는 솔성率性의 도를 말하고, 정政은 제가치국齊家治國의 방책을 말하는 것이다. 솔성에 수도제가를 말하는 것도 교정일치이며, 제가치국에 솔성수신을 본으로 하는 것도 교정일치의 필요 때문이다. 성신쌍전의 원리에서 유물유심의 교화는 새의 양 날개와 같다. 유심이 유물을 이기면 인간세계를 문약공적文弱空寂에 빠지게 하는 폐단이 있게 되고 유물이 유심을 이기면 인간은 야비저열野卑低劣의 지위에 타락하게 된다. 그러므로 교정일치의 도에서 심적 정신문화와 신적 물질문명을 평균으로 보지하게 하여 영육합일의 치평治平을 도모하게 하는 것이다.

3. 목적 : 보국안민 포덕천하(지상천국)

천도교의 목적은 교정일치로 보국안민, 포덕천하하는 것이다. 보국과 안민은 단계적 목적이고, 포덕천하(지상천국)는 이상적 목적이다. 보국 이후에 안민이요, 안민 이후에 지상천국에 이르는 것이다.

첫째, 보국. 보국은 민족주의 단계를 말하는 것이니 민족을 왜적의 속박에서 해방케 하며, 민족의 완전독립을 기하며, 문화와 생활 수준을 세계 각 민족과 일치케 하며, 그리하여 한민족이 세계 공화에 적합하도록 향상 진화하는 것을 목적하는 것이다.

최수운 선생은 87년 전에 조선이 왜적에게 망할 것을 알았다. 〈안심가〉 1절의 뜻을 풀어 말하면 "조선은 과거 임진년에 왜적에게 멸망을 당하였다. 그러나 당시에는 오성과 한음 같은 어진 재상이 있어서 겨우 옥새를 보전하여 왔다. 왜적들은 당시의 목적 달성을 맹세하며 쇠숟가락으로 음식을 먹지 말자는 서약을 하였다. 그러므로 어느 때든지 왜적은 다시 조선을 침략할 것이다. 이 장래의 침략 행위야말로 임진왜란은 비교할 바가 아닐 것이다. 그러면 장래의 옥새(=국가) 보전을 할 사람은 누구냐. 지금 조정은 임금이 임금답지 못하고, 신하가 신하답지 못한(君不君 臣不臣) 상태가 아니냐. 삼천리 강산은 무인지경이 아니냐. 나는 한울님께 명을 받아(奉命) 옥새 보전을 맡았다. 지금 세상 사람 중에 이 신비를 알 자 몇이나 되느냐. 그러나 나는 운명의 소정所定으로 머지않은 장래에 비상천(飛上天=仙化)이 된다 하나 운명의 신은 자정自定하여 '개같은 왜적놈을 한울님께 조화 받아 일야간에 소멸하리라.'는 예언은 적중되어 왜적은 하룻밤 사이에 소멸되고 말았다. 또 말하기를 "무병지란無兵(病)之亂 지난 후에 살아나는 인생들은 한울님께 복록 받아 수명은 내게 빌어라." 하였다. 왜적은 소멸되었으나 완전 보국은 되지 않았다. 무병지란은 계속된다. 무병지란이 지난 후에야 완전독립이 된다. 무병지란이 끝나고 만국병마가 스스로 물러갈 방책은 무엇이냐. 이상에 서술함과 같이 우선 신인간이 되자. 조선혼을 가지고 동귀일체가 되자. 이것이 보국 단계에서 할 일이다.

둘째, 안민. 안민은 민주적 정권과 민주적 생활권을 말한다. 보국은 즉 완전 독립을 말한다. 일시 의타적 독립과 같은 것은 도리어 멸망으로 가는 퇴보의 길이다. 그러면 완전 독립으로 항구 안민을 기할 방책은 무엇인가. 여기에도 세 가지 기초 방책이 있어야 한다.

첫 번째가 경제 기초의 확립이다. 경제 기초가 없는 독립은 완전 보국이 될 수 없는 동시에 백성을 빈궁의 염병에 빠지게 하는 것이다. 경제 기초라는 것은 국내의 몇몇 개인 대부大富라든가 또는 일시 투기적으로 저축된 국민의 금전을 말하는 것이 아니다. 그러한 부력은 (비가 올 때만 고이는) 땅 위의 물웅덩이(潢潦)와 같아서 시간이 지나면 고갈하는 것이다. 그러므로 완전한 경제 기초는 국민의 노력에 있는 것이다. 국민 전체 개로皆勞의 정신에 의하여 직업에 나아가지 않으면 안 된다. 금일의 조선과 같이 국민의 직업적 의욕이 쇠퇴하고, 또는 직업에 나아갈 직장이 없으며 국민의 대부분이 유의유식遊衣遊食을 꾀하는 경우에는 완전 독립이 있을 수 없고, 더구나 안민의 방책이 있을 수 없는 일이다. 국체國體와 정체政體는 무엇으로 되든지 그것은 둘째 문제이다. 조선의 금일의 현상은 생산 제일주의로 나가지 않으면 안 된다. "의식衣食이 풍족해야 예절을 안다."는 말은 옛부터 유명한 격언이다. 문화 향상도 좋고, 도덕 발달도 좋고, 교육·종교도 좋다. 더구나 독립국 체면을 유지하는 모든 외교 치례도 있어야 하리라. 그러나 그것이 다 족하다 할지라도 경제 기초가 서지 못하면 모든 것이 따라서 멸망할 것이다. 경제 기초라고 하지만 누가 당장 없던 부를 만들자는 것이 아니다. 국민 전체의 의식과 실행력만 바로 선다면, 즉 국민개로의 정신과 실행력만 있다면 경제 기초는 그날로 성립되는 것이다. 그러한 실행이 10년만 계속된다면 조선 천지에는 만요불발의 이상적 국가가 수립될 수 있다.

두 번째는 자치적 치안 유지이다. 안민과 치안은 이위일체다. 치안이 없는 곳에 안민 없는 동시에, 안민이 되려면 치안의 기초가 확보되어야 한다. 치안을 권력으로 유지하는 것은 물난리를 축방으로 막는 것과 같이 소위 도고일척道高一尺에 마고일장魔高一丈이 된다. 그러므로 옛부터 치안의 도는 법으로 하는 것보다 인민 자체의 도덕률에 의하는 것이 원칙이다. 백성이 항산이 없으면 항심이 없다(民無恒産 無

恒心)는 말이 있듯이, 치안을 위해서는 먼저 인민의 항심을 길러야 하고, 항심을 기르는 도는 인민에게 항산을 주는 것이다. 이상에서 말한 경제 기초의 확립은 치안의 도에도 선결문제가 된다. 치안은 항산적 항심 문제만 있는 것이 아니다. 항산에 의하여 치안을 유지하게 하는 것은 외적인 것이요 내적인 것이 아니다. 내적 치안은 인민에게 교화教化를 주는 것이다. 종교 신앙의 자유를 주는 것은 물론이거니와, 사회 도덕을 고취하는 사회교육도 필요하고, 기화氣和운동을 일으키는 예술적 교화도 필요하다. 치안의 극치는 경찰권이 없어도 인민이 능히 자치생활을 할 만한 후에야 자립자주의 독립을 할 민족이 된다. 적어도 열에 반은 그러해야 한다.

세 번째는 정치 훈련이다. 민주국가란 말은 인민 자체가 정치의 주권자가 된다는 말이다. 그러므로 민주국가 건설에는 인민 전체가 정치 훈련과 정치에 참여할 자격을 가져야 한다.

셋째, 포덕천하. 포덕천하(지상천국)는 천도교의 이상이다. 보국안민은 엄정한 현실이라면, 지상천국은 위대한 이상이다. 엄정한 현실을 개척하면서 위대한 이상에 나아가자는 것이 우리의 목적이다. 원대한 이상을 가져야 한다. 원대한 이상을 가질수록 엄정한 현실을 쉽게 개척한다. 사슴을 쫓는 자는 태산을 보지 못한다는 말이 있다. 사슴은 이상이라 하면 태산은 현실이다. 사슴 사냥에 열정을 집중하고 보면 태산 같은 높고 위태로운 곳도 알지 못하는 사이에 답파한다는 뜻이다. 나라 안에 나를 알아 주는 벗이 있으면 하늘 끝에 있어도 이

웃에 있는 것과 같다(海內存知己 天涯若比隣)고 했다. 해내는 먼 곳이다. 그러나 아무리 먼 곳이라 할지라도 나를 알아주는 애인愛人을 찾는 데는 한 이웃과 같이 가까워 보이는 법이다.

그러므로 지상천국의 이상은 우리 신앙하는 사람이 가장 동경하고 사랑하는 이상적 미인이다. "하늘 저편의 미인을 바라본다(望美人兮天一方)."는 옛시가 있거니와, 여기서 미인은 이상을 상징한 것이다. 하늘 끄트머리(天一方)에 있던 신세계가 콜롬버스의 이상적 동경력에 의하여 금일 아메리카라고 하는 강대한 문명국가가 되었다. 과연 그러하다. 이상력이 없는 자에게는 실행력도 박약하고 투쟁력도 소멸되는 법이다. 우리가 이상하는 지상천국은 결코 공상이 아니다.

인류 출생 이래 몇만 년 동경하면서 걸어오던 피안이요, 만고 명인 수운 선생이 가리켜 찬미하던 지상신선의 이상이다. 선생은 말하기를 "봄 오는 소식을 응당히 알지마는(春來消息應有知) 지상신선의 소식이 가까워 오네(地上神仙聞爲近)."라고 하였다. '봄 오는 소식'이라는 것은 세상이 지상천국에 가까워 오는 진화적 소식을 말하는 것이다. 그리하여 선생은 지상천국을 맞는 준비로 제인질병濟人疾病의 원리를 가르쳐 주었다. 선생은 재화災禍의 존재를 질병 상태로 상징하였다. 정신의 번뇌를 정신적 질병이라 하였고, 육체의 고통을 육체적 질병, 사회 제도의 결함을 사회적 질병이라 하였다. 이상 3대 질병 중에 영靈과 육肉의 질병은 개인의 수도력에 의하여 능히 약을 쓰지 않고 스스로 효험이 있는(勿藥自效) 원리를 설파할 뿐 아니라, 선생 자신이 직접 체험하고 또는 사람에게 실행하였다.

선생은 말하기를 "허다한 세상 악질 물약자효 하였으니 신기하고 두렵도다. 일 년 삼백육십 일을 집안에 우환 없이 하루같이 지내나니 천우신조 아닐런가."라고 하였다. 영육의 정신을 물약자효하는 원리는 오직 수도력 여하에 달렸다. 수도력이라 하여 고원난행高遠難行한 것이 아니요, 삼칠 주문에 있다 하였다. 선생은 "삼칠자 지극하면 만권 시서 무엇하리. 이같이 쉬운 도를 자포자기 하단말가." "삼칠 주문 공부는 심화기화를 얻는 공부요, 심화기화는 정신적 질병과 육체적 질병을 퇴치하는 선약仙藥이라." 하였으며, 그리하여 선약은 육적 장생, 영적 불사를 얻는다 하였다.

사회적 질병은 사회제도의 결함에서 생기는 질병 상태이므로 그것은 한 개인의 힘으로 고칠 수 있는 것이 아니요, 억조일심億兆一心의 노력에 의하지 않으면 안 된다. 억조일심의 힘이라는 것은 위에서 이미 말한 동귀일체의 심력을 말하는 것이며, 동귀일체는 우연히 또는 요행 투합으로 되는 것이 아니요, 억조 본유의 천주혼, 즉 인내천의 혼이 아니면 안 된다. 예를 들면 만일 조선인이 인내천을 믿고 각기 자아 고유의 천주혼을 불러 일으키게 한다면 동귀일체는 하루아침의 일이며, 신국가 건설과 보국안민도 손바닥 뒤집기 같을 것이다. 그리하여 지상천국의 건설도 영원의 이상이 아니요 한 개의 작은 교량을 사이에 두고 있는 피안의 세계에 지나지 아니하리라. 대개 지상천국의 세계란 것은 덕치세계德治世界를 상징하는 말이다.

덕치세계란 대체 어떠한 세계일까. 덕치세계란 것을 원시덕치시대와 후천덕치시대로 갈라 보면 원시덕치시대는 역사 이전에 이미 지나간 덕치생활을 말하는 것이요, 후천덕치시대는 아직 미래의 이상으로 최고 문화의 덕치시대를 음미하고 동경하는 것이다. 역사 이전의 덕치시대는 태고에는 노장의 학에서 그 양모를 비슷하게(倣佛) 그렸고, 근대에는 원시공산시대란 명목으로 바쿠닌(Bakunin, Mikhail Aleksandrovich, 1814-1876), 크로포트킨(Pyotr Alekseevich Kropotkin, 1842-1921) 같은 학자의 고고적考古的 지식에서 나온 것이다. 원시덕치는 지식적 문화로 나온 것이 아니요 인간천연 자연의 본능으로 천지 자연의 생활에 순응한 것을 덕치생활이라 하였다. 마치 유년시대의 천연자연의 생활이 후천적 지식에서 나온 것이 아니며, 인간성 선존적先存的 덕성이 자연의 경애境涯에 본능적으로 순응하여 되는 것과 같다. 유년시대의 생활은 국가의 권력, 법률의 제재, 사회적 습관, 생존경쟁의 악惡투쟁, 생활고의 번뇌 등을 전연 초월한 생활이다. 그저 천연자연의 순응으로 자연히 살고 자연히 죽는(自然生自然死) 본능 생활이다. 태고인의 덕치생활을 인간 일생의 생활에 비유하면 유년시대의 생활을 그대로 그린 것이다. 원시인에게는 신화가 있다. 이것은 어린이에게 동화가 필요한 것과 같다. 원시인에게는 국가적 권력과 법률적 제재가 없다. 이것은 아동에게 권력과 제재가 필요없는 것과 같다. 그저 자연스럽고 순박한 생활이다. 그들은 신조가 강하고, 약속을 잘 지키고, 상호부조의 본능이 강하고, 생존경쟁의 악투쟁이 없고, 소유제도가 없으며, 소유욕이 없었다. 이것은 그들의 지식에서 나온 것이 아니요 사람성자연으로 자재自在한 도덕이었다. 그러므로 그들에게 국가적 권력과 법률적 제재가 없어도 능히 행복한 생활을 하였다.

그러면 후천의 덕치시대는 어떤 세계일까. 선천의 덕치시대는 갓난아이(赤子) 같은 덕치인데 비하여, 후천덕시치대는 어른과 노인(老成) 같은 덕치이다. 어린아이가 청년, 장년의 욕구와 기호의 경험을 거친 후 인간성자연의 수련으로 "마음이 하고자 하는 대로 해도 규범을 벗어나지 않는(從心所欲不踰規矩)" 도성덕립의 덕치였다. 선천덕치시대를 종자적 덕치시대라 하면 후천의 덕치시대는 과실적 덕치시대이다. 지하의 종자가 뿌리 · 줄기 · 가지 · 잎 · 꽃 등의 계단을 지나 과실로 되어 가는 것과 같이, 태고의 덕치생활이 분열에서 분열로 과학적 경험을 쌓아, 그것을 다시 종합 · 통일하는 과실적 덕치시대이다. 이러한 덕치시대에는 위에서 말한 3대 질병 상태가 소멸되고 만다. 이것인 천인합일의 인내천 생활이다.

수운 선생은 이 시대가 필연적으로 도래할 것을 예고하여 '일천하의 변복운수變復運數 다시 개벽 아닐런가. 요순 성세 다시 와서 국태민안 될 것이다.' 운운하였다. 요순성세라는 것은 덕치시대의 의미한다. '변복운수(飜覆運數라고도 함 - 편집자 주)'는 왔다. 다시 개벽은 어느덧 기정 사실로 나타났다. 요순 성세는 다시 지상에 윤회한다. 그러나 이 윤회의 결과는 분열에서 통일로 나아가는 최고 진화의 윤회이다. 신세계는 온다. 신세계는 온다.

제3장 당강령 주해

1. 민족자주의 이상적 민주국가의 건설을 기약함

첫째, 민족자주의 의의. 천도교는 천도의 진리를 세계관으로 요약하여 인내천人乃天을 종지로 삼았다. 인내천은 양量으로 세계 각문各門의 사상을 통일·내포하고, 실로 적기適機의 활용과 죽이고 살리는 것(殺活)을 자재自在하는 교화를 가졌다. 민족자주란 것은 천도의 정적政的 방면의 일부 진리로 민족 관념을 표명한 것이다.

국가는 민족으로 구성된 권력 단체다. 단일민족으로 구성된 국가도 있고, 복수민족으로 구성된 국가도 있다. 단일민족은 혈통이 같고, 역사가 같고, 언어·문자·풍속·습관이 같고, 문화가 같고, 경제적 조건이 같고, 최종적으로 공통 숙명을 가졌다. 단일민족이라 할지라도 선천적 혈통이 완전 단일(全一)한 것은 아니다. 어느 민족이든지 이 민족 혈통이 다소간 혼합된 것은 사실이다. 그러므로 민족 개념은 신비적으로 규정할 것은 아니다. 아무리 혼혈 민족이라 할지라도 이해관계가 같으면 공통 숙명을 향유享有하는 것이다.

민족은 공통 이해의 숙명을 가진 점에서 생존경쟁의 단위가 될 가능성을 가졌다. 여기서 민족주의는 국가적으로 볼 때 침략적 제국주의로 변할 가능성을 갖게 된다. 한 민족이 번영하여 본래의 영토만으로 자기 민족의 무한 발전을 감당할 수 없게 되면, 그 민족은 세부득이 인근의 다른 민족을 침략하여 병탄하게 된다. 여기에서 민족주의의 폐해가 나타나게 되며, 그리하여 근대 진보된 사상으로는 민족주의를 싫어하고 꺼리게(嫌忌) 된다. 왜냐하면 제국주의적 침략 행위를 내포한 민족주의는 보편타당성의 진리가 결핍되었기 때문이다. 비교적 강한 갑 민족이 비교적 약한 을 민족을 침략하는 행위는 장래 갑 민족보다 강한 병 민족이 갑 민족을 침략해도 된다는 묵약默約을 하는 것과 같은 이폭역폭以暴易暴의 순환 행위가 되며, 그리하여 이것은 침략을 불문법으로 서로(彼我) 공인하는 행위가 된다. 여기에서 선의의 민족주의의 신해설이 생기게 된다. 한 민족이 자기 민족의 발전을 위한다는 것만으로는 별로 이의가 없으리라 생각한다. 다만 자기를 키우기 위하여 남을 침략하는 행위, 그것이 보편 존재의 진리에 위반된 행위일 것이다.

여기서 이에 따른(於是乎) 세계주의의 필요가 생기게 된다. 세계를 한 집안(一家)으로 하고, 각 민족이 공통으로 공존공영共存共榮의 생활을 도모한다는 것은 실로 나도 살고 너도 사는 보편 타당한 진리가 되는 것이다. 이 경우에 세계주의를 주장한다 하여 민족주의는 그저 쓸모없는 존재냐 하면 그것은 결코 그렇지 아니하다. 세계주의로 보면 민족 관념은 세계주의를 실행하는 한 개의 좋은 단위가 된다. 즉 세계주의를 실행함에 있어 개인으로 단위를 삼는 것보다 민족으로 단위를 삼는 것이 가장 좋은 첩경이 되는 것이다. 이것이 신민족주의의 발생 동기가 된다.

신민족주의는 횡으로 발전하는 주의가 아니요 종으로 향상하는 주의이다. 세계 각 민족이 세계 공화를 위하여 자기 민족으로 종으로 향상하게 하는 주의가 된다. 여기서 의문 되는 것은 영토 문제이다. 인구 번식으로 인한 영토의 대소 문제가 생긴다는 것이다. 이것은 전술한 구민족주의의 전제인 침략으로 해결할 것이 아니라 세계 공화의 세력이 민족을 초월하여 식민지의 평균 분배를 단행하여야 한다. 세계 각국은 영토를 따로 가질 것이 아니라 세계 전 영토를 추상적 세계국 영토로 하여, 각 민족이 공동 관리할 책임을 지게 하는 것이다. 이러한 세계국은 피차 이해관계로 볼지라도 마땅히 해 볼(當爲) 만한 이상이 된다. 이때 세계국의 단위는 당연히 각 민족이 되어야 하고, 각 민족은 세계국을 위하여 소정의 의무와 권리를 지게 될 것이다.

그러므로 신민족주의는 세계 최고의 이상을 달성하게 하는 이상적 단체가 될 것이다. 즉 세계국은 어느 한 민족의 국가가 아닌 동시에 어느 민족의 국가도 되는 점에서 세계 민족은 세계 공화국을 각기 자기 국가로 알게 된다. 여기서 각 민족은 세계 공화의 단위가 되어야 하고, 또한 자기 민족을 세계 공화의 이상에 맞도록 교화하는 책임을 져야 한다. 그러므로 앞으로 오는 세계에는 민족이 더욱 강력한 의미(强味)를 가지게 된다(세계국의 이론은 별기하기로 한다).

둘째, 자주란 것은 좌로 고립을 없애고(除) 우로 의타를 배제(排)한 행동 관념을 가리키는 말이다. 고립은 자살을 의미하고 의타는 타살을 의미하는 것이다. 고립된 섬에 홀로 사는 양이 자살을 기다리는 것 이외에 다른 길이 없고, 목동에게 의지하여 사는 양들은 어느 때든지 타살될 운명을 가진 것이다. 독립은 물론 의타는 아니다. 그렇다고 하여 상호부조의 사회 원칙을 떠난 고립도 아니다. 모든 국가에 친우가 되어서 상호부조의 자연원리를 이용하여 자주·자유의 독립적 자존재自存在가 되는 것을 말하는 것이다. 조선은 동양의 매우 중요한 길목(咽喉=목구멍)으로, 인접한 여러 이웃나라와 상호부조의 활약을 펴기 좋은 호호적好好的 지위地位에 있는 동시에, 자주·자존으로서 동양평화를 한 손에 장악할 지형에 있다.

셋째, 민주국가란 것은 문자 그대로 인민이 직접 국가의 주권을 가진 국가라는 말이다. 주권이 군주에게 있는 것을 군주국가라 하고, 주권이 귀족에게 있는 것을 귀족정치라 하며, 주권이 자본가에게 있는 것을 자본주의 국가라 하는 것과 같이, 주권이 인민 전체에게 있을 때에 이를 민주국가라 하는 것이다.

민주국가의 정의도 여러 가지로 볼 수 있다. 백성이 오직 나라의 근본(民唯邦本)이라 하여 군주 전제국가 시대에도 인민을 국가의 근본으로 본 것은 사실이다. 그러나 근본이라 하여 국가의 주권을 인민이 가진 것은 아니다. 백성(民)은 피치자로서 치자의 권력을 기다려서만 산다는 정치가 누천년간 흘러왔다. 군주국가라 하여 군주 1인이 고립적 전제專制를 하는 것이 아니고 군주와 군주권을 옹호하는 특권계급이 국가의 주권을 운용하는 것이다. 고대 노예시대에는 자유민이 국권을 잡았으며, 봉건시대에는 군주와 귀족이 특권을 발휘하였고, 자본주의 시대에는 자본가가 직접·간접으로 국권을 운용하였다. 지금와서 세계가 다 민주적이라고 하기는 하지만 아직 완전한 민주라고 볼 수 없는 여러 가지 층절層折이 있어 보인다. 독일과 같은 파쇼 국가는 이미 멸망하였으나 어제까지도 인민 중 우수한 분자로 당을 만들어서 내려왔으니 이것은 인민 중 우수한 분자의 소수가 국가를 전횡한 것이고, 일본은 입헌정치 국가라고 하지만 군벌 정치로 망하였으니 이것은 협잡 입헌정치라 할 수 있다. 입헌정치는 국권의 일부가 인민에 있음에도 불구하고 일본은 군벌軍閥 전제로 인하여 망국한 것이다. 미국과 같은 나라는 민주정치의 국가라 할 수 있지만, 아직도 자본가가 직접 간접으로 자본의 세력을 이용하여 국권을 행사하니 자본민주국가라 할 수밖에 없으며, 특히 소련은 모든 국가와 달리하여 노동계급을 중심으로 하여 민주정치를 실행하는 나라로 이는 노동민주국가라 볼 수 있다.

과거와 현재는 이러하거니와 앞으로의 민주국가의 이상은 어떠한가. 노농勞農민주정치는 노농이 국민의 다수인 것과 노농의 소질이 국가생활 기초가 되는 점에서 당연히 신민주주의라는 이름을 붙일 수 있다. 그리하여 세계를 경제적 공산共産으로 인도할 필요에 의하여 당연히 이러한 단계를 걷고 있다. 장래에 어떠한 민주주의가 나올지라도 이 계단을 밟지 않고는 다른 진보 계단에 나갈 수 없다. 장래의 민주주의의 이상이라는 것은 민주주의 본체 문제라기보다 활동 문제 여하에 있다. 아무리 좋은 민주주의라 할지라도 활용이 불완전하게 되면, 절대의 영양가치를 가진 식물이라도 악용惡用으로 인하여 인체에 손해를 입힐 수 있는 것과 같은 역효과가 나게 된다.

천도교청우당은 보국안민 · 지상천국의 건설이라는, 모체인 천도교의 목적 달성을 책임지고 나선 정당이다. 그리하여 민족자주의 이상적 민주국가의 건설을 제1강령으로 한 점에서 가장 훌륭한 이념을 가졌다. 그러나 요는 금일 이후 활용 여하에 있다.

넷째, 이상적 국가라는 것은 앞으로 도래할 세계공화에 맞는 민족 단위의 국가로서, 인내천 종지를 본지로 하고 물심쌍전을 강령으로 하며, 기화氣化의식을 원칙으로 하는 동시에, 계급의식을 방편으로 삼는 국가를 말한다. 기화의식은 기화생활을 목적하는 의식이다. 그리하여 계급의식은 기화생활을 전적으로 통일하기 위하여 방편으로 활용하는 의식이다. 비유(比)하여 말하면 한 개의 신체에 병적 고장이 전체 신체에 치명상이 되는 최악의 장면에 이를 때에 병적 일부분을 수술하는 의식과 같은 것이다. 이러한 의식은 영구히 사용하는 의식이 아니요 국내 또는 세계 생활에서 기화가 끊어지게 될 때에 방편으로 사용하는 의식이다.

2. 사인여천의 정신에 맞는 새 윤리 수립을 기약함

첫째, 인내천을 종지로 하는 생활에서 사인여천事人如天의 윤리가 성립되는 것은 자연스런 순서이다. 사인여천의 윤리란 것은 인본위 사상에 맞는 새 윤리 제도를 말한다.

둘째, 신본위神本位 사상 시대에는 신본위의 윤리가 수립된다. 예를 들면 과거 신본위 시대에는 같은 인간 중에도 승려 계급이 최고 특권을 가졌다. 군주 한 사람만을 천자天子라 칭하여, 천자가 신을 대표하여 인민을 통치한다고 생각하는 것과 같은 것이다. 물본위物本位 시대에는 금권金權으로 인격을 척도尺度하고, 금권이 인격을 능가하는 것과도 같은 것이다. 세계는 이제 인본위人本位 시대로 돌아왔다. 따라서 윤리적 이념도 인본위 사상을 기초로 하여 일어날 것이다. 인본위 사상의 윤리는 사인여천을 종지로 삼는다.

셋째, 사인여천의 윤리는 인간 전체를 평등하게 경애敬愛하는 것이다. 인간의 선의의 자유의지를 자유로 존경하여, 한편에서는 평등, 한편에서는 자유를 가지게 하는 윤리를 말한다. 평등 관념과 자유 관념에는 모순성이 있다. 그러나 이것은 악惡평등, 악자유에서만 일어나는 현상이다. 평등이라 하여 천륜관계(부자, 부부, 장유 등)의 질서를 문란하게 하는 평등이라든가, 자유라 하여 사회도덕을 파괴하는 행위 같은 것은 사인여천의 윤리에 어그러지는 것이다. 사인여천의 윤리는 평등과 질서가 서로(互相) 조화되며, 자유와 제한이 피차 융통됨을 원칙으로 한다. 예를 들면 부자의 관계에서 부자자효父慈子孝는 질서에서 차별이 되어야 하고, 인간격에서는 동일한 평등을 인정해야 하는 것과 같이 인사 만반에 대해서도 평등과 질서가 활용·조화되는 것을 주로 한다.

넷째, 개인과 전체의 관계에서 전체는 아무쪼록 각 개인의 자유와 평등을 용인하는 동시에 개인은 어디까지나 전체 의사에 복종해야 한다. 가정윤리에서는 마음(心)을 주로 하고 물物을 종從으로 해야 한다. 가정생활을 공리적으로 판정하면 가정윤리는 즉시 파괴된다. 자본주의 사회에서 부잣집의 윤리 질서가 가난한 집의 윤리보다 일층 악성적 난륜亂倫 행위가 일어나는 것은 가정의 윤리를 물질로 척도하는 까닭이다. 사회적 윤리에서는 물심物心은 균형을 이루어야 한다. 요컨대 사회적 윤리는 기화氣化를 원칙으로 하고 계급의식을 방편으로 해야 한다. 계급사회에서 계급윤리가 유행되는 것은 제도가 궁극적(究竟) 윤리 관념을 낳는 까닭이다. 그러므로 선한 제도에서는 선한 윤리가 나온다. 사인여천의 윤리는 동귀일체의 교화와 동귀일체의 제도를 요구한다. 그리하여 동귀일체의 윤리를 건설하게 된다. 경천敬天, 경인敬人, 경물敬物의 삼경三敬 윤리는 천도교의 새 윤리 제도의 근간이 된다.

3. 동귀일체 신생활 이념에 기초한 신경제제도 실현을 기약함

동귀일체同歸一體는 생리적 신체에서 상징한 이념이다. 생리적 신체는 그 자율적 본능으로 백체百體를 기화작용의 평등으로 통일한다. 자유의지를 자유로 조화하는 것이다. 영양을 평균으로 분배하는 것과 혈액을 자유로 평등 순환하게 하는 것, 행동을 격에 맞추어 조절하는 것, 원기를 내외 백체에 충족하게 하는 등은 실로 자연의 영묘라 할 수 있다. 이것은 모두 유기체의 본능이다. 인간사회를 유기체로 보는 학자와 무기체로 보는 학자의 구별이 있으나, 어쨌든 사회 조직을 유기화하여 인체의 생존 원리에 들어맞도록 이상하는 것이 동귀일체의 생활이다.

사회를 유기체로 보는 학설의 몇 가지 예를 들어 보면 첫째, 신체가 세포라는 개체로 조직된 것과 같이 사회도 개인이라는 개체로 조직된 것이며, 신체가 이목구비·사지백체·오장육부의 기관으로 존재하는 것과 같이 사회도 각종의 기관에 의하여 존재하는 것이며, 신체가 신경의 상부 지휘-하부 전달 기관을 구비한 것과 같이 사회도 지도적 수뇌부와 전달·실천하는 하부 조직을 가졌다. 신체가 정신을 가진 것과 같이 사회도 통일 사상을 가지고 움직인다. 신체가 혈맥을 교통·운수하는 것과 같이 사회도 교통·운수에 의하여 발달하며, 육체가 식물로 영양을 삼는 것과 같이 사회도 경제로 자체의 건강을 도모하는 것 등이 모두 유기체의 생존 원리와 같다는 것이다.

사회가 진화한다는 말은 유기체가 성장·발전하는 원리를 모방하여, 사회의 변화·발전이 인위적으로 강행한 것이라기보다 오히려 자연적 불가항력에 의하여 무위이화의 발전으로 나아간다는 것이 근대 사회학자의 진화설이다. 유기체가 무위이화로 생성·변천하는 것과 같이 사회도 필연적 합리의 세력에 진전되어 정반합正反合의 변증법적 진화를 한다는 것이다. 사회가 유기체적 진화 원칙에 의하여 진전한다면, 사회 이상도 궁극적으로 동귀일체의 이념에 부합된다는 것은 이상적이라기보다 사실적이다.

동귀일체의 이념 아래서 천지 공리公理와 상용相容되지 못하는 것은 토지 사유제도이다. 어떠한 이유로 변명할지라도 천부지공天賦之公을 금전으로 사점私占하는 것과, 사유제도로서 신神의 아들(子)인 인간에게 일부러 굶주림과 추위(飢寒)를 주게 한다는 것은 천심을 가진 위정자는 차마 하지 못할 일이다. 이 점으로 보면 원시덕치德治 이후 사유제도를 운영(設)한 2, 3천년간은 위대한 양심적 영웅 정치가가 한 사람도 없었다. 근대에 와서 토지의 소유제도를 폐지하자는 민중적 여론과 학자의 연구로 시비의 도마 위(俎上)에 오르고, 칼 마르크스와 같은 학자는 경제원리로 부의 소유까지 부인하였다. 소유제도는 만악萬惡을 낳는 원천이 된다. 소유제도가 있기 때문에 인간의 소유욕이 생겼고, 소유욕이 생김으로써 부의 독점과 빈부 차별이 나올 뿐 아니라, 인간적 약육강식, 악성의 지교知巧 발달, 허영·협잡, 악 법률 악 관리, 도식자徒食者의 존재, 사기술의 발달 등 이루 형용할 수 없는 죄악이 직접 간접으로 나타나게 된다. 혼인이 있자 사돈이 생기고 사돈이 있자 사돈의 팔촌까지 생기는 것과 같이 죄의 직접 원인인 소유 제도를 법률로 공인함으로써 연달아 간접의 죄가 생겨서 인간 세상은 마침내 소유 투쟁의 악마굴로 변한 것이다. 그러므로 토지는 국유로 하는 것이 도덕상 또는 천지 공도에 부합되는 제도이다. 그리하여 공장도 자본주의화한 공장은 토지와 같은 소질을 가졌으므로 당연히 국유로 해야 할 것이다.

말하자면 동귀일체의 제도는 소유제도를 폐지함으로써 천리에 맞는 경제 행위가 생긴다는 것이다. 한 신체에 어떤 부분만이 살쪘다(肥鈍) 하면 이는 곧 병든 신체라 판단되는 것과 같이, 한 사회에서 부의 사적 독점은 곧 그 사회의 질병 상태를 말하는 것이다. 자본주의 사회에서 이 질병 상태를 고치지 않으면 자본주의 역시 위기의 경境에 도달할 것을 예상하고 자작농 창정創定의 이상으로 각국에서 여러 차례 아이들 놀이(兒戱) 같은 실험을 하였다 하나 성공은 없었다. 그러므로 토지와 공장 사유를 폐지하고 국유로 하는 것은 금일과 같은 대변동의 시기가 아니면 도저히 감행할 수가 없겠다.

소유제가 폐지되면 소유욕이 축소되고, 소유욕이 축소되면 인민의 기업심과 사업력이 축소되면서 생산량이 감축될 우려가 있다는 학자들이 있다. 그러나 이 우려는 소유 충동을 창조 충동으로 전환시키는 인간 심리 교훈과, 국가적 시설의 적당한 활용과, 인간의 동귀일체 정신 충동의 진화와, 종교와 사회 교육 등의 개선이 잘 된다면 몇 개년에 지나지 않아서 능히 소멸되리라 생각한다. 충동이란 말은 인간의 신체와 생리 작용을 표준하여 나온 말이다. 이것은 인간을 단순히 동물적으로 취급하는 유물적 이념이다. 인간을 만일 인내천의 이념에서 해석하고 인간격을 인내천의 고도 이념으로 지도하고 계발하는 사회가 이루어진다면 인간은 가히 천부의 성경신을 본능적으로 실행에 옮길 가능성이 있다. 이것은 과거 원시덕치 생활을 보아도 알 수 있고, 인내천이라는 인간의 본질로 보아도 알 수 있다. 요컨대 인간은 아직 인내천의 시련試鍊을 받아 본 적이 없다. 그러므로 이것을 단순히 이상이라고 경솔한 판단(輕斷)하는 폐단이 있다. 만일 인간이 가능력可能力의 동물이라면 천리에 합일되는 진리를 실현하지 못할 이유는 조금도 없다. 여기에 특히 유의할 것은 신사회 동귀일체의 경제 분배는 부의 평등적 향상 분배를 의미하는 것이요 부의 경제 저하 분배를 말하는 것이 아니라는 점이다. 그러므로 동귀일체의 경제생활은 고도의 경제생활을 전제로 한 동귀일체의 경제 분배가 아니면 안 된다.

4. 국민개로제를 실시하여 일상보국의 철저를 기약함

국민개로國民皆勞란 말은 유의유식자遊衣遊食者를 없애자는 뜻이라기보다는 한 걸음 깊이 들어가 천도공리天道公理에 자재한 성誠의 표현을 가리키는 말이다. "성자誠者는 천지도天之道요 성지자誠之者는 인지도人之道"라는 성자의 진리의 말씀(眞言)이 있거니와 천도가 성으로써 존재의 원리가 되었다면 천의 아들(子)인 인간도 당연히 성으로 존재 가치를 표현해야 한다. 그러므로 국민개로란 말은 '성誠' 한 자를 표시한 것이다.

성은 자강불식自彊不息을 말하며, 보편타당한 진리의 표현이다. 국민 전체가 의타依他를 끊고 고립을 버린 후 자주자립의 정신에 의하여 자율적 생활을 용감히 행하는(敢爲) 것을 자강이라 하고, 그것이 보편타당하다고 하는 것은 누구에게든지 행복이 되고 누구든지 가능하다는 사실을 일컫는다. 예를 들면 근검은 누구에게든지 행복이 되며 또한 가능한 일이다. 그러므로 보국의 길은 누구든지 근검자강勤儉自彊하여 정진 또 정진하는 곳에 나를 위하고 나라를 위하는(爲己爲國) 행복이 만들어지는 것이다.

"한울님이 사람 낼 때 녹 없이는 아니 낸다(天不生無祿之人)."는 말도 있고 "한울님이 사람을 낼 때는 반드시 그 직분도 준다(天生萬民必授其職)."는 말도 있다. 녹祿과 직職은 하늘로부터(天定) 타고났다는 말이다. 그러하거늘 녹과 직이 평균으로 만민에게 균형되게 분배되지 못하는 이유는 사회제도가 불완전한 것과 자기에게 자강불식의 정성이 없는 데 있다. 직은 기본직基本職, 사역직使役職, 문화직文化職으로 나눌 수 있다. 기본직은 생활의 기본이 되는 농공의 직을 말하며, 사역직은 생활의 편리와 조화를 도모하는 직인데 관리와 사무의 직에 사역되는 직을 말하며, 문화직은 종교 · 교육 · 도덕 · 예술의 직을 말한다.

기본직에는 육체노동이 짝한다. 육체노동은 결코 몰취미의 생고생 (赤苦)이 아니다. 노동의 예술화란 말이 있듯이 적당한 노동과 조화된 노동, 창작을 통한 성장을 의미하는 노동은 노동 자체의 예술미가 있는 것이다. 기술은 기본직에 속한 정신직이다. 그것은 인간의 창작성의 발동으로 생기는 직이므로 기술 자체가 곧 예술이다.

문화직은 정신의 양식을 제공하는 순수 정신직이다. 문화직은 인간 일반의 정신적 위안과 심성의 개발, 물심의 희열을 준다는 점에서 기본직과 겸할 가능성이 충분히 있다. 그러므로 사회가 고도로 발달되면 인간은 한 개인으로 기본직과 문화직을 겸할 수 있다.

사역직은 공복의 직이다. 그러므로 사역직은 사회 봉공奉公이라는 도덕률을 준수해야 한다. 조선에서 개로의 정신으로 일상보국을 체행한 이는 해월 선생 일인만이 있을 뿐이다. 선생은 종교가이며 혁명가로서 관리의 지목을 피하여 일 개월을 한 곳에 있지 못하고 이곳저곳으로 이주하는 중에도 어디 가든지 노끈(蘆)을 꼰다, 짚신을 삼는다, 멍석을 낸다, 할 일이 없으면 꼬았던 노끈을 다시 풀어 꼰다는 식으로 일을 하였다. 제자들이 그 이유를 물으면 사람이 일시도 손을 쉬어서는 안 된다 하고 열 손가락(十指)를 들어 제자에게 십지설법十指說法을 하였다. 어느날 나무를 심고 절구를 파고 방아를 놓느라 쉼없이 일하는 해월 선생을 보고 부인夫人이 "영감, 내일이라도 또 이사를 갈 터인데 그런 이익 없는 일은 왜 하십니까?" 하니 선생은 웃으면서 말하기를 "이런 일을 하는 것이 내게 직접 이익 될 것은 없으되, 또 해될 것은 없지 않소. 그러나 사람마다 다 나와 같이 일을 하면 이사 다닐 때에 짐을 일부러 가지고 다닐 필요가 없지 않소." 하고 부처夫妻가 웃었다. 우리는 이런 선생을 모신 청우당이다. 오직 '성誠' 자로써 만사지萬事知에 나아가자.

제4장 수양문답

문 : 정당이라 함은, 민주주의 국가는 인민이 국가주권을 가진 의미에
서 국가정치를 인민의 여론에 의하여 결정하는 것이다. 그러므
로 정치 의욕을 가지고 같은 주의·정강을 가진 인민들이 의사
와 세력을 통일하는 단체를 조직하는 것이 당연한 순로順路인 것
은 말할 필요도 없다. 그런데 현재 조선의 현실과 같이 국가 자
주 독립이 완성되지 않았고, 또는 인민의 교육 정도가 저급하며,
정치 훈련이 부족한 데서 정당 존재의 필요가 무엇이며, 존재한
다고 하더라도 정당 고유의 능력이 발휘할 수 있을까?

답 : 조선과 같은 처지에도 정당의 존재만은 극히 필요하다. 그 이유
로 첫째는 인민에게 장래 민주국가를 완성하게 하는 준비로서
정치 훈련을 시키는 것이며, 둘째는 조선 내정에서 물론 외국 군
정軍政이 후견하는 입장이라 할 만한 현 처지에서, 정당을 통하
여 여론을 듣거나 또는 정당을 통하여 조선에 맞는 과도정치를
가장 잘 발견할 수 있다. 셋째는 각 정당이 과도적 훈련 투쟁에
의하여 정치적 반성과 신 각오를 함으로써 과도정부 수립에 유
효한 역할을 할 수 있다.

문 : 청우당의 모체인 천도교가 다른 종교와 다른 점은 무엇인가?

답 : 원래 종교의 목적은 타계他界와 내세來世 생활을 추구하는 데에 있다. 예를 들면, 불교의 서방 극락정토에 왕생한다는 이치, 사후의 영혼이 육도六道 윤회를 목적으로 한다는 것이라든지, 기독교에서 내세 영생설과 천당 지옥을 타계 왕생의 이상으로 말하는 것과 같은 것이다. 그러므로 종교 이념으로 본다면 타계·내생의 교리가 없으면 완전한 종교라 할 수 없다. 이것이 과거 종교들의 정평定評이다. 그러나 천도교의 특징은 내생과 현생을 같은 생의 계속적 현실로 보며 저세상와 이 세상을 동일한 인생의 영토로 보는 것이다. 그리하여 천도교의 특징은 통일 진리라는 것이다. 마치 유불선에서 유는 신身의 윤리를, 불은 성性 수련을, 선은 기氣 양생을 목적으로 하지만 천도교는 유불선-성신기의 원리를 통일하여서 통일 교리를 삼는 것과 같은 것이다. 그러므로 천도교의 교리에는 진리의 무소부재한 전적 원리가 들어 있다. 이것이 무극대도대덕이라는 것이다.

문 : 천도교의 교리를 창명한 이는 누구인가?

답 : 천도교의 교리를 창명한 이는 시대며 운수다. 무극대도대덕의 천도가 무시이전無始以前부터 자재自在하던 것이 시대와 운수의 진화로 태고太古에는 태고인에게 맞는 종교가 되고, 중세에는 중세인에게 맞는 유불선적 종교가 되고, 금세에는 금세인에게 맞는 천도교가 된 것이다.

문 : 천도 자체가 스스로 말도 되고 글도 되어 세상에 나타났는가?

답 : 천도는 무형한 것이며 진리는 말과 글을 초월한 것이다. 그러므로 새 도가 나고자 하면 우주에서 가장 신령한 인간에 의하여 나타나는 것이므로 그러한 사람을 성자聖者라 하는 것이다.

문 : 금일 이후의 세상에서 종교의 존재는 어찌 될 것인가?

답 : 문화 발생의 역사로 보면 무슨 진리보다 먼저 난 것이 종교이다. 종교는 사람이 나던 시초에 사람성性과 같이 난 것이다. 그것은 육체에서 의식주가 필요한 것과 같이 정신 생활에는 종교가 필요한 까닭이다.

문 : 물질 문화에서 목소혈거木巢穴居의 생활이 승천입지昇天入地 기계 생활로 변함과 같이 정신 생활도 진화하였는가?

답 : 물론이다. 물질 생활은 밖에서 나타난 것이므로 형식으로 알기 쉽고, 종교 생활은 진리의 드러남(發明)이므로 보통 사람이 그 변천을 쉽게 알 수 없는 것이다. 게다가 종교 진화는 오랜 시간을 요하는 것이다. 태고적 종교는 아이(兒孩)들 동화와 같은 신화 종교이다. 다음은 낭만 시대에는 성웅聖雄적 종교가 생긴 것이고, 지금의 인본위 시대에는 인본위 종교인 인내천의 종교가 나온 것이다.

문 : 근대 소위 신사상을 가진 사람은 종교를 싫어하고 꺼리는(嫌忌) 경향이 있는데 그것은 무슨 까닭일까?

답 : 중세기에 유불선의 종교가 나면서 고대의 신화적 무당 종교를 천

시천視함과 같이 오늘의 사람이 중·고대 종교를 기피할 것은 필연(勢不得已)의 일이다. 그리하여 그러한 경향은 신종교의 출생 조짐으로 보아도 좋고, 종교 교체 시대의 한 현상으로 보아도 좋다.

문 : 종교 교체란 무슨 말인가?

답 : 정치가 시대에 따라 변함과 같이 종교도 시대에 따라 교체되는 것이다. 다만 종교 교체는 정신 교화에 관한 문제이니만치 현상으로 쉽게 인식하기 곤란하며 또한 장구한 시간을 요하는 것이다.

문 : 최근 청년의 사상은 정신 문제를 염두에도 두지 않는 경향이 있는 듯한데, 그것은 어떤 현상인가?

답 : 그것은 금일과 같이 사상의 격변이 없던 옛 시대에도 아동 시기에는 정신문화인 내적 문제보다도 외적 물질에 도취하는 것은 일반이 공통한 것이다. 사실이 그런데다가 세상이 유물적唯物的으로 격변하는 시대에는 더욱이나 철없는 유물론자가 많이 날 것이 아닌가. 그러므로 그것은 일시적 기분 문제요 본격적 문제는 아니다.

문 : 대체 그 까닭이 무엇인가?

답 : 과거 세상은 사실상 유심론보다 유물론이 천대를 받지 않았나. 그러니까 수평선 진리에 의하여 유물이 유심과 키를 같이 하고자 하는 대세의 운이라 할 수 있다.

문 : 물심이 수평선이 되면 세상은 무슨 세상이 될 것인가?

답 : 지기일원론至氣一元論의 세상이 될 것이다. 즉 인내천의 진리로 돌아오는 세상이 될 것이다.

문 : 청우당은 무슨 운동보다도 지기일원론의 세상을 속히 되게 하기 위하여 운동하는 편이 진리가 아닐까?

답 : 오늘의 이 단계의 세상을 통과하지 않으면 앞으로 오게 될 물심 일원의 세상도 오지 않을 것이니까, 오늘 세상을 빨리 건설하는 것이 장래 세상을 빨리 오게 하는 준비가 아닌가.

문 : 물심일원의 세상이라는 것은 우리가 말하는 이상의 세상인가?

답 : 그런 것이겠지. 물심 양편에서 한편만 주로 하는 세상도 아니요, 물심이 병행하는 이원二元의 세상도 아니요, 물즉심物卽心 심즉 물心卽物의 지기일원하에서 사람뿐만 아니라 천지만유가 사상적 으로 동귀일체하는 덕치의 세상이겠지.

문 : 관념 생활의 이점과 폐단(利弊)을 말해 달라.

답 : 정신생활을 기피하는 사람도 결코 정신 작용을 부인하는 것은 아 니다. 정신에서 관념이 생기고 관념에서 정신의 영역이 넓어진 다. 그러므로 관념 생활은 정신문화를 낳는다. 인간은 관념에서 천지와 합일되고 우주와 동화하는 것이다. 파스칼의 유명한 격 언 가운데 '사람은 한 개의 갈대다. 그러나 생각하는 갈대다.'라 는 것이 있듯이, 육체로 보면 사람은 실로 한 개의 갈대와 같이 약하고 작은 동물이다. 체력에서 수명에서, 생로병사의 생활로

보면 보잘 것 없는 한 개의 동물이다. 하루살이(蜉蝣)와 조금도 다른 것이 없고, 곤충과 하등 차별을 가질 수 없다. 그러나 관념의 세계에서 보면 인생은 문득 무한대에 들어간다. 천지를 관념 속에 넣을 수 있고, 우주의 무궁성을 관념으로 척도할 수 있다. 관념에서 장생을 찾을 수 있고, 관념에서 인간 본질의 무궁을 음미할 수 있다. 여기서 관념 실재론인 유심론이 나온다. 인간 지상주의가 나온다. 인간의 무한 가치를 찾을 수 있다. 그리하여 인간의 찬란한 정신문화가 생겨났다. 이것에서만큼은 관념론이 이익이 있을지언정 폐단은 없다. 그러나 너무도 지나쳐 소승불교에서 상징한 신화세계와 같이 되고 보면 관념이 문득 미신을 고취하는 원천이 되는 감이 없지 않다. 무궁한 우주에 이런 이치도 있을 수 있다고 믿으면 그만이지만 너무도 시대성과 맞지 않은 신화적 교리는 현대의 인간성에 맞지 않는다. 그래서 구식 관념의 사람은 점차 현실계를 떠나고 현실계를 부인하는 염세 사상을 가지게 된다. 국가의 흥망성쇠, 사회의 존망이 안중에 들어오지 않는다. 하루아침에 지구가 없어진다 할지라도 멸滅을 주장하는 소승불교로 보면 눈썹 하나 깜짝하지 않고 도리어 육신의 멸망을 시원하게 생각할는지 모른다. 이런 것이 관념의 폐단이라고 하자면 폐단이다.

문 : 물질에 치중하는 생활의 이점과 폐단은?

답 : 물질에 치중하는 생활은 현실을 맹목적으로 애착하게 된다. 허무

하기 짝이 없는 현실을 근본실재·영구불변하는 현실이라고 애착하고, 부귀공명을 우주 지상 진리로 알며, 미망과 번뇌를 당연히 있을 진리로 인정해서는, 생존경쟁을 성경으로 알며 약육강식을 인도의 극치로 아는 도적의 무리가 세상을 전횡하게 된다. 한 터럭을 뽑아 천하를 이롭게 할지라도 그를 행하지 않으며, 군부君父를 죽이고 부귀를 얻는 일도 감행하게 된다. 이것이 유물만능의 개인주의이다. 이런 것이 세상의 폐단이 될 것은 말할 것이 없고, 물질을 세상의 현실을 도와주는 생활의 편리점으로 본다면 적당한 물질 관념은 이 세상에 없어서 안 된다고 할 수 있다. 의식족이지예절衣食足而知禮節이라 하는 말과 같이 백성이 너무도 빈궁에 빠지면 도덕도 행복도 도모하고 획득(圖得)할 생각부터도 나지 못한다.

문 : 관념의 세계, 현실의 세계 어느 것이 근본 실재가 될까?

답 : 필요상으로 인간을 평가한다면 두 가지를 다 실재로 인정해야 한다. 관념의 세계는 정신의 영역에서 확실한 실재이며, 현실의 세계는 육신의 영역에서 확실히 존재하는 실물로 알아야 한다.

문 : 지기일원론의 설법으로 보면 지기를 실재로 보는 점에서 물심도 같은 실재로 보게 되는데 그 이유는 무엇인가?

답 : 문답은 어느덧 철학의 영역에 들어섰다. 이것은 간단한 문답을 가지고는 안 된다. 지나가는 말로 한마디 대답한다면 물심도 같은 실재체이다. 앞장에서 말한 바와 같이 우주 본체론에서는 지

기만이 실재요, 물심은 지기의 작용이다. 그러나 현상의 입장에 서는 물심이 동일한 가치를 가지고 작용한다. 그러므로 세상을 건지는 방법은 물심 양자를 조화·제도하는 것이 중용의 도인 것이다.

문 : 위에서 종교의 장래를 물었는데, 철저한 이해를 얻지 못했다. 다시 한 번 반복하여 알려 주기를 바란다.

답 : 장래의 세계에는 종교가 더 큰 세력을 가지리라 믿는다.

문 : 지금 세상에 종교를 아편이라 배척하는 사람도 있다는 말을 들었고 또는 무신론이라는 학설도 있는데 이때에 종교가 도리어 성황한다는 말은 이해하기 어렵지 않은가?

답 : 겉으로만 보면 그럴 듯하게 생각할 수 있지만, 진리로 보든지 세상이 되어 가는 과정으로 보면 그렇지 않은 것이 있다. 말이야 물론 무신론이 있다. 그러나 무신론은 한 반동적·기분적 학설이다. 즉 과거 종교가 여지없이 부패하고 본즉 무신론이라든지 종교 아편설 같은 것은 과거 종교를 배척하는 운동 기분에서 나온 것이다. 이러한 현상이 도리어 미래의 신종교를 배양하는 조짐이다. 즉 무신론의 학설이 인내천과 같은 신종교의 출현에 자양을 주는 역효과가 생긴다는 것이다. 새 것이 나와 낡은 것의 자리를 차지하려면 낡은 것이 점령하였던 토대를 헐어 버려야 한다. 그러므로 무신론은 낡은 종교의 토대를 파괴한다는 종교혁명으로 보아도 좋을 것이다. 좀 더 자세히 말하면 앞장에서 말

한 종교 교체 시대가 인력으로 오는 것이 아니라 역시 신진대사의 운명으로 되는 것이다. 18세기에 회의·번민의 철학이라는 것이 나왔다. 어째서 회의이며 어째서 번민인가. 과학이 가르친 우주관·인생관으로는 만족을 얻지 못하겠다는 것이다. 과학이 때려 부순 구 종교의 우주관·인생관은 당연히 없어질 것이 없어졌다. 그렇다. 과학적 신新 우주관도 어느덧 갈 대로 다 가고 이제는 말이 막히고 말았다. 왜 그러냐. 과학은 본래가 우주관·인생관을 논할 자격이 없기 때문이다. 여기서 사상계는 회의 번민을 가지게 된 것이다. 그러니까 20세기에 영성(靈)의 부흥(興)이라는 문제가 일어났다. 철학은 종교를 대신하여 신 우주관·인생관의 영의 부활을 발견하였다. 그러므로 철학적 사상계로 본다면 어느덧 종교는 부활된 것이다. 이때 천일방天一方인 동방 조선국에서 인내천의 종교가 나왔다. 조선은 본래가 학벌이 없는 나라인 까닭에 인내천의 영형아英馨兒는 아직 은사隱士로 묻혀 있다. 그러나 때는 왔다.

문 : 인내천 사상이 조선 교화에 국교적 지위는 가질 수 없는가?

답 : 천도교나 청우당의 최고 책임이 그곳에 있다. 조선에 주권이 생기고 조선민족에게 민족적으로든지 세계적 책임으로든지 조선적 광영의 사상을 수립하려면 천도교밖에는 없다. 누가 주권자가 되든지 인간적 사상을 바로 가진 자이면 조선 특유의 인내천으로써 사상적 주권을 인정할 것이다. 그러나 그것도 우리의 활

동을 기다리지 않으면 안 된다.

문 : 당원 훈련을 간명하게 말하라.

답 : 청우당원의 훈련은 다른 당원의 훈련과 같이 다만 정치 훈련으로 만족하지 않는다. 물심 양면, 교정 쌍방의 훈련을 해야 한다.

문 : 인생의 의미부터 시작해 보자.

답 : 그렇다. 우리 당의 훈련은 훈련의 주제가 되는 인생의 의미부터 알고 하는 것이 순서이다. 인생 의미란 것은, 사람은 다른 동물과 달라 물심 양면의 생활을 하는고로 다른 동물과 다른 '인생 의미'를 가지고 산다. 세상에는 다른 동물과 같이 인생 의미를 모르고 그저 사회의 한 모퉁이에서 늙고 죽고 하는, 내적 충동으로만 사는 사람이 얼마든지 있다. 그것이 동물적 생활이다. 그런 것은 인생의 가치로 볼 때에 인간의 지위에서 낙제된 야만의 무리라 한다.

문 : 인생 의미를 발견하는 요령이 무엇인가?

답 : 간단한 술어로만 말하면 인생 의미는 소아(小我=肉體我)에 있지 않고 대아(大我=人生本質)를 발견하는 데 있다.

문 : 누구든지 소아의 존재는 내적 충동에 인하여 쉽게 알 수 있으나 대아, 즉 인생의 본질을 발견하기는 어렵다. 이것을 어떤 사람에게든지 일언지하에 바로 알 수 있게(直覺) 할 종교적 교훈이 없을까?

답 : 이것은 곧 인내천이다. 인내천이란 한마디만 직각하면 즉지성불

卽地成佛이란 말과 같이 인생의 의미를 알 수 있다.

문 : 사람이 사람 그대로 곧 한울이라 하면 사람은 직각이니 무엇이니
할 것 없이 현존 그대로 아무렇게나 살면 그뿐 아닌가?

답 : 그것이 인내천주의의 큰 병폐이다. 인내천이란 것은 소아를 가리
키는 말이 아니요 대아 그것을 바로 가리키는 진리이다. 사람이
능히 소아 이외에 대아가 존재하는 것을 믿고 대아의 풍광에 접
촉하는 날이면 좁던 나(我)가 넓어지고, 작은 나가 커지고, 짧던
나가 길어진다. 즉 유한하던 자아가 무한해지며 무상변화의 자
아가 상존항구常存恒久의 무궁아로 화하여진다. 그러므로 대신
사 말하기를, "무궁한 그 이치를 무궁히 살펴내니 무궁한 이 울
속에 무궁한 내 아닌가." 하였다. 그러므로 인생미人生味란 것은
무궁아를 발견하는 데 있다.

문 : 인생의 목적과 인생의 의미는 서로 다른 것인가?

답 : 일체이위一體二位라 할 수 있다. 인생의 목적은 무궁아를 발견하
는 데 있고, 인생의 의미는 무궁아를 활용하는 데 있다. 그러므
로 목적은 체요 의미는 활용이다.

문 : 이상에서 말한 인생의 목적은 인생 대對 우주적 목적이라 할 수
있는데 인생 대 세간의 목적은 무엇일까?

답 : 인생 대 세간의 목적은 같은 인간 중생으로 하여금 무궁아에 이
르게 하는 노력이 곧 그 목적이다. 그러므로 포덕천하 광제창생
은 천도교의 목적이 된다.

문 : 그렇다 하면 인간은 언제든지 세간적 목적을 달성할 날이 없지 않은가. 왜 그러냐 하면 인생은 생사가 있는 까닭이다.

답 : 목적은 단계적 목적은 있으되 최종의 목적은 없다. 그러므로 인생의 무목적이 대목적인 것이다.

문 : 무목적이 대목적이란 것을 말로 형용할 수 없을까?

답 : 인생은 영원의 존재이다. 존재에는 목적을 이미 달성한 존재는 없다. 목적을 달성하기 위하여 활동하는 상태를 존재라고 한다. 그리하여 목적을 달성하고자 하는 의지욕이 곧 인생의 의미라는 것이다. 인생은 영원히 목적을 구하고자 하여 무궁에서 무궁으로 흘러가는 동물이다.

문 : 그렇다 하면 인생의 염세관에 속한 동물이 아닌가?

답 : 목적을 달성하기 위하여 무궁에서 무궁으로 흘러가는 것을 염세관으로 생각하지 말고 낙천관으로 생각할 수는 없을까? 왜 그러냐 하면 목적을 이미 달성하는 날이면 존재는 없어지는 것이기 때문이다. 우주에는 무한 단계의 목적이 있다. 그러므로 우주에는 최종 목적이 없다. 인생은 무한의 계단이다. 고로 인생도 최종 목적이 없다. 가령 이 지구가 멸망하고 인생이 없어질지라도 우주는 다시 다음 단계 목적을 환기하여 신 우주의 신 인생을 창조한다. 이것이 대우주의 대활동이다. 그러므로 인생의 단계별의 목적에서 인생의 진리를 발견하고 그 단계 중에서 무량의 법열을 느끼는 것이 인생의 낙천 생활이다. 단계를 시간적으로 말

하면 종교적 술어로 겁劫이라 한다. 영구를 의미하는 무량대겁
도 있고, 찰나찰나를 경과하는 소겁도 있다. 인생은 겁과 겁을
무한히 통과하는 동물이다. 그러므로 인생은 단계에서 인생의
의미를 찾고 영원의 목적을 음미하여야 한다. 무한 과거도 이 단
계에 들어 있고 무한의 미래도 이 단계로부터 발족한다. 그러므
로 찰나즉무한이요 무한즉찰나이다. 인생은 자기들이 현재에 처
한 찰나 중에 무량無量 행복을 향유할 것으로 알아야 한다. 이것
이 수양의 대본이다.

문 : 우리가 현생으로 처한 이 단계를 활용하는 수양은 어떻게 하여야
할까?

답 : 낙천적 생활이라는 것은 우선 생의 감사를 느껴야 한다. 무량대
겁 중에 내가 이 겁 중에 난 것도 이상한 일이며, 나되 이 조선 천
지에서 난 것도 이상하며, 살아가며 첩첩의 고락을 겪으면서 살
게 되는 것도 이상하며, 많은 같은 동무가 한 시대에 난 것도 이
상한 것이며, 살다가 한 번 척 죽어 보는 것도 이상한 것이다. 사
람은 이상이라는 것을 잘 음미하고 이상 중에서 인생을 감사히
생각하면서 사는 것이 낙천 생활이다.

문 : 생각건대 우리가 난 시대와 같이 위험 간난艱難한 시대는(이하 落
張입니다.)

해제 1

천도교청우당 『당지』는 포덕 87(1946)년에 야뢰 이돈화 선생에 의해
집필되었다. 천도교청우당은 8 · 15 후에 다시 부활, 10월 24일 서울
에서 전국대회를 열고 강령과 정책을 채택하고 임원도 선출했다. 이
때 선출된 임원을 보면 당위원장에 소춘 김기전 선생을 비롯해서 총
무부장에 이석보, 조직부장에 이종태, 정치부장에 박우천, 선전부장
에 송중곤이었다.

새 진용을 갖춘 천도교청우당은 선전교양사업의 일환으로 당 이념
체계를 해설한 『당지』를 야뢰 이돈화 선생의 집필로 펴냈다. 문고판
(가로 9cm, 세로 12cm)으로 된 이 소책자는 천도교의 이념체계와 천도교
청우당의 강령 해설에 주력하였다.

야뢰 선생은 "청우당은 순수한 현실적 정치에만 간여하는 보통 정
당이 아니요, 윤리적으로 인간 개량을 의미하는 당이며, 종교적으로
는 지상천국을 세계 만방의 위에 건설코자 하는 당이다."라고 하여 청
우당은 천도교의 이념 체계를 사회화시키기 위한 전위단체임을 규정
하고 강령을 해설하였다.

당시 청우당의 강령은 ① 민족자주의 이상적 민주국가의 건설을 기약함 ② 사인여천 정신에 맞는 새 윤리 수립을 기약함 ③ 동귀일체의 신생활 이념에 기초한 신경제제도의 실현을 기약함 ④ 국민개로제를 실시하여 일상적 보국의 철저를 기약함이라고 했다.

그 후 천도교청우당은 포덕 88(1947)년 4월에 『천도교의 정치이념』이라는 소책자를 간행하여 좀 더 구체적인 이념체계와 정강정책을 제시했다. 그중 핵심적인 것은 '조선적 신민주주의'로서 이를 천도교청우당의 정치이념으로 삼았다.

이 『당지』는 천도교의 정치적 이념을 연구하는 데 귀중한 자료이다.

해제 2

―표영삼, 『한국사상』 23

1945년 국토가 양단된 상황에서 뜻밖에 미국과 소련은 모스크바 삼상회의에서 소위 신탁통치안을 결의했다. 1946년 1월에는 구체화시키기 위한 미소공동위원회를 구성하여 3월 20일부터 5월까지 1차 회의를, 1947년 5월 27일부터 10월까지 2차 회의를 열었다. 그러나 양극체제의 대립으로 끝내 결렬되고 말았다.

미소공동위원회는 한국민의 의견을 반영시킨다는 명분으로 각 정당 및 사회단체로 하여금 건국에 관한 의견서를 제출토록 했다. 천도교와 천도교청우당天道敎靑友黨도 이때 이상적인 정부 체제에 대해 답신서를 제출한 바 있다. 국호를 비롯하여 국가의 권력 구조와 지방자치제, 국민의 기본권과 경제체제, 그리고 재산권 문화와 교육 및 사회복지 등 일련의 의견서를 제출했다. 이때 천도교는 미국식 민주주의도 아니요 소련식 무산자 독재인 프롤레타리아 민주주의도 아닌, 조선의 실정에 맞는 조선적 신민주주의라는 대원칙에서 구체적인 안을 제시한 것이다.

약 3개월간 논의를 거듭했는데 이것을 추려 소책자로 만들자고 합의를 보았다. 그리고 김병제가 대표 집필한 결과 1947년 3월에 마치게 됐다. 이것이 바로 천도교 정치이념이며 천도교총본부 지도관의 이름으로 동년 4월 5일에 출판하기에 이르렀다.

토의에 참여한 인사는 김병제·김병순·박우천·공진항·이응진·송동곤·이양보 등이었으며 북조선천도교종무원北朝鮮天道敎宗務院의 조기주趙基周와 북조선천도교청우당본부 부위원장 박윤길도 월남하여 의견을 소진했다 한다.

국판 반절형 71면인 이 소책자는 마분지에다 인쇄 상태가 나빠 알아보기 어려운 것을 신인간사 주간 김응조 동덕이 정리했다. 한문 표기는 국문과 아라비아 숫자로 바꾸었을 뿐 표현이 잘못된 부분이 있었으나 그대로 두었다.

제3부
천도교청우당론

제1장 서론

1. 당이란 무엇인가?

'당'은 당원들의 집단체이며 통일체이다. 당은 다수의 당원으로써 구성되어 그 공동적·전체적인 대목적 달성의 가능성을 구현하는 것이며, 매개 당원은 당에 집결됨으로써 분산적인 각자의 역량을 공동적인 유일 목적 달성에 총집중하여 유기적인 거대한 역량을 발휘하게 되는 것이다. 그러므로 당은 결코 각개 당원들을 모아 놓은 돌무더기(石의 堆積)와 같은 것이 아니요, 유기적인 의식, 감각 및 실천력을 가지고 유일 목적 달성을 위하여 조직적으로 행동하는 전일적(全一的) 생명체이며, 이러한 유기적인 당은 반드시 당원 각자가 공동의 목적 실현을 위한 역량 집중의 필요를 자각하는 기초 위에서만 조직될 수 있는 것이다.

먼 옛날의 원시공동생활 시대 및 종족 이동 시대에는 인류 사회 내부에 따로 자각적인 분자들만의 단체가 없었으며, 인민들 사이에 단체원과 비단체원의 구별이 없었다. 인간의 생활양식이 아직도 극히 간소한 그때에는 민족 부족 또는 이동하는 종족의 성원 전체는 한 사람도 빠짐없이 이익과 요구가 공통하였으며, 생산에서부터 전투에 이르기까지 행위와 운명이 동일하였다. 다시 말하면 그들은 전부가 자연적인 단체원이었으며 물질생활 및 정신활동상의 공동체였던 것이다.

그러나 장구한 시일을 경과하는 동안에 물질적 생활양식과 아울러 인지가 점차 복잡하여짐에 따라 인간 사회 내부에 여러 가지 직업의 분화가 생기고 제도상의 이해의 대립과 지능상의 지우智愚의 차별이 분화하게 되었다. 그리고 같은 국가 또는 인류 사회의 성원이면서도 가장 근본적·전반적으로 대립이 혹심한 것은 계급의 대립이다. 그리하여 동일한 민족 또는 국가의 성원이면서도 이해와 목적을 달리하는 사람들과 이해와 목적을 함께하는 사람들이 나뉘게 되었으며, 이해와 목적 등의 공동, 즉 필요의 공동을 의식한 사람들끼리 모여 단체를 조직하게 된 것이다. 사람은 물질상 또는 정신상으로 무한한 생활 발전의 요구 및 능력을 가진 만큼 인간사회에는 여러 가지 성질의 단체가 생겼으니, 신앙 목표의 공동을 중심으로 이루어진 종교단체, 취미와 기호의 공동으로 이루어진 친목단체, 교양 훈련의 공동을 위하여 이루어진 단체, 기능 또는 학리상 주장의 공동을 위하여 이루어진 예술·문화단체, 지방적 또는 직업상의 상호 번영을 위하여 이루어진 단체, 경제상 또는 노력상의 상호부조를 위하여 이루어진 단체, 정치상의 주장 및 권익의 공동을 위하여 이루어진 단체, 같은 계급의 전면적·근본적 이익을 전취戰取하기 위하여 이루어진 단체 등등 이루 다 헤아릴 수도 없는 것이다. 가장 악질적인 이익과 공동을 위한 강도단, 불량단 등에서부터 인애제중仁愛濟衆의 도덕적 목적의 공동을 위한 자선단체에 이르기까지, 또는 어떤 독재적 권력을 중심으로 추세 아부하는 사당私黨 사파私派에서부터 인류 역사의 올바른 발전과 인민 전체의 행복의 증진을 위한 혁명적 정당 단체에 이르기까지 모든 단체 구성의 유일한 소재는 '인원'이며 인원들의 집결되는 목표의 내용은 '필요의 공동'이라는 점에서는 다름이 없는 것이다.

그리고 현세에서 단체라는 관사가 붙는 여러 가지 조직체에 그 구성 인원들을 가입시키는 데에는 두 가지의 형태가 있으니 하나는 국가의 의무병단義務兵團 또는 지방자치체의 지방자위단 등과 같은 필수적 의무적인 참가요, 다른 하나는 인민 각자의 자각적 원칙에 의하여 자유의지로써 어떤 당·단체에 가입하고 아니함을 결정하게 하는 것이다. 적어도 20세기 오늘에 있어서 우리가 '당'이라고 하는 것은 필수적·의무적인 강제성을 띤 비민주주의인 단체를 가리키는 것이 아니요, 엄정한 민주 자유의 원칙 위에서 인민 대중의 자각적 공헌과 자원적 참가로써 조직된 당을 가리키는 것은 두말할 필요도 없는 일이다.

따라서 이러한 민주주의적 당은 결코 조선시대의 동인·서인·노론·소론의 무리들처럼 자당·자파의 주견主見만을 편벽되게 고집하며, 자당 이외의 인사의 주장은 시비곡직을 막론하고 음해·중상·투옥·살육 등 가지각색의 잔학·비인도한 방법을 써 가면서 덮어놓고 반대하며, 국가 전체의 이익이야 어찌되든지 인민 대중의 절실한 여망이야 어떠하든지 오직 자당·자파의 이익만을 더욱 부식 확장하기에 급급하는 따위의 썩어진 편당이 아니요, 당의 이익은 국가 전체의 영구한 이익과 합일되고 전체 인민의 절실한 요망으로써 당의 주장을 삼는 인민적인 '당'이어야 한다. 이와 같이 진정한 '당'은 모든 종류의 민주주의적 성질의 단체와 같이 민주주의적 기초(즉 전체 인민의 언론, 집회, 결사, 신앙 등)의 자유를 향유하는 조건(여기에 대하여는 뒤에 다시 말하겠음) 위에서라야 인민대중 가운데 자당분자들의 자원적 집결에 의하여 자유롭게 조직되는 것이며 자유롭게 활동할 수 있는 것이다.

그러나 친목단체·교양단체·직업단체·경제단체·호조단체·문화예술단체 또는 성별 연령별 단체 등과 같이 그 구성원들의 정신상·물질상 어떤 부분적 이익의 공동만을 위하여 조직되는 것이 아니요 전체 당원 및 그 국가, 그 시대 인민 대중의 전체적 이익과 구원久遠한 발전을 목표로 하여 조직되는 것이 곧 우리가 말하는 '당'인 것이다. 그리고 인류가 모두 국가적 생활을 영위하게 된 오늘에 그 생활의 전면을 현실적으로 지배하는 것은 두말할 것도 없이 '정치'이므로, 현대의 유력한 당은 모두가 '정당'이며 정치는 그때 그곳의 경제 및 문화의 토대 위에 입각한 것인 만큼 정당은 반드시 자기의 정치적 근본강령과 당면정책(정치상의 정책, 경제상의 정책, 문화상의 정책, 군사상의 정책, 국제외교상의 정책 등등)을 가지게 되는 것이다.

인민대중은 정당의 강령과 정책을 보고 그 당의 궁극적인(究竟) 목표가 자기의 목표와 합치되며, 그 당의 당면정책이 자기의 당면 이익과 부합되는 것을 자각하고 자원적으로 그 당에 가입하는 것이다. 그러므로 당의 강령은 당원 전체의 공동 유일한 이상(목표)을 구현한 것이어야 하며, 당의 당면정책은 그때 그곳에서 가장 정확하게 정치, 경제 및 문화 등을 당의 구경 목표 달성과 접근하는 방향으로 추진하는 동시에 전체 당원의 당면이익과 국가 인민 전체의 행복을 발전시키는 것이어야 한다. 많은 자각분자(즉 당원)를 당의 조직체 내에 결속시킬 뿐만 아니라 광범한 인민대중(비당원)의 공명 신임 기대를 집중하는 핵심이 되는 당의 근본 강령은 결코 어떤 한 개인의 사지사의私智私意로 조작할 수 있는 것이 아니요, 반드시 그 시대 그 인민(민족 또는 전 인류)의 역사 발전의 방향을 똑바르게 파악한 고상한 진리의 구현이어야 하며, 당의 정책은 반드시 그 인민들이 처해 있는 국제·국내 환경 및 실생활 조건 또는 역사적 전통에 꼭 들어맞는 것이어야 한다.

그러므로 진정한 의미의 당은 어떤 한 개인이나 또는 몇 사람의 조작으로써 이 세상에 생길 수 있는 것이 아니요 인류 사회 발전의 필연성에 의하여 생산되는 것이며, 또는 그때 그곳에서 기성적인 지배세력을 독점하고 있는 특권층과 대립되는 다수 계급의 이익의 향상 발전을 중심으로 하고 활동하게 되는 것이다. 만약 그때 그 땅에서의 인류 역사 발전의 필연성을 똑바로 파악한 진리를 핵심 기점으로 하고 조직 장성된 당이 아니요 한갓 정치적이며 이루어져 있는 권력의 힘, 특별한 명망, 혹은 선전 책동의 술術에 능한 인물의 힘 등을 중심 기초로 하고 당을 조직 구성시킨다면 그러한 당은 진실로 그 국가를 발전시키고 그 인민을 행복하게 할 수 없는 투기적 이욕利慾을 위한 사당에 지나지 못하는 것이다. 그러한 당은 오래 계속하여 장성할 생명을 가지지 못한 당이며, 인민 대중의 신임과 지지를 받을 수 없는 당이며, 허장성세로써 인민을 기만하는 당이며, 사이비 민주주의의 반동적 파쇼 도당이며, 인류의 역사 발전을 저해하는 보수적 내지 퇴보적 당인 것이다.

진정한 민주주의적인 당은 반드시 인류 사회 발전의 대 진리를 파지把持하는 데서 출발하여 인류 사회의 발전과 함께 자체를 발전시키는 당이다. 이러한 당은 당원 전체와 당이 둘이 아니요 완전한 하나이며, 당의 이익과 국가의 이익, 당의 발전과 인민 전체의 행복의 증진, 당의 장성과 인류 사회의 발전이 둘이 아니요 곧 하나인 것이다. 위에 말한 바와 같이 전체 당원은 물론 그 주위에 있는 광범한 인민 대중의 정치적·경제적 및 문화적 필요를 포섭包攝하고 전체적 목적의 공동 수행을 위하여 조직된 민주주의적 당은 반드시 그 위대한 목적 달성을 위하여 고상한 진리(사상적 내용)로써 전체 당원을 교양하는 동시에, 엄정한 민주주의적 기율로써 전체 당원을 훈련하여 전당적으로 사상 및 행동의 유기적 통일을 강화함을 필요로 하는 것이다. 이렇게 함으로써 매개 당원은 진실로 당의 부분적 생명이 되고 당은 전체 당원의 유기적 전체(全我)로서의 대생명체가 되어 그 시대 인민의 요망을 자체의 요망으로 구현하며, 사회 발전의 대 방향을 자체의 노선으로 삼게 되는 것이다. 그리하여 당은 그 민족, 그 국가 또는 그 인류 사회를 올바르게 발전시키는 주동적 선구가 되고, 전체 당원은 그 시대, 그 인민 대중의 이익을 창조하는 선봉이 되며 모범이 되는 것이다. 적어도 이상에 말한 여러 가지 조건과 내용을 구비한 것이면 가히 그 시대, 그 사회에 반드시 있어야 할 한 개의 완전한 민주주의적 정당이라고 할 수 있을 것이다.

위에서 말한 바를 일언으로 개괄하면 진정한 민주주의적 당은 첫째, 필요의 공동, 즉 사상의 공동 목적의 공동을 자각한 인민들의 유기적 집단체이다. 둘째, 그러나 일반적 집단들과 같이 그 구성원의 생활 전체 중 어느 일부분만의 공동을 위하여 조직된 것이 아니요 인간의 사회생활(국가생활)의 전반을 지배하는 정치적 필요의 공동을 중심으로 하여 조직된 것인 만큼 정치·경제·사회·문화 등 인간의 현실 생활상의 전면적·근본적인 필요의 공동을 내포하고 있는 가장 진보된, 가장 완전한 또는 가장 강고한 유기적 단체인 것이다. 셋째, 따라서 여러 다른 단체들처럼 그 구성원들의 일면적인 공동의 필요 수행을 위하여 시간상·공간상 부분적인 공동 행동만을 요구하게 되는 것이 아니요, 전체 당원의 정신상의 사상 의식 및 육체상의 실천 행동을 일체적으로 통일화·유기화하여야 하는 것이다. 넷째, 일시적 또는 부분적인 필요에 의하여 조작되는 것이 아니요, 반드시 낡은 시대가 새 시대로 변천·향상되는 계급에서 역사 발전의 필연성을 정확하게 파악한 진리(사상적 내용 및 방향)를 구현한 강령을 핵심으로 하고 조직되는 것이다. 다섯째, 따라서 강령은 당 자체만의 목표일 뿐 아니라 인류 역사 발전의 대 방향이며, 정책은 당원 전체의 요망의 구현일 뿐만 아니라 인민 대중 전반의 이익과 완전히 부합되는 것이어야 한다. 여섯째, 당원은 당과 완전한 유기적 일체가 되는 동시에 인민의 모범이 되고 선봉이 되어야 하며, 당은 역사를 발전시키는 가장 진보된 전위인 동시에 국가 사회의 영구한 이익을 창조하는 주도력이 되어야 하는 것이다.

2. 당의 민주주의적 기초

나는 위에서 '민주 자유의 원칙 위에서 인민 대중의 자각적 공명과 자원적 참가로써 조직된 당'이라야 진정한 의미의 당임을 말하였으며 또한 당은 '민주주의적 기초 위에서라야 (중략) 자유롭게 조직될 수 있는 것이며 자유롭게 활동할 수 있는 것이다.'라고 하였다. 과연이다. 민주주의적 기초, 즉 인민 대중의 언론·집회·출판·결사·신앙 등의 자유가 없는 조건 아래에서는 개인의 자유와 인간(인민 각개)의 생활 발전의 필요의 일면만을 공동적으로 유행하기 위한 여러 다른 단체의 조직 장성 및 그 활동까지도 자유로울 수 없을 것이므로, 어찌 그 전부를 포괄 완수하고자 하는 당의 조직 장성이 순조로울 수 있으며 그 활동이 자유로울 수 있겠는가? 하물며 인류 사회 발전의 필연성을 굳게 파악하고 역사를 앞으로 전진시키는 진정한 당, 새로운 당의 강령·정책은 매양 그 시대 그 사회(그 국가)에서의 기성 지배 세력의 이익과 정면적으로 반대되는 것임에랴.

동서고금을 통하여 낡은 세대가 새로운 세대로 발전·변천되는 단계에 있어서 능히 낡은 세대를 새 세대로 변모시켜 놓을 새 진리(즉 새 사상, 새 강령)를 핵심(또는 종합)으로 하고 이루어진 노력(인민의 단결된 노력)은 기성 특권 지배 세력에게 무서운 폭압을 당하게 되는 것은 실로 이 때문이다. 그러나 새로운 노력은 기성세력의 체포·감금·학살 등 온갖 탄압 속에서도 점차 장성되는 것이며, 새로운 진리는 기성세력의 어떠한 말살 정책 속에서도 반드시 발전되어 마침내 낡은 세대를 새 세대로 개변改變시키는 것이다. 이것은 과거에 원시공동사회가 노예사회로, 노예사회가 봉건사회로, 봉건사회가 자본주의 사회로 발전·변천된 과정이 이미 그러하였으며, 인민 전체의 실생활 향상을 중심 원칙으로 한 것이 아니요, 오직 인민의 생활 자료의 대상물에 불과한 '자본'의 발전(즉 이윤)의 추구만을 중심 원칙으로 하는 낡은 민주주의─그것은 소수 자본계급의 탐욕만을 증대시킬 뿐이요 절대 다수의 근로 인민 대중에게는 극히 해로운 것이 되며, 또는 제국주의적 침략 행위를 자행하여 인류 사회를 참혹한 전쟁 속에 몰아넣는 썩어 빠지고 악독한 사이비 민주주의가 되었다─가 진실로 절대 다수 근로 대중을 중심으로 하고 전체 인민의 이익이 되는 새롭고 바른 민주주의로 발전 장성되지 아니하지 못하게 된 현하에 있어서도 또한 그러하다.

그러므로 역사를 새로운 계단으로 발전시킬 필연적 사명을 지니고 탄생된 새로운 진리 및 그 진리를 중심으로 하고 집결되는 선진적인 인민의 단결(黨)은 반드시 얼마 동안 기성세력의 탄압을 받으면서 지하 잠행의 신산辛酸한 과정을 거쳐 자체 역량의 성장과 또는 그와 반비례로 적(敵=기성 특권계급)의 세력이 어느 정도까지 쇠약해진 시기 혹은 일거에 적이 와해(倒壞)되는 시기(개벽적 단계, 즉 역사 발전의 비약적 단계)에 이르러서야 비로소 공공연하게 자기의 실체를 드러내놓고 독자적 선전사업을 전개하게 되는 것이다. 이때가 바로 당이 그 기본 토대인 민주주의적 기초를 확보하는 때이며, 표면·이면을 아울러 완전한 한 개의 당으로서 정상적으로 당적 활동을 하는 때라고 할 것이다. 모든 혁명적인 당들이 적의 세력이 우세한 지하 잠행기에 실패의 고배를 마시면서도 그 체험을 교훈삼아 재거再擧, 삼거三擧의 분투를 거듭하는 것은 하루바삐 민주주의적 기초를 획득하여 정상적인 당으로서 버젓하게 자기의 당적 사업을 하게 하기 위한 것이다. 그리고 진정한 새로운 당이 전면적 활동의 자유를 얻지 못하고 있는 시기는 그 당이 합법적인 민주주의적 기초를 전혀 가지지 못한 것인 동시에 그 환경(즉 국가)의 정치 내각이 (표면으로는 설사 민주주의를 표방하더라도) 순연히 반 민주주의적 인민 폭압적인 것을 실증하는 것이며, 새로운 당이 반합법-반비합법의 양면적 활동을 계속할 수밖에 없는 시기는 그 환경의 정치 내각이 또한 반민주 반비민주(즉 사이비 민주)의 보수적 반동적인 것임을 실증하는 것이다.

진정한 민주주의 정치의 내각은 새로운 당이 전체 인민 속에서 인민대중과 함께 아무런 구속 없이 공공연하게 정상적으로 당적 활동을 전개할 수 있게 되는 것으로서만 그 진면목을 실증할 수 있는 것이며, 당은 이러한 진정한 민주주의적 기초에 놓임으로써만 진실로 활발하게 자기의 사업을 수행할 수 있는 것이다. 그러므로 참된 민주주의적 기초의 획득은 모든 진정한 진보적인 당, 애국애민하는 당의 공통한 기본적 요구가 되는 것인 동시에 이런 기본 과업의 완수는 그 당이 정상적으로 민주주의적 방법에 의한 자기의 사업을 발전시킬 수 있는 완전한 당이 되는 필수조건이 되는 것이다.

3. 특권계급의 정당과 창생 대중의 정당

우리는 위에서 인류사회를 새로운 계단으로 발전시키는 필연적인 사명을 가지고 태어난(産生) 새로운 당이 민주주의적 기초를 획득하여 정상적으로 그 사업을 시행하게 되기까지는 반드시 크나큰 희생과 시련을 수반하는 지하 잠행 운동 기간을 경과하게 된다는 것을 말하였다. 그런 기간은 곧 벌써 녹이 슬어 인류 사회에 해를 끼치게 된 낡은 사상이 새로이 맹아萌芽 장성하는 새 진리를 말살하려 하고, 낡은 사상을 중심으로 이루어진, 노쇠하여 가는 기성 특권 지배 세력이 새 진리를 핵심으로 하여 이루어진 생신生新한 (그러나 아직도 유약한) 신흥 세력을 탄압하는 데서 오는 절대 투쟁의 기간임을 알았다. 그렇다!

낡은 것과 새것의 대립·투쟁은 인류 역사의 발전 단계에 반드시 없을 수 없는 것이며, 이러한 대립되는 두 세력을 가리켜 두 개의 계급이라고 부르게 되는 것이다.

아직도 봉건 또는 반봉건의 낡은 행태를 버리지 못한 국가 내부에는 정치 면에 지배계급과 피지배계급이 있고 경제 면에 지주와 소작인(또는 농노)이 있다. 이것을 조선의 과거에 비추어 다시 세분하면 왕족·귀척貴戚·유림·양반 등은 모두 지배계급에 속하는 것이고, 서인庶人·상민·천민 등은 모든 창생계급(피지배계급)에 속하는 것이며, 대·중·소 지주 및 호상豪商·거포巨鋪의 점주 등 경제 면에서 타인을 사역使役·수취하여 수익을 얻는 계층은 모두 정치상의 지배계급과 이익이 공통되는 계급이며, 소작농 빈농·고농雇農·칠반공천(기생, 內人, 역졸, 牢令, 도망자)·팔반사천(승려, 伶人, 역졸, 무녀, 捨堂, 거사, 백정, 鞋匠) 등 경제 면에 있어서 사역·착취를 당하는 창생 대중은 곧 정치상의 피압박 계급인 것이다. 봉건 사회에서 자본주의 사회로 나아가 표면적으로 민주주의를 표방하는 국가에 있어서는 정치상의 지배권과 경제상의 착취권이 더욱 밀접·불가분한 표리일체의 관계에 있게 되는 것이니, 대공장·광산·농장·은행·상점·교통·운수·통신·무역업 등의 경영자 및 그러한 기관들의 주권을 많이 가지고 거대한 불로소득을 얻어 물질문명의 혜택을 독점하는 자들은 곧 그 나라의 정치를 좌우하여 탐욕 소지所至에 무소불위하는 계급이며 노동자·농민·기술자·사무원·지식인 등 자기의 체력 또는 지력을 가지고 일한 노력의 대가를 받아 생활하는 창생 대중은 곧 정치적으로 도 무기력한 피지배계급인 것이다.

이러한 두 가지 계급의 특징은 첫째, 특권 지배계급은 언제든지 자기의 기성세력을 더 오래 절대 확장하려는 보수적 입장에 있는 데 대하여 특권을 가지지 못한 창생계급은 그 기성세력을 엎질러 버림으로써만 잘 살 수 있는 진보적 입장에 있는 것이다. 둘째, 특권 지배계급은 그 지배권이 고도로 발달되면 될수록 더욱 소수 계급으로 화하는 필연적 쇠망의 자체 모순성을 가진 데 대하여, 창생계급은 날이 갈수록 더욱더 절대 다수의 인민대중을 망라 결속시키게 되는 필연적 승리의 자체 발전성을 가진 것이다. 셋째, 특권 지배계급은 보수성을 가진 데 대하여 피지배계급은 진보성을 가지었으며, 또는 특권 지배계급은 자체만의 능력으로서는 도저히 그 권익을 유지 발전시킬 수 없고 강압·기만·매수·회유 등의 방법으로 반드시 창생계급 일체를 자기의 수족으로 이용함에 의하여서만 자기의 권익을 행사할 수 있는 데 반하여, 창생계급은 그 대중성에 의하여 본성으로써 지배계급의 수취와 압박이 심해질수록 더욱 자기의 실력을 질적 양적으로 발전시킬 수 있는 것이다. 넷째, 특권 지배계급은 적(즉 피지배계급)의 정치의식과 사상 문화 수준이 전반적으로 제고되는 것을 꺼려 언론·집회·출판·결사·신앙의 자유를 탄압 또는 제한하며, 교육을 순종의 전형에 적응하도록 작위하지 않을 수 없는 데 대하여, 창생계급은 공명정대한 태도로 전체 인민의 민주주의적 자유 및 사상 의식의 제고, 문화 수준의 전면적 보급 향상을 주장 또는 실천할 수 있는 것이다. 다섯째, 특권 지배계급은 자기의 이윤 추구욕을 만족시키기 위하여 싼 값의 원료 공급지 또는 상품 판매시장의 획득이 무제한으로 필요하게 되며, 부득이 아른 민족이나 다른 국가를 침략·강점하는 전쟁 행위를 도발하지 아니할 수 없는 인류 세계의 공적이 되는 데 반하여, 창생계급은 그러한 침략·강점 또는 압박·수취의 근본 필요가 전혀 없는 만큼 능히 모든 약소민족의 해방·독립과 세계의 평화를 보위하는 인류의 공도公道를 준수하게 되며, 그렇게 하는 것은 진실로 전 세계의 모든 민족, 모든 피지배계급 및 전체 인류의 구원하고 공동한 이익이 되는 것이다.

오늘의 세계에 (간판이야 어떠하든 그 실제 내용이) 기성의 불 공리·불공평한 제도를 그냥 유지하려는 당과 그것을 합리·공평한 새 제도로 개혁하려는 당이 대립되어 있으며, 민주 대 반민주의 대립 투쟁이 전 세계를 한 마당으로 하여 나날이 첨예화하여 가는 것도 위에 말한 특징들의 대립에 기인한 것이다. 이러한 두 가지 큰 계급적 대립성을 똑똑히 헤아리지 못하고서는 도저히 각각 다른 내용과 형태를 가진 근세 이래의 모든 정당의 의의를 명확히 알 수 없을 것이다

4. 정체와 정당 - 통일전선하에서의 정당

정당이라는 명칭은 인류가 인간(인민 전체) 자신의 진정한, 즉 내용

과 형식이 완전히 합치된 민주주의를 실현하고야 말 궁극(究竟)의 대방면, 즉 인상무인人上無人 인하무인人下無人의 규율과 도덕의 합일, 물질문명과 정신문명이 아울러 극치에 달한 지상천국을 실현하는 천리天理 인사人事의 필연적 방향을 지향하고 점차 발전되어, 오랫동안 온 세계를 뒤덮어 온 봉건 암흑의 보자기(袱)가 찢어지고 초보적으로나마 인민의 민주주의적 권리(즉 언론, 집회, 결사 등의 자유)가 인정되던 프랑스 대혁명(1785-1804)을 전후하여 생겨난 것이며, 정당의 구성도 그때의 제1계급인 귀족계급, 제2계급인 승려계급, 제3계급인 평민계급 등의 계급적 차이에 의하여 각각 다른 요구를 중심으로 자기 계급의 이익을 대표하는 당이 조직되었던 것이다. 그리하여 가장 다수의 인민(즉 평민) 대중의 보편 · 공통한 이익을 대표하며 가장 열렬하게 민주평등의 원칙을 주장하는 제3계급의 혁명당이 제1 · 제2계급의 박해를 물리치고 국민의회의 위의威儀를 수립하였던 것이며, 귀족 · 승려의 특권을 방기放棄시키고 입헌공화의 의회 정치의 기초를 획정한 것이다. 그러므로 근대의 정당은 일반적으로 의회제도와 공존하게 된 것이며, 의회제도가 있는 국가에서는 일반적 선거에 의하여 다수의 의원을 의회에 보내어 다수 가결로써 상대 당들의 의견을 물리치고 자당의 정책을 실현하려는 것이 곧 정당이라고 보통 상식적으로 생각하게 된 것이다.

그러나 이 단계의 민주주의는 인민 전체의 보통 · 공통 · 내구한 평등 · 자유 · 평화 · 행복을 실현하는 완전무결한 민주주의가 되지 못하고, 겉으로는 인류 평등이란 형식을 뒤집어쓰고도 속살로는 인간 자신보다도 오직 인간의 생활에 필요한 물질을 대표하는 자본의 무궤도無軌道한 자유경쟁을 주로 하고, 인민 대중의 실질상 평등과 자유는 제2차적, 제3차적으로 여기는 것이 되어 버렸다. 그리하여 인간의 생활 자료 또는 생활 수단에 불과한 자본, 즉 물질이 도리어 인간을 지배하는 주종主從 전도, 물욕 도천滔天의 역현상이 나타났으며, 자본은 날이 갈수록 소수 자본가의 수중으로 흡수·집중되어 그 국가와 사회의 지배권은 오직 그들만이 전단專斷하는 것이 되고, 절대 다수의 근로 인민 대중은 온갖 압박과 착취에서 신음하게 된 것이다. 이와 같이 인간 본위의 민주·자유가 아닌 자본 본위의 민주·자유, 인류 사회를 더 발전시키고 전체 인민에게 진정한 이익을 가져올 생신生新한 민주주의가 되지 못하고 사회 발전에 장애가 되고 전체 인민에게 해독을 끼치는 진부한 구민주주의적 발전 단계에서는 그 국가와 사회에 남아 있는 봉건적 전통 및 자본주의적 발전의 정도 여하와 기타 여러 조건에 따라 여러 가지 형태의 '정체政體'가 성했다가 잦아들고(起伏), 각종 각양의 정당이 현멸現滅하였다.

따라서 이러한 낡은 단계(그러나 아직도 이 세계에 남아 있는 과도 계급)에서는 '단체團體'와 정체政體에 대한 견해 또는 정당의 의의 규정도 구구區區 불일不一하였으니 그중 몇 가지만을 들면 다음과 같다.

보댕(Jean Bodin, 1530 ~ 1596)은 '단체'와 '정체'는 별개의 범주에 속하는 것이니 "인민이 국왕을 선거하는 경우에 있어서 국체는 민주제이나 정체는 군주제가 된다."고 한데 대하여, 알투지우스(Johannes Althusius, 1563-1638)는 "국가의 주권은 언제든지 인민에게 있는 것이어서 국체에는 종류가 있을 수 없고 다만 다른 것은 그 정체뿐"이라고 하였으며, 루소(Jean-Jacques Rousseau, 1712-1778)는 "국체는 반드시 민주제이며 또는 민주제이어야 하지만 정체에는 군주, 귀족, 민주의 3형식이 있다."고 하였다. 이보다 먼저 옛 철학자 아리스토텔레스(Aristotle, B.C. 384-322)는 정치 체제를 군주정체 또는 일인정치, 귀족정체 또는 소수정치, 민주정체 또는 다수정치로 나누었으며, '리우이스'*1는 사회 전체에 맞는 지배권이 1인에 속한 정부를 군주정체, 그것이 몇 무리(數類人)에 속한 정부를 공화정체라고 대별하고, 공화정체를 다시 소수와 다수의 차이에 의하여 귀족정체, 민주정체로 구분하였다. '리스'*2는 첫째, 책임 없는 단일인에 주된 행정기관이 속한 것을 군주제라 하고 그중 헌법의 제한이 없는 것은 전제군주제, 헌법의 제한이 있는 것은 입헌군주제라 하였으며, 둘째, 책임 있는 단일인에 행정기관이 속한 것(예; 미국 대통령), 셋째, 책임 없는 몇 사람이 행정하는 정체(고대 로마의 '과두정' 같은 것), 넷째, 책임 있는 몇 사람이 행정하는 정체(고대 로마의 집정관제) 등으로 세분하였으며, '바지이스'*3는 "합중국의 정체는 민주·제한·대표·연방·동시선거·대통령 등(제모순의 종합이다 - 필자 주)의 종합이다."라고 하였다. '웰카'*4는 지배가 자아적(自我的)으로 행해지느

---

* 人名 未詳.

냐 신학적으로 행해지느냐 합리적으로 행해지느냐에 의하여 전제정체 · 신권정체 · 법치정체의 세 정체로 나누었으며, '혼몰'*1은 역사적 카테고리로 분류하여 가장정체 · 신권정체 · 고전정체 · 입헌정체로 구별하였다.

이들은 대체로 인류 역사 발전 과정에 나타난 여러 가지 정치 체제의 기본 토대가 되는 인간생활 자체의 발전을 주체적으로 관찰하지 못하고, 주관적인 식별 혹은 형식적인 분석으로 진리의 일부분만을 살펴본 데 지나지 못하며, 진정한 '인민 자신의 민주정체'가 어떠한 것임을 바르게 이해하지 못한 것이었다. 정당의 정의 또한 그러하다. 버크(Edmund Burke, 1729-1797)는 '국민적 이익에 공헌하기 위하여 전부로부터 인정된 원칙적 기초를 함께하는 사람들의 집단'이라고 하였으며, '이에리비크'*2는 '공동의 특정한 국가적 목적에 관한 신념을 같이 하며 그 목적을 실현하기 위한 집단'이라고 하였다. '스치릿치'*3는 "정당이란 특정한 세계 · 국가 · 사 · 경제 · 법률 · 문화관의 기초에 입각하여 공공한 일대 강제적 단결의 사업을 처리하며, 그 단결로써 힘을 얻어 근본 방침을 실행하려고 하는 목적을 가진 것이다."라고 하였으며, '페륜슈타인'*4은 "한 개의 정당은 특정의 외교정책을 변호한다. 이 정책에는 어떤 특정의 경제군經濟群이 특종의 이해관계가 있다."고 하여 정당과 그 구성 인원의 경제적 계급상의 이해관계를 설명하였다. 반

---

*   人名 未詳.

동적·독재적인 일당 전제를 주장하는 이탈리아의 파시스트당(이미 패망한 것), 중국 장개석의 국민당이 있는가 하면 "나는 다만 정당을 지배하려고 생각할 뿐이다."라고 하여 정당을 부정한 비스마르크도 있었다. 이러한 정의들은 모두 한 개의 정당의 내용 요소 또는 외적 형태의 어떤 부분만을 지적한 것으로서 '정당'의 실질적 기초 및 그 내용 요소와 외적 형태의 전부를 정확히 규정한 것이라고 할 수는 없다.

여기에 대하여 마르크스는 인류 사회의 역사 발전을 경제적 기초로부터 정세精細히 고찰하여, 종래의 역사를 계급투쟁의 역사라 하고 사회계급에 의한 사회적·정치적 지배의 투쟁을 논하여, "낡은 계급으로부터의 정치 지배의 요구와 신흥계급으로부터의 지배권 획득을 위한 요구로써 이루어지는 것이다."라고 하였다. 엥겔스는 근대사회의 봉건, 부르주아, 프롤레타리아의 세 계급을 거擧하여 각자 상이한 도덕을 가졌다고 하였다. 마르크스가 신흥계급의 지배권 획득을 위한 정치 행동으로서 정당을 이해한 것을 레닌은 한층 더 발전시켜, 무산자 독재를 경과적經過的으로 주장하고 결국 무산계급의 시대가 도래하여 정당이 없어질 것이라고 하였다. 이러한 견해로 보면 같은 계급의 같은 계층(즉 노동대중)은 원칙적으로 유일한 정당을 중심으로 망라될 것이며, 만약 한 개 이상의 정당이 있다면 그것은 궁극적 목적, 근본적인 강령은 같으나 그 단계적 당면 정책에 다소의 다른 점이 있을 따름일 것이다.

생각건대 어떤 변혁적인 시기에는 몇 개의 정당이 있든지 그 형식적 분립은 말할 것도 없고 근본적 관점으로 보면 신흥세력을 대표하는 진보적·혁명적인 새로운 당과 구세력을 대표하는 반동적·보수적인 낡은 당과의 두 가지 진영밖에 없을 것이다. 이러한 변혁이 극히 미미하게 진행되는 과정에 있어서는 간혹 '중간 당'의 존립이 허용될 수도 있지만 그 역시 과도적인 현상에 불과한 것이며, 변혁이 현저하게 또는 급속도로 진행되는 때에는 '신新이냐 구舊이냐, 진보냐 반동이냐, 다수의 이익을 위하느냐 소수의 이익만을 옹호하느냐, 혁명적이냐 보수적(반혁명적)이냐?' 하는 두 진영이 치열하게 대립되는 이외에 따로 중간적인 존재를 용인할 수 없게 되는 것이다. 그리하여 동일한 진영에 속하는 '우당友黨'들은 일치한 보조로 우호 협조하는 통일전선을 만들어 공동의 적을 제압하기에 전력을 다하게 되는 것이며, 적대적 진영의 당과 당 사이에는 일호의 사정도 용인할 수 없는 극단적 대립을 보게 되는 것이다.

그러면 이러한 때에 우당과 우당 사이에 관계를 좀 더 구체적으로 말하면 어떠한가? 각개의 당은 작은 차이(小異)를 버리고 대동大同에 나아가(就) 통일적인 정책에 자당의 정책을 완전히 합치시키며 그 진영 전체의 당면한 공동 유일의 목표 실현에 자당의 조직 역량을 아낌없이 총동원하여야 할 것이다. 이때 우당과 반당 사이에는 결코 이상상·습관상, 기구상·행동상의 작은 차이를 고집불양固執不讓하는 대립이 있어서는 아니 될 것이요, 작은 것보다 큰 것을 위하는 호상상조互相相助의 도의를 서로 모범적으로 실천해야 할 것이며, 상호간에 털끝만치라도 시기·질투·음해·중상 또는 자당만의 우월감, 타당에 대한 경멸감 등을 가져서는 아니 될 것이다.

명실상부한 통일전선의 분위기 속에서 상호협조, 상호경애, 상호 신뢰의 미덕을 실천하면서 자당의 정상적 발전을 얻는 길은 오직 첫째, 당과 당·당원과 당원 사이에 옳고 어려운 일, 인민 대중 전체에 이익 되고, 국가·민족의 발전에 도움이 되는 일을 남보다 먼저하고, 공로 취하기는 뒤에 하는 우호적 경쟁을 전개함으로써 인민대중의 신임을 집중하여 자기의 당의 조직을 장성시키는 것이다. 둘째, 당 자체 내 당원의 교양과 훈련을 더욱더 높여 전체 당원이 일사불란한 유기적 자각적 기율로 행동하게 함으로써 당의 기능을 강화시키는 것이다. 셋째, 그 당의 궁극적 목표가 사상 의식의 핵심이 되는 진리를 더욱 정확하게 또는 평이하게 해석·선전함으로써 당의 근거를 튼튼히 하는 것 이외에 따로 없는 것이다.

다시 말하면 당의 운명은 첫째, 그 당의 핵심이 되는 진리의 심도·완전성·정확성의 정도 여하, 둘째, 그 당의 그 시대 인민(민족, 국가 전체)의 진정한 행복과 발전을 위한 공헌 및 적의 세력을 타도하기 위한 투쟁 과정에 있어서의 공적 또는 희생의 정도 여하, 셋째, 그 당의 강령·정책이 진실로 그 시대와 그 사회 인민의 내적·외적 제 조건 및 전통적 사명에 맞는 절실도切實度 여하와 당내·외적 교양·훈련·조직·선전 활동의 실력 여하에 의하여 역사의 필연성과 인민이 이를 결정하게 되는 것이다.

제2장 천도교청우당의 토대

1. 교와 당의 관계

천도교청우당의 사명은 두말할 것도 없이 '천도교의 목적을 사회적으로 달성하는 것'이다. 천도교의 목적은 세상이 다 아는 바와 같이 '조선을 진정한 민주주의적 완전 자주독립국가로 부흥·발전시켜 영구한 민족적 번영과 인민적 평등·자유·문명·행복을 실현하는 보국안민' 및 '세계 만국의 정상적 평화와 전 인류의 동귀일체적 최고 행복을 실현하는 지상천국 건설'이다. 그러므로 보국안민은 우리 당의 당면한 실천 과업이 되고 지상천국 건설은 우리 당의 궁극적 목적이 되는 것이며, 교와 당의 목적은 결코 둘이 아니요 표리일체의 하나인 것이다.

이것을 좀 더 자세히 말하면 종교적인 신앙 수련—옛날 종교와 같은 의뢰적·배타적 신앙이 아니요, 인내천을 종지로 한 자주적·자력적·자위적 인간격 향상의 신앙—과 포덕·교화—후천개벽의 근본요소가 되는 산 혼, 즉 자주·민주의 혁명혼의 환기와 사인여천의 정신에 입각한 자각적 인간도덕, 즉 민주·평등의 심화기화, 동귀일

체의 도덕의 수양─로서 억조창생의 인간격을 진·선·미화하여 정
신적·육체적으로 꼭 같이 지상신선의 생활을 하게 하는 '포덕천하
광제창생'은 천도교의 내적 목적이며, 이것을 외적, 즉 사회적으로 구
체화하며 때와 곳에 맞는 개벽적 활동으로써 선천, 즉 과거 기성 사회
의 불합리·불공평한 모든 제도를 제거하고 후천, 즉 민주·평등의
새 정치, 새 경제, 새 윤리, 새 문화를 건설하는 것은 천도교청우당의
사명이 된다. 다시 말하면 천도교회는 후천개벽·보국안민·지상천
국 건설 운동의 진리적 신앙과 교화의 모체이며, 우리 당은 이 모체가
가진 내용, 즉 진리와 이상을 현실 사회에 구체적으로 실현하는 전위
대이다.

이와 같이 천도교청우당은 그 구성원의 인적 기초를 천도교인 가
운데 두고 있는 동시에 그 조직의 목표와 사상, 의식 및 실천 행동의
핵심을 모두 천도교의 진리에 두고 있는 것이다. 다시 말하면 천도교
의 인내천 종지와 후천개벽 사상을 사회적 현실 조건에 적응시켜 구
체화한 것이 곧 천도교청우당의 목적이 되고 강령이 되며 정책이 되
고 당 기관 및 전체 당원의 실천 행동이 되는 것이다. 그리고 우주 인
생 발전의 대자연성, 즉 무위이화의 천도·천덕은 지구상 인류 세계
의 역사를 후천개벽의 필연적 단계, 즉 사회 발전의 역사적 총혁명 계
단으로 몰아내 온 것이며, 인류 세계의 개벽적 추세는 동방에 있는 세
계 최고의 도덕 문명국, 즉 동방예의지국인 동시에 전형적 단일 약소
민족 국가인 조선으로 하여금 근세 이래의 쇠망과 부흥의 고된 고개,

즉 기사회생의 역사적 개국 고개 위에 놓이게 한 것이며, 이러한 역사적 대변혁의 마루턱에서 필연적으로 최수운 선생 같은 어른이 나시어 동학 천도교의 진리를 창도하게 된 것이다. 최수운 선생이 창도한 대진리는 그 발전 과정에서 갑오민주혁명(1894) 운동을 경험하여, 그것을 토대로 하고 다시 갑진개혁운동(1904)을 거쳐 천도교로 현도된 것이며, 천도교는 기미 3·1운동의 경험 기초 위에 천도교청우당이라는 전위대 조직을 산생産生한 것이며, 이 전위대 조직체는 왜적 일본 제국주의의 탄압 속에 지하로 잠행하다가 역사적인 1945년 8월 15일 해방 이후 재건된 것이다.

그러므로 천도교청우당은 결코 아직도 선천적 과도기에서 완전히 벗어나지 못한 일반적 자본민주, 즉 사이비 민주 국가의 어떤 세속적 정당들처럼 인류의 역사를 발전시킬 진리적 핵심이 없이 다만 특권 계급의 당면한 세도 유지나 정치적 당면 이욕利慾, 즉 의회에서 정권을 획득하여 자기네의 주견을 실천하고자 하는 것만을 목표로 하고 우발적·투기적 오합烏合된 정당이 아니요, 먼저 천도교적 신앙과 수련을 쌓아 자기의 사상 의식을 인내천의 새 진리로 무장한 도인으로서 그 진리의 내용을 사회적으로 구체화·실현화할 굳은 결의와 실천적 용기를 가진 전위분자들의 자각적 참가에 의하여 조직된 당이며, 권세나 이욕을 중심으로 하고 이루어진 당이 아니요 이 세계 이 조선에 필연적으로 창도된 후천개벽의 새 진리를 핵심으로 하고 조직된 보국(애국)의 당이며, 안민(민주)의 당이며 지상천국건설(세계평화)

의 당이다. 한 사람의 진실한 천도교청우당원이 되고자 하는 이는 먼저 한 사람의 독실한 천도교인이 되어 당원 될 기본 자격을 구비해야 한다. 그리고 진실한 천도교인은 반드시 선천의 불공평한 기성제도에 무한한 불평불만을 가지고 그 총혁명을 요구하며, 인민대중이 다 같이 신생의 새 행복을 누릴 수 있는 새 세계의 창조를 갈망하는 창생과 인민으로서 애국애민·소아小我희생, 심화기화心和氣和의 자력적 신앙과 수련을 쌓아야만 한다.

다시 한마디로 말하면 천도교청우당원은 첫째, 선천의 불합리 불공평한 사회제도에 대하여 불평과 불만을 가지는(빈천자의 입장에 있는) 창생으로서, 둘째, 천도교에 입도하여 오관을 성심성의로 실행함으로써 천인합일의 신앙과 후천개벽의 의식을 수련하여, 셋째, 능히 능동적으로 모든 곤고困苦 간난艱難을 스스로 극복하면서 보국안민, 지상천국건설의 대 목적을 사회적으로 실현할 결의를 자정自定한 용감한 전위투사여야 한다. 이러한 당원이라야 능히 보국안민의 실현을 위한 모교(母敎=천도교)의 전위가 될 수 있으며, 사회의 전위, 국가의 전위가 되고 모범이 될 수 있으며, 더욱 나아가 전 인류 민주·평화·행복의 최고 극치한 지상천국 건설을 위한 세계창생의 전위를 담당할 수 있는 것이다. 이러한 전위분자들의 유기적 조직체인 당은 그 강대한 유기적 단결력으로써 당원 전체의 목적, 모교의 목적을 달성할 수 있으며, 민족·국가 내지 세계 인류의 진정한 민주주의적 평화와 행복을 창조할 수 있는 것이다.

2. 우리 당의 시간적 토대

최수운 선생은 일찍이 "유교 불도 누천년에 운이 역시 다했다."고 하였다. 이 말씀은 공명히 과거, 즉 선천의 정치·경제·종교·도덕 등 인류 문화 전반이 이미 노후·부패하여 다시 더 인간 사회에 명맥을 지속할 수 없으며, 인류 역사의 발전에 기여·공헌을 할 수 없으며, 인간 생활의 내용이 될 수 없음을 도파道破한 것이다. 최수운 선생은 또 "천하의 변복 운수 다시 개벽 아닐런가."라고 하였다. 이 말씀은 이미 노후·부패하여 인류 사회 발전을 저해하는 장애물이 된 과거의 문화 내용 및 제도 등이 총붕괴되고 새로운 정치·경제·종교·도덕의 문화적 내용 및 형식이 반드시 산생産生·발전될 것임을 밝히신 것이다. 이것은 무궁·무한히 향상·변천되는 우주 인생의 필연적 발전 법칙에 의하여 자연적·불가피적으로 지어지는 일대 전변의 계단이니, 최수운 선생은 이를 가리키며 개벽운수 또는 후천개벽이라고 하였으며, 뒤에 손의암(손병희) 선생은 이 말을 해명하되 '후천개벽은 인문(人文=인류 문화의 전면을 가리킴)개벽이라고 하였다.

즉 과거의 소위 '천개지벽'이라고 하던 '선천개벽'은 성운星雲 혹은 성운 이전의 형태로부터 천체-성진-태양 계통이 형성되고, 지구상에 생물이 장육長育할 수 있는 형태로 발전되던 것을 가리키는 반면, 후천개벽은 결코 천변지이天變地異적인 산천山川 변역變易 현상이 일어나는 것을 가리키는 것이 아니요, 이미 이루어져 있는 이 우주, 이 지구상, 이 인간 사회 역사에 전반적인 '인문개벽'이 일어남을 의미한 것이다. 최수운 선생은 이러한 인류 사회 발전의 필연적 추세를 통각洞覺하여 후천개벽을 선언한 것이며, 이러한 전고 미증유의 역사적 대변혁의 계단, 즉 후천개벽의 시간적 토대에 입각하여 능히 자연적 필연적으로 소멸되고야 말 운명을 가진 선천 기성의 불합리 · 불공평한 문화적 내용 및 제도를 일절 부인하고 우주 인생이 영원 · 무궁히 발전 · 향상하는 근본 진리, 즉 천도를 천명하니 그 종지는 곧 '인내천'이다. 그리고 인류 사회를 정신-육체 쌍방을 아울러 합리 · 공평 · 순조 · 행복하게 발전시킬 후천 새 사회 건설의 방략을 세우니, 그 주장은 곧 창생을 민주주의적으로 통일 단결시켜 각자위심各自爲心의 낡은 현상을 일소하고 동귀일체同歸一體의 새 생활을 실현하는 것이었다.

정신상 사상 · 의식의 통일 · 단결을 의미하는 '심화心和'와, 육체상 실천 · 행동의 규율적 · 도덕적 통일 · 단결을 의미하는 '기화氣和'의 병행으로 되는 동귀일체는 최수운 선생이 후천개벽을 실현하는 기본적 방략인 동시에 궁극(究竟)적 방략이다. 그러므로 최수운 선생은 이를 종교 면으로 표현할 때 과거의 종교처럼 개별적 · 독립적인 신앙을 주장하지 않고 자력적으로 소아를 대아에 귀일케 하는 천인합일 · 동귀일체의 건설적 신앙을 주장한 것이며, 이를 도의 면으로 표현할 때 소극적 · 동귀일체적 · 평등적 · 구체적 실천으로서의 성(誠, 적극적 노력) · 경(敬, 평등, 無虛假, 相敬) · 신(信, 의아 없는 상부상조)의 새 도덕을 주장한 것이며, 이를 정치 제도 면으로 표현할 때에 봉건적 또는 국수주의적·제국주의적인 민족과 민족 혹은 국가와 국가 간의 침략-피침략, 지배-피지배의 관계를 배격하고 민족과 민족, 인민과 인민, 국가와 국가 간의 자주·자유·평등·평화를 내용으로 한 보국을 주장한 것이며, 이를 경제 제도 면으로 표현할 때에 착취와 피착취, 지배와 귀속관계의 대립을 근본적으로 배격하고 대내적으로의 인민 상호간의 절대적 평등·무차별과 대외적으로의 민족과 민족 간, 국가와 국가 간의 민주주의적 평등·상조·자유·행복을 제도화한 안민을 주장한 것이며, 기타 철학·과학·예술 모든 방면에도 또한 그러하였다.

이러한 동귀일체 정신은 최수운 선생이 포덕(새 진리의 선포)을 시작한 첫날부터 자각한 인민의 민주주의적 단결을 형성하게 된 것이니 이것이 곧 옛날의 동학당이며, 그 뒤의 천도교이며, 천도교회의 대중적 발전에 따라 전체 교인 중의 전위분자로서 더욱 조직을 조밀히 하여 개벽적 실천력을 강화한 것이 천도교청우당이다. 이와 같이 천도교청우당의 인류 역사 발전상, 즉 시간적 입각점은 선천의 불합리적한 문화의 내용 및 제도를 총 부인·지양하고 후천 민주주의적 평등·평화·자유·행복을 건설하는 시대적 대변전 시기에 놓여 있는 것이며, 따라서 낡은 문화의 내용(정신적 영향)과 형식(제도상의 잔재)을 일소하고 인간 본위의 민주주의적 새 문화의 내용과 형식을 아울러 산성産成·발전시키는 데 한 걸음 한 걸음 건실한 분투 노력을 계속하는 것은 천도교청우당의 역사적, 즉 시간적 임무이다.

3. 우리 당의 공간적 토대

무릇 우주·인세人世의 모든 사물은 일정한 시간적 위치와 공간상 위치의 교차점에 입각하는 것이다. 다시 말하면 우주 만유 및 인류 사회가 무궁·무한히 향상·변천하는 역사 발전의 어떤 단계는 그 사물 생성의 종적 시간상의 입각점이 되며, 그 사물이 생성되는 위치는 곧 사물의 횡적 공간상의 입각점이 되는 것이다.

최수운 선생 자신도 이러한 시공간상 위치의 교차점에 입각하였던 인간이며, 그가 창도한 새 진리도 또한 이러한 시간상 위치와 공간상 위치의 교차점에 입각하여 천명闡明·산생된 것이다. 최수운 선생은 이 점을 밝게 말씀하되 "내 동(조선)에서 나(生)서 동에서 받았(=진리의 천명 각득 개벽 대운의 파악)으니 도(道=우주 인생 발전의 대원칙인 대도)는 비록 한울도(天道)이나 학(學=학적 체계의 공간상 기점)인즉 동학이라."고 하였다. 최수운 선생은 그 진리의 선포 및 이상 실현의 공간상 기점을 조선에 두고 세계의 새로운 민주주의 세력과 협력하여 전 인류 사회에 지상천국이 실현될 것을 말씀하였으니 필법筆法에 "이 땅에서 나서 이 땅에서 얻었으므로(生於斯 得於斯) 우리나라를 먼저하는 것이니라(故以爲先東方)."하고 논학문에 "이 세상의 운세(斯世之運)은 여세동귀與世同歸라"고 한 것이 곧 그것이다. 다시 말하면 우리 당의 사상 의식의 핵심이 되는 한울도의 새 진리는 서기 1860년을 시간상 선천·후천의 경계선으로 한 조선의 실현에 입각하여 우주 인생의 영원·무궁한 발전 · 변천의 추세 및 그 근본 원칙을 천명한 것이며, 그 새 진리를 실현하는 데서는 조선의 현실을 한 걸음 한 걸음 민주주의적 진보적인 방면으로 발전 · 변천시키는 것으로부터 시작하여 점차 후천개벽 완성의 영역으로 활동 범위를 확대하여 나가게 된 것이다. 그러므로 우리 당은 조선민족의 보국안민의 당인 동시에 세계 인류의 지상천국 건설의 당이며, 조선을 침략하던 또는 침략하려는 모든 제국주의적 · 계략적 침략을 격퇴 · 방퇴防退하고 완전한 민주 자주 독립 국가를 건설하는 당인 동시에, 세계 만국의 민주주의적 평화와 전 인류의 형제적 행복의 창조를 위하여 노력하는 당인 것이다.

4. 우리 당의 사상적 토대

인류 세계에 생성되는 모든 사물은 시간상 무한한 변천 · 발전성을 경(經, 날줄)으로 하고 그 사물이 생성되는 공간상 실재성을 위(緯, 씨줄)로 하여 직출織出되는 역사적 산물이라 함은 위에 말한 바이다. 그런데 모든 사물의 공간상 실재 지점은 단순한 (동물과 같은) 오관의 감각만으로서도 쉽게 이를 감지할 수 있으나, 시간상의 역사적 발전 변천성은 단순한 육안의 관찰로서는 이를 도저히 알아볼 수 없으며, 오직 불연기연적(또는 변증법적) 고찰로서만 지득知得할 수 있는 것이다. 모든 사물의 과거, 즉 생성 원인, 현재 및 미래(발전 변천될 필연적 방향)를 정확히 판단하고 판단하지 못하는 지우智愚의 구별은 그 사물을 불연기연적으로 고찰할 지능의 강약·심천深淺·정부正否에 있는 것이며, 이러한 내유신령內有神靈적 능력은 오직 인간만이 가진 것이다. 사람이 모든 사물을 대할 때 그것을 다만 단순한 오관의 감각이나 이미 지어진 관습에 의한 주관적 편견 또는 평면적 관찰안觀察眼으로서만 보지 아니하고, 정확한 불연기연적 사물 고찰 방법에 의하여 그 사물의 시간성과 공간성을 아울러 살피면 거기에서 심원한 진리를 파악할 수 있게 된다.

진리를 파악한 인간은 역사 발전의 필연적 추세, 즉 천리·천운에 순응하는 방법으로 현실의 모든 조건을 인간 자신의 진정한 행복을 발전시키는 방향으로 개선·발전·추진·변천시키는 의식적 행동을 하게 된다. 의식적으로 사회 환경의 현실적 조건에 입각하여 능히 그 사회를 발전시키는 능력은 오직 만물의 영장이요 우주의 주인공인 인간만이 가진 것이며, 인간이 이러한 능력을 가지고 있음으로 인하여 인류 사회의 역사는 불식부단不息不斷·무궁무한히 발전·향상되는 것이다. 진리를 파악한 인간이란 자기의 우주관, 인생관, 사회관을 가진 사람이다. 우주관, 인생관, 사회관을 가진 사람은 자기가 지향 또는 신념하는 주의를 가진 사람이며, 의도하는 바를 실현하기 위한 주장을 가진 사람이다. 그 사람의 주의·주장이 사회적으로 표현될 때 그것은 반드시 그 사람이 가진 사상의 발로이다. 어떤 사상을 가진 사람이 어떤 환경에 대처하여 행동할 때 그것은 곧 의도적인 행동이 되지 않을 수 없다. 그러므로 진리의 파악은 곧 사상의 내용이 되는 것이며 사상의 구체화는 곧 모든 의식적 행동의 원천이 되는 것이다. 천도교청우당은 시간적으로 인류 역사의 선-후천 분리점, 즉 접속점에 입각하고 있는 동시에, 공간적으로 조선을 기점으로 한 오늘의 이 세계에 입각하고 있음은 이미 말한 바이다. 그리고 최수운 선생이 이 시간성과 공간성의 교차점에서 불연기연적 방법으로 우주 인생의 진체眞諦를 통찰·대각하여 인내천의 대 진리를 창도한 것이다.

그러면 인내천의 진리는 어떠한 사상적 내용으로 구체화되는가? 천도교청우당은 어떠한 사상적 내용을 가지고 의식적으로 행동하는 당인가? 첫째, 우리 당은 '사람 위에 사람 없고 사람 아래 사람 없다(人上無人 人下無人).'라는 말로 표현되는 전체 인민─개인과 개인, 민족과 민족, 국가와 국가, 즉 전 인류─의 민주주의적 평등사상에 입각하였다. 둘째, 우리 당은 착취와 피착취, 지배와 피지배, 탄압과 피 탄압, 존비, 고하 등 모든 인위적 규제상·습관상의 계급제도를 총 타파·발근拔根하고 만인 평등의 새 제도를 수립한 진보적 혁명적인 후천개벽 사상에 입각하였다. 셋째, 우리 당은 사인여천이라는 말로 대표되는 바와 같이 전체 인류의 평등적 상경相敬, 근로적 상성相誠, 협동적 상신相信의 민주주의적 평화의 실현을 주장하고 침략·강요·탄압·착취 등을 위한 전쟁을 반대하는 반제국주의, 반 파쇼 사상에 입각하였다. 위에 말한 바와 같은 우리 당은 확고부동하게 사상적 기초에 입각하여 보국안민, 지상천국 건설을 위한 의식적 실천 행동을 전개하는 것이다.

5. 우리 당의 인적 토대

이 세계에는 예로부터 무엇이 중하다 하는 여러 가지 주장이 생겨내 옳고 네 그름을 다투어 온다. 혹은 '의식족이지예절衣食足而知禮節'이라 하여 생활 필수품이 가장 중한 것이라 하고, 혹은 '사람이 인의예지를 지키지 못하면 금수와 다름없다.'고 하여 예의도덕이 제일 귀한 것이라 하며, 또 혹은 이성理性이 중하다 하고, 혹은 경제적 기초가 중하다고 하는 등 일일이 열거할 수조차 없다.

그러나 이 세상에서 가장 귀중하고 가장 주체가 되는 것은 그 모든 것이 아니요 오직 사람인 것이다. 철학이니 과학이니 경제니 정치니 하는 것과, 정신이니 물질이니 하는 것이 모두 사람이 하는 일이며 사람이 좀 더 잘 살기 위하여 필요한 것에 지나지 않는다. 인류 사회에 생겨나는 모든 사물의 주인이며 원동력이며 창조자이며 발전자이며 기본이 되는 것은 사람인 것이다. 무릇 어떤 시대 어떤 곳에서든지 그 사회의 기본 요소는 사람이며 그 사회에 일어나는 모든 역사적 사건은 인간의 행위에 지나지 않는다. 그리고 '당黨'은 그 사회의 기본이 되는 인간들의 사상의 공통 내지 목적의 공동에 의하여 조직되는 것임은 서론에서 이미 말한 바이다.

그러면 우리 당은 어떠한 인간적 토대 위에서 산생된 것인가? 최수운 선생은 〈안심가〉에 "우리 또한 빈천자貧賤者로 초야草野에서 자라나서 유의유식遊衣遊食 귀공자는 앙망불급仰望不及 아닐런가."라고 하였다. 이 말씀은 최수운 선생 자신이 봉건 귀족 계급에 속하는 귀공자 또는 부의 힘, 관권의 힘을 가지고 창생의 노동을 착취하여 유의유식할 수 있는 처지에 있는 사람이 아니요, 몸소 근로 작업하여 노력의 대가를 얻음으로써만 살아갈 수 있는 창생, 즉 근로 인민 계층에 속하였음을 밝힌 것이며, 또는 우리 당은 이러한 창생층을 토대로 하여 조직을 확대 강화할 수 있는 당임을 명확히 교시한 것이다. 따라서 창생의 고혈을 착취하여 치부·향락하는 사람, 근로하는 창생을 천대·압박하는 자는 최수운 선생과 적대 계급에 속하는 사람이며 우리 당의 인적 토대 밖에 있는 사람이다. 최해월 선생께서 동학혁명운동을 준비하실 때부터 '유儒·반班·부富' 불입不入의 원칙을 정하여 이 세 가지 특권 계습에 속하는 자는 입당을 불허한 것도 이 때문이다. 동학 이래로 천도교 및 청우당은 이 원칙에 의하여 근로 창생층에 인적 토대를 두고 온갖 험란 속에서 발전되어 온 것이며, 조선에 아직도 노동자가 한 개의 계급을 형성하게 되기 전부터 군중적인 대교단으로 발전되어 온 천도교회가 노력 농민을 인적 토대로 하고 있는 것은 극히 당연한 일이다. 우리 교·당원은 개인으로도 극히 빈한하고 미천한 처지에 있으며 교당敎黨으로도 빈천자 대중의 요망과 이해를 가장 충실히 대표하는 것이다.

제3장 천도교청우당의 본질

1. 애국적 본질

　최수운 선생은 지극히 조선 동포를 사랑하는 민족애로부터 출발하여 천하 창생, 즉 전 세계 근로 인민을 보편 공통하게 사랑하는 인류애의 소유자가 되었으며, 또는 지극히 조국을 사랑하는 애국사상으로부터 출발하여 천하 만국의 영원한 민주 · 평등적 평화를 염원하는 국제 평화사상의 소유자가 되었다. 최수운 선생이 〈필법〉에 "내 이곳 (조선)에서 생장하여 이곳에서 이 도를 터득하였으므로 동방에서 먼저 활동한다."고 하고, 〈논학문〉에서 "내 또한 동방에서 생장하여 동방을 기점으로 하고 진리를 탐구한 결과 동방의 시간적 · 공간적(역사적 · 사회적) 환경 조건 속에서 이 대 진리를 파득把得하였으니, 도는 비록 우주 인생 전체 · 인류 사회 전반의 영원한 발전 향상의 궁극(究竟) 적 원리를 파악한 천도이지만 이것을 고찰 해명하는 학적 체계와 형식은 동방의 학이라."고 한 것은 선생이 동방, 즉 조선의 입장을 정확히 지킨 실증이다. 최수운 선생은 또 〈용담가〉에 "나도 또한 출세 후에 고도강산 지켜내어 세세유전 아닐런가."라고 하여 자신이 조선의 전통 위에 입각하고 있음을 밝혔으며 〈안심가〉에 "요순성세(堯舜盛世 =이상적 평화향을 말하는 고전적 술어) 다시 정해 국태민안(국가의 완전 자주 독립과 인민의 민주·평등적 자유 행복)되지만은 기험하다 기험하다 아국운수 기험하다. 개 같은 왜적놈아 너희 신명 돌아보라."고 하여 쇠망의 구렁으로 밀려들어 가는 당시 조선의 운명을 무한한 비분으로 우려 개탄하며, 군국주의적 침략 세력이 나날이 장성되는 일본이 필연적으로 조선을 침략할 것을 예견하여 무한한 적개심과 강개의 의를 표하였다. 그러나 한편으로 조선민족은 결코 낙망할 것이 아니요 민주주의적으로 발전·변혁되는 무왕불복의 천운(인류 역사 발전의 필연적 법칙, 즉 세계 대세)과 조선 인민 자체의 분투 노력에 의하여 능히 만난萬難을 경과·극복하고, 국태민안의 좋은 생활을 다시 건설할 수 있다는 것을 말하여 민족적 희망과 용기를 환기하는 것을 잊지 않았다. 이 밖에도 최수운 선생은 가사(龍潭遺詞)의 여러 곳에 "가련하다 가련하다 아국운수 가련하다. 전세 임진 몇해런고 이백사십 아닐런가." 또는 "내나라 무슨 운수 그다지 기험할고. 함지사지 출생(出生=인민)들아 보국안민 어찌할고."라는 말을 거듭거듭 써서 조국의 운명과 왜적의 침략을 연상적으로 비분해하며, 인민이 도탄의 고통을 겪어야 할 것을 우려하였다.

최수운 선생은 또 〈포덕문〉에 "최근 이래로 한 세상 사람(즉 전조선 인민)이 서로 협조 단결하여 외적의 침략을 방어하고 인민의 자주 권익을 보위하는 동귀일체(즉 민주주의적 통일 단결)가 되지 아니하고 저마다 딴생각을 가지고 사리사욕만을 취하는 각자위심의 행위를 감행하여 상층 특권계급은 세도와 당쟁만을 일삼아 국사를 그르치고 근로 창생을 한없이 억압·착취하여 애국적 창발과 분기奮起의 기회를 주지 아니한다. 이는 곧 부패한 봉건 주권이 역사 발전의 '천리'를 역행, 즉 불순하여 자기의 특권을 더 오래 유지하고자 하는 데서 오는 일이며 역사 발전 법칙의 지상 명령과 세계의 대세를 전혀 모르는 불고천명不顧天命 행위이다. 내 마음이 항상 두렵고(悚然) 불안하여 어떻게 이 나라의 운명을 전락의 심연으로부터 만회·구출하고, 이 인민 대중을 어떠한 방향으로 지도하여야 할지 알지 못하여(莫知所向) 걱정이었다."고 하였으며, 다시 "동귀일체의 도덕에 어기는 개인 본위의 자본주의 발전으로부터 필연적으로 오는 미·영·불 등의 제국주의적 침략 세력(즉 서양)은 모든 약소민족을 침략하여 식민지·반식민지로 만드는 전승공취戰勝功取의 행위를 하는 데 있어서 그 교활하고 음흉한 정책과, 나날이 팽창되는 자본의 힘과, 예리한 무기 앞에 거칠 것이 없어 모든 일을 제 마음대로 하니(無事不成) 천하가 모두 그들에게 멸진滅盡되고 중국까지도 완전히 자주권을 잃게 되면 우리 조선도 또한 순망치한脣亡齒寒의 탄식이 없지 못할 것이니 아니냐?"고 하여 조국에 대한 제국주의적 침략 세력의 침입에 대비한 인민적 방어책을 수립하여야 할 것을 강조하였으니 이것이 모두 그의 지고한 조국애의 발로인 것이다.

최수운 선생은 이러한 애국적 입장에서 구민·활민의 대도를 구한 것인 만큼 그가 창명한 대도는 곧 애국의 도이며 이러한 애국애민의 사상은 우리의 중요한 사상적 본질, 즉 요소로 영원히 전승·발전되고 있는 것이다. 우리 당은 이러한 애국적 본질을 가졌으므로 1894년에 갑오혁명운동을 일으켜 척양척왜를 제언하였으며, 1904년에 갑진개혁운동을 일으켜 정치를 민주주의로 혁신코자 한 것이다. 또는 왜정의 조선 민족성 말살정책 하에서도 부단한 노력으로 조선 정신을 견지·고취하여 1919년 3·1민족해방운동을 일으킨 것이며, 그 뒤에도 부단히 이 운동을 계속하였던 것이다.

그리고 역사적인 1945년 8·15해방 후에는 친일 매국 분자의 숙청, 토지개혁을 비롯한 제 민주 과업의 관철, 인민주권의 수립, 인민경제 부흥·발전 계획의 수행 등에 열성적으로 참가하고 있는 것이다. 우리 당의 이러한 애국적 본질은 앞으로 더욱 적극성을 띠고 모든 실천면에 발로發露될 것이며, 이러한 애국사상은 전 당 및 당원이 만난萬難극복 지사至死불변하는 신념이 되고 주장이 되는 것이다.

2. 개벽적 본질

최수운 선생은 〈안심가〉와 〈몽중노소문답가〉에 "십이제국 괴질운수 다시 개벽 아닐런가."라 하였으며, 이 밖에도 "일천하의 번복翻覆운수 다시 개벽 아닐런가." 또는 '개벽시 국초일'이라는 등의 말씀을 많이 하였다. 십이十二제국이란 동양에서 천하 각국을 가리키는 술어이며, 괴질 운수란 세상 사람이 누구든지 초연 무관할 수 없는 사회 제도상의 질병, 인습상의 질병, 사상상의 질병, 몽매무지의 질병 등을 가리키는 것이다. 그리고 봉건 인습의 문물제도를 만고 불역不易의 것으로만 여기는 당시 조선에서 창생의 인간적 용기를 일정한 형식 속에 구속·제한하는 봉건적인 정치·경제·윤리·제도를 근본적·전반적으로 혁파·일소하고, 인상무인 인하무인의 민주주의적 새 정치·새 경제·새 윤리·새 제도·새 문화를 창건하는 것이야말로 천개지벽天開地闢과 같은 엄청난 것이어서 후천개벽이라는 말이 아니고는 그 진의를 정확히 표현할 말이 다시 없었던 것이다.

최수운 선생은 먼저 가정에서 노비를 해방하였을 뿐만 아니라, 한 사람은 딸을 삼고 한 사람은 며느리로 맞는 가정적 민주 혁명을 단행하였으며, 교단을 조직하는 데서도 제자들의 문벌과 지위의 고하, 유교적 지식(文章)의 유무, 재산의 다소 등에 전혀 관계하지 않고 오직 민주·평등적 입장에서 간부 인재(接主)를 등용하였다.

〈도덕가〉에 "우습다 저 사람은 지벌(地閥=특권계급의 가정)이 무엇이기에 군자를 비유하며 문필(유교적 지식 기능)이 무엇이기에 도덕을 의논하노."라고 한 것은 결코 후천개벽이 새 진리를 구명究明·선전하는 문필과 기능이 필요하지 않다고 한 말이 아니요, 개벽적 실천성과 보국안민·지상천국 건설을 위한 천인합일적 희생의 도덕성이 없이 다만 인습적·형식적인 문필·기교만을 가지고서는 도저히 우주 인생 발전의 대도 대덕을 논의할 수 없고, 그를 인민의 모범(즉 군자)이라고 할 수 없다는 것을 밝게 가르치는 것이다.

최수운 선생이 창도한 진리의 개벽적 본질은 강대한 혁명성과, 진정한 민주성과, 소아를 대아에 복종시키는 무한한 희생성과 대원필성大願必成을 위하여 만 가지 어려움을 극복하는 용감한 실천성과 병행·일치되는 것이다. 앞 절에서 말한 갑오동학혁명운동, 갑진민주개혁운동, 기미민족해방운동 등은 모두 이러한 개벽적 본질의 발현이었던 것이며, 우리 당은 앞으로 조선을 진정한 민주주의적 완전 자주 독립국가로 건설·발전시켜 보국안민의 대 목적을 완성하고, 세계의 영원한 민주주의적 평화 행복을 건설하여, 지상천국의 대 이상을 실현할 때까지 잠자지(寢) 않고, 굴하지 않고 이 개벽적 본질을 발휘할 것이다. 그러므로 우리 당은 전통적인 후천개벽의 당이며 우리 당원들은 오심즉여심의 개벽사상의 소유자인 것이다.

3. 민주주의적 본질

인내천을 종지로 하는 우리 당의 사상적 본질은 두말할 것도 없이 인상무인 인하무인의 민주주의적 내용이 될 것이다. 최해월 선생은 일찍이 한 부인이 베 짜는(織布) 소리를 듣고 "천주가 베를 짜신다." 하고 "어린이를 때리는 것은 한울님을 때리는 것이라."고 하였으며, 또 "사람의 모든 옳은 말은 다 천어天語로 안다."고 하여 인내천의 입장에서 만인 평등·무차별을 주장하였으며, "도는 높고 멀어서 행하기 어려운(高遠難行) 곳에 있는 것이 아니요, 일용행사日用行事가 도 아닌 것이 없나니 천지신명—우주 간의 비인위적인 무형한 작용—이 만물—인간의 현실적 조건—과 더불어 추이하는 것이라. 제군은 경천·경인·경물의 이치를 삼가 실행하라."고 하여 천도는 곧 인간의 도이며 인간의 도는 실생활에서 사람을 평등적으로 상호 존경하며 주위의 필수 물자를 귀중히 여겨 근로 증산하는 이외에 따로 고원한 도가 있을 수 없음을 확언하였다.

손의암 선생은 명리전明理傳 창세원인장創世原因章에서 "예로부터 오늘에 맞도록 지구상의 모든 정체政體를 관찰 논의하건대 군장(君長=정치적 주권자)은 본래 인민(즉 인간 사회)에서 선임·수립한 것이요, 처음부터 군장이 먼저 있어서 인민을 나게 하거나 길러낸 것이 아니다. 그러면 인민은 국가의 기본이며 주인임이 분명하거늘 우리 동양의 고래 습관은 그렇지 아니하여 군장이 인민 대중 보기를 노예같이 하여 마음대로 압박 착취하고 인민은 군장과 그의 수족인 관리 보기를 호랑이같이 두려워하니 이는 주객이 전도된 가정혹법苛政酷法이라. 이제 만약 그 정치제도를 일변하여 인류 사회 발전의 근본 원칙인 천명을 공경하며, 인민 대중의 요망과 지향인 인심을 순종하여 인재를 키우고 그 기능을 발달하게 하면 모든 문물제도가 새 생기를 띠고 더욱 더욱(郁郁) 빛나리라." 하여, 문벌 본위의 봉건 계급 정치 또는 황금 본위의 자본 계급 정치를 근본적으로 혁파·일소하고, 인민을 본위로 한 참된 민주·평등의 새 정치제도를 수립하지 아니하고는 도저히 조선을 쇠약과 피침략의 경지로부터 완전한 자주 독립국가로 부흥·발전시킬 수 없으며, 민주·부강한 행복을 누릴 수 없으며, 당당한 국제 민주 진영에 참여할 수 없으며, 세계 평화에 기여·공헌할 수 없음을 밝히 가르쳤으며, 이 밖에 천혜적인 자원(天産)을 개발하고 거기에 인공(즉 인조)을 가하여 자주 경제를 확립해야 할 것을 〈응천산이발달인조장應天産而發達人造章〉 또는 〈삼전론〉 중의 '재전'에서 분명히 말씀하였다.

갑오동학혁명운동 당시에 노예를 해방하고, 반상의 구별을 철폐하고, 만민 평등의 민주주의적 새 제도를 실현하였던 것, 토지를 농민에게 무상으로 평균 분배하고 공사 구채舊債를 말살하였던 것, 악질적 토호·관리·유생을 징치하고 못된 양반의 불알을 깠던 것, 민회를 조직하여 갑진개혁운동을 일으켰던 것, 현도 이후 옛부터 여성은 이름을 가져보지 못하던 조선에서 처음으로 도가道家 여성에게 이름을 짓게 하고 남녀평등을 실시하는 것, 1919년 3·1 운동 이후 농민·청년·유소년 등 각 부문운동을 일으켰던 것 등은 모두 우리 당의 민주주의적 본질의 발현이며, 해방 이후 우리 당이 민주 개혁 실시와 그 공고한 발전에 열성적으로 참가하고 있는 것도 모든 민주 개혁의 실시는 우리의 전통적 염원이며 주장이기 때문인 것이다. 앞으로도 우리 당 또는 매개 당원은 민주주의 새 조선의 건설 발전과 세계의 민주주의적 발전에 더욱 열성적으로 분투 노력할 것이며 또한 반드시 하여야 할 것이다.

4. 희생적 본질

우리 당의 진리의 핵심인 인내천 종지는 본래 거대한 희생의 산물이다. 최수운 선생은 일가 문중까지도 원수같이 미워함과 일세의 조소·배척을 무릅쓰고 가산을 탕진하며 주유천하의 고행을 하는 애국애민적 대 희생의 결과로 새 진리를 대각한 것이며, 창도 이후에도 사위四圍의 지목 속에서 갖은 고난을 당하면서 진리의 선포와 혁명 세력의 확대에 진력하다가, 갑자 3월 10일에 대구장대에서 귀중한 생명까지 달게 희생당하였다.

최해월 선생은 30여 년간 도산검수의 지목과 탄압 속에서 문자 그대로 식불감미食不甘味 좌불안식坐不安息 생활을 지속하며 혹은 태백산 호랑이굴(虎穴)에 숨어들고(遯入) 혹은 최보따리라는 별명을 듣는 등 갖은 고행을 극복하면서 포덕과 교화에 힘쓰며 수차례의 신원운동과 동학혁명운동을 조직·지도하고, 무술(1898) 6월 2일에 경성감옥에서 교수대의 희생이 되었다.

손의암 선생은 포덕 23(1882)년 임오에 입도한 후 포덕 37(1896)년 무술에 이르기까지 최해월 선생을 모시고 고난을 같이 하면서 직접 동학혁명군의 중군통령(大統領)이 되어 포연탄우砲煙彈雨 속에서 생명을 내걸고 활동하였다. 그 뒤 일패도지한 도중의 재수습, 갑진개혁운동의 조직, 천도교의 현도, 교리의 천명, 기미 민족해방운동의 조직 등을 생사 위협의 경지에서 용맹과감하게 진행하고, 왜제倭帝의 폭압 아래 영어의 몸이 되어 전기 고문과 음식 치독의 희생이 되어 포덕 63(1922)년 임술 5월 19일에 생명을 마치었다.

갑오 · 갑진 · 기미 3대 운동을 중심으로 하고 또는 그 운동들의 준비 · 진행 · 수습 시기에서 오심당吾心黨 사건을 전후로 한 왜정 탄압 하에서 우리 당원이 총살 · 교살 · 장살 · 독살된 인명의 희생은 총계 80여 만에 달하며, 파괴 · 약탈된 가재 금품 또한 그 수를 헤아릴 수 없는 것(不計其數)이다. 이와 같이 우리 당은 민족의 존속 발전을 위하여, 창생의 이익과 행복을 위하여 수많은 생명과 재산을 희생한 피와 땀의 토대 위에 건설되었으며, 이것은 곧 우리 당이 민족의 이익, 인민의 이익, 사회의 이익, 인류 역사 발전의 이익을 위하여 모든 것을 아낌없이 바치는 천인합일(소아를 대아에 복종시키는 것)의 희생적 본질을 가지고 있다는 실증이다. 이러한 희생적 본질은 우리 당의 통일적 조직 역량의 산 혈맥이 되며 강인 불굴한 투쟁력의 원천이 된다. 앞으로도 우리 당은 이러한 희생적 본질을 더욱 유감없이 발휘하여 당 자체를 발전시키며, 민주 개혁의 성과를 발전시키며, 인민 주권을 유지 · 강화하는 동시에, 또다시 우리나라를 저희들의 예속국가를 만들고자 하며 우리 민족을 저희들의 황금의 노예를 만들고자 하는 제국주의적 침략 세력을 방어 · 분쇄해야 한다.

우리 당과 전체 당원의 이러한 애국적 · 민주주의적 헌신성은 개인을 조직에, 전당을 민주주의 민족통일전선에, 부분적 이익을 전 인민 · 전민족 · 전 국가 · 전 인류의 이익에 복종시키며, 무한한 근로

성과 창발성과 단결성으로 우리 당의 구경 목적을 달성할 때까지 영속·불변하게 돌진하는 원동력이 되는 것이다. 우리가 오관을 성심성의로 실행하는 것도 이러한 자각적·능동적 희생·분투의 대용·맹심을 배양하기 위한 것이며, 당의 조직을 확대·진화하며 당원을 교양하는 것도 이러한 희생적 본질을 유감없이 발현하여 인민을 위해서 복무하며 창생의 새로운 진정한 행복을 창조하고자 하는 데 불과한 것이다.

5. 인민적 본질

우리 당은 그 자체의 본질적 요소로서 애국적 본질, 개벽적 본질, 민주적 본질, 희생적 본질 등을 아울러 구비하고 있음을 이미 말하였다. 그러나 이 네 가지 본질의 상호 종합만으로는 도저히 그 본질들을 완전히 발현(작용)할 수 없으며, 보국안민·지상천국 건설의 대 목적을 달성할 수 없는 것이다. 이 밖에 또 한 가지 근본적이며 주체적인 본질이 더 있어 능동적으로 위에 말한 네 가지 본질을 한 개의 전 당적 대생명이 되는 큰 성질로 종합·통일·함양涵養·추진함으로써만 여러 가지 본질은 영원히 발전될 수 있으며 생동할 수 있는 것인 동시에, 우리 당의 궁극의 대 목적을 달성할 수 있는 것이다.

그러면 우리 당에 근본 자재한 또 한 가지 본질은 무엇인가? '인민적 본질'이 그것이다. 이 본질은 매개 당원 또는 전체 인류에게 천연

자재한 생명적 본질이며, 자주적 능동적인 본질이며, 인류 사회 발전의 근본체가 되고 원동력이 되는 산 본질이다. 성운 이전의 상태가 성운으로 발전되고, 성운으로부터 천체-성진-태양 계통이 형성되고, 지구상에 생물이 서식하게 된 것은 결코 어떤 제3자가 따로 있어 시킨 것이 아니요, 우주 자체에 근본 자재한 전체적·자연적·자주적·능동적인 우주성의 약동불식하는 생명적 본질의 창조적 자체 발전 현상에 불과한 것이며, 지구상에 인류가 생겨나 정치적·경제적·사회적·문화적으로 무한한 발전·변천·향상을 거듭하고 있는 것은 위에 말한 대우주의 생명적 본질이 가장 진화·구체화된 자주적·능동적·발전적·창조적 약동력을 가진 사람성의 생명적 본질의 자체 발전 현상에 불과한 것이다. 이 본질은 매개 인간으로 볼 때 우주성의 가장 고등한 진화 결정체인 자아를 무한히 발전·향상시키며 자아의 생활을 좀 더 편리하게, 좀 더 윤택하게 하기 위한 내적 정신 활동과 외적 육체 활동을 전개하는 원동력이 된다. 그리고 매개 인간의 본질은 인류 사회를 시간적(즉 역사적)·공간적(즉 환경 조건에 대처 적응한)으로 공통·연속의 관계 속에서 역사적으로 발전·변천시키는 역사 발전의 필연적 본질과 불가분리적인 표리일체의 관계에 있게 하는 것이며, 인류 사회의 역사적 발전의 본질은 대우주의 무한한 발전의 본질과 불가분리의 관계에 있게 하는 것이다.

다시 말하면 우리 당의 인민적 본질은 매개 인간의 인간격을 진·선·미의 이념적 경지로 무한히 발전·향상시키는 인간적 본질이며,

전체 인민을 동귀일체의 지상천국 생활로 발전·향상시키는 인민적 본질, 전 인류적 본질인 것이다.

사람이 능히 그때 그곳의 구체적 조건에 대처·적응하여 모든 물질을 취사·가공하고, 진리를 탐구·천명함으로써 자체의 생활을 유지·발전시키며, 사회의 역사를 좀 더 새로운 단계로 진보·발전·향상·변천하게 하는 것은 곧 사람 자신이 가진 무궁 무한히 약동·향상하는 생명적 본질의 작용에 불과한 것이다. 종교가가 종교적 교의를 창도·발전시키는 것, 철학자가 진리를 탐구·발전시키는 것, 과학자가 정치·경제적 역사를 더욱더욱 바르게 종합 분석 판단 구명하는 것, 모든 발명·발견을 하는 것, 예술가가 모든 창작품을 내어 놓는 것 등이 모두 자체 내부에 무한히 약동·향상하는 생명력(즉 인간적 본질)을 가진 사람이 능히 그때 그곳에 대처하여 그러한 사업을 하는 것이 아니고 무엇이냐? 고금동서를 막론하고 인류 사회에 생겨나는 모든 사물과 제도는 그때 그곳 사람들의 필요와 노력의 산물이며 사람들 자체의 역사적인 향상·발전에 의해 그 사물과 제도가 필요하지 아니하고 좀 더 새로운 사물과 제도가 필요하게 될 때는 낡은 사물과 제도는 필연적으로 소멸되는 것이다.

우리 당은 오늘의 불합리·불공평한 낡고 썩은 계급제도와 그 내용이 되고 수식이 되는 모든 사물을 혁파·일소하고 민주적·평등적인 새로운 제도와 문화의 수립을 가장 열렬하게 요구한다. 그러나 결코 제도를 위한 제도를 만들어 인민을 거기에 복종시키려는 것이 본의가 아니요, 인민을 잘살게 하기 위하여, 사람이 좀 더 행복하게 살기 위하여 낡은 제도를 없애고 새 제도를 수립하지 아니하지 못하게 된다. 다시 말하면 인간 자신의 인간격을 무한히 향상시키며 인민 전체가 진실로 인간답게 행복하게 살게 되기 위하여 자주적 · 자각적 · 능동적으로 애국적 · 개벽적 · 민주적 · 희생적인 활동을 전개하게 하는 인간 자재의 인간적 본질, 이것은 최수운 선생이 금불문今不聞 고불문古不聞 금불비今不比 고불비古不比로 파악한 대 진리이며 우리 당이 가진 우수한 또는 독특한 본질인 것이다.

제4장 천도교청우당의 목적

1. 지상천국건설

천도교청우당의 궁극적인 목적은 두말할 것도 없이 지상에 천국을 건설하는 것이다. 지상이란 기독교에서 말하는 사후 천상의 영혼계나 불교에서 말하는 유심唯心 정적靜寂의 열반계나 선도에서 말하는 세외世外 별계別界의 선경이 아니요 현실 인간이 생활하고 있는 지구를 말하는 것이며, 이 지구상에 상상이나 미신이 아닌 현실로서 건설하는 인류 행복의 극치 세계가 곧 지상천국이다.

그러므로 지상천국은 첫째, 이 지구상에 사람이 사람을 죽이는 전쟁이 영원히 없어져야(永絶) 한다. 전쟁의 필요와 위협과 두려움(危懼)이 영구히 소멸된 절대평화세계가 실현되지 아니하면 그것은 도저히 지상천국이라고 할 수 없을 것이다.

둘째, 민족과 민족, 지역과 지역, 국가와 국가 사이에 불평등한 형식적 제도나 부자유·불만족한 정신적 내용이 남아 있다고 하면 그것을 지상천국이라고 할 수 없을 것이다. 지상천국은 반드시 세계의 영구 평화와 국제간의 동귀일체적 친화 우호·협조 단결이 실현됨을 전제로 한다.

셋째, 온 세상 사람이 모두 물질생활상의 부족이 없는 생활을 하여야 한다. 만약 세상사람 중에 옷 걱정, 밥걱정, 집 걱정을 하는 사람이 있어서 남이 잘 먹고 잘 입는 것을 부러워하는 사람이 있다면 그것을 지상천국이라고 할 수 없는 것이다. 지상천국은 과학문명의 극치와 경제제도의 평등이 실현된 세상이어야 한다.

넷째, 온 세상 사람이 모두 고상한 상성相誠・상경相敬・상신相信의 도덕적 생활을 해야 한다. 아무리 물질이 풍부하다 하더라도 누가 누구를 미워하거나, 누가 누구의 것을 도적질하여 가거나, 음해・중상하거나, 좋은 것을 자기가 먼저 가지고자 다투거나 하는 일이 근절되지 않았다면 그것을 지상천국이라고 할 수 없는 것이다. 지상천국은 반드시 경제문명과 도덕문명이 병행・합치되어야 한다.

다섯째, 온 세상 사람이 모두 자주적・자각적・능동적으로 자기의 지식・기능・취미에 맞는 창조적 근로에 종사해야 한다. 자기가 하고 싶어서 하는 노동은 노동이라기보다는 차라리 예술적 창작 행위라고 할 수 있을 것이다. 만약 현실에 만족하여 근로 향상의 인생 도덕과 배치되는 나태・음락淫樂의 길로 타락하거나, 하고 싶지 않은 일을 하고 싶지 않은 시간과 장소에서 주위환경에 눌려 할 수 없이 한다면 그것은 도저히 지상천국 생활이라고 할 수 없는 것이다. 사람마다 정신 육체 쌍방의 자각적・창작적인 근로 향상의 인간격 향상에 정진하게 되는 것은 지상천국의 필수적 요소이자 내용이 되는 것이다.

여섯째, 사람이 모두 생로병사에 대한 불안이 없고 또는 법률의 처형, 사회적 낙오 등에 대한 위협과 두려움(危懼)이 없이 심신 쌍전의 향상적 생활을 하여야 한다. 물질생활만은 제아무리 주지육림에 놓여 있다 하더라도 정신적으로 위구감과 불안감을 면하지 못한다면 그것을 도저히 진정한 행복이라 할 수 없는 것이다.

일곱째, 사람이 모두가 자기와 타인과 전체, 즉 사회 사이에 이해의 부동을 일으키는 원인이 되는 기성 사물에 대한 소유감의 충족을 위한 행동을 하지 말고, 자기와 타인과 전체의 이익이 언제든지 합치되는, 적재적소의 예술적 근로 창조의 생활을 해야 한다. 사람에게 사리私利적 소유감이 있는 한 이 세상에서 싸움을 근절할 수 없는 것이며, 사람에게 근로 향상의 노력이 없는 한 세상이 문명 행복의 길로 전진할 수 없는 것이다.

이상 모든 내용이 구비되어 개인과 개인, 민족과 민족, 국가와 국가가 전체로 동귀일체적 민주·평등·평화·자유의 참된 행복을 누리게 되는 것이다. 이것은 우리 당의 궁극적인 목적인 동시에 전민족의 궁극적 현상이며, 전 인류의 궁극 목표이며 도는 모든 종교가, 모든 철학가, 모든 과학자, 모든 예술가, 모든 정치가의 최고 이상, 최고 기념祈念이 아닐 수 없는 것이다. 다시 말하면 지상천국은 민주정치 발전의 극치인 동시에 민주경제 발전의 극치이며, 문계文啓 문명 발전의 극치인 동시에 도덕 문명 발전의 극치가 총합된 인간 향상의 궁극점이며 사회 발전의 최고 지점인 것이다.

2. 보국

그러나 우리 당의 궁극 목적인 지상천국 건설은 결코 이상을 이상 대로 두고 희망을 기념함으로써만 달성될 수 있는 것이 아니며, 또는 고대 신화·전설 식의 공상적 천변天變 마술(幻術)에 의하여 우연적· 공연적으로 성취되기를 기다릴 것도 아니다. 반드시 엄정공명한 자 주적 입장에서 불연기연적 방법에 의하여 종적으로 사회 발전의 필 연적 대추세를 정확히 투시·파악하고, 횡적으로 내적·외적 현실 조건에 적응 대처하여 계층·계급적으로 보일보 궁궁의 목적 성취의 방향에 접근하는 진취적·능동적 분투 노력을 계속함으로써만 구경 목적의 완수가 가능한 것이다.

인류 사회는 한 단계씩 차례 있게 발전되는 것이다. 유아로부터 단 박 청년기에 들어갈 수 없으며, 갑甲 단계로부터 단번에 정丁 단계에 돌입할 수는 없다. 지금 겨우 실현이 가능한 을 단계는 다음에 병 단 계가 실현될 토대가 되고, 다음에 실현될 병 단계는 그다음에 정 단계 로 발전할 기초가 되는 것이다. 그리하여 갑 단계에서 보기에는 공상 같은 정 단계도 을·병 단계를 지남으로써 실현될 수 있게 되는 것이 다. 지상천국 건설도 또한 그러하여 지금 당장에 전 세계적·인류적 으로 이를 완성하기는 도저히 불가능하지만 보국·안민의 두 단계를 통함으로써 능히 실현될 수 있는 것이다. 그러면 보국이란 무엇인가?

첫째, 민족 자주의 독립 국가를 건설하는 것이다. 그리고 민족 자주의 독립 국가를 건설하는 것은 봉건군주의 힘으로써 가능한 것도 아니요, 특권 지배계급의 힘으로써 가능한 것도 아니요, 오직 근로 창생 전체의 힘으로써만 가능한 것이다. 최수운 선생은 "함지사지 출생들아 보국안민 어찌할고."라고 하여 보국안민을 더불어 의논하고 함께 힘쓸 수 있는 것은 위세 당당한 특권 지배계급이나 또는 호의호식하는 부격富格 계급이 아니요, 못 먹고 못 입고 눌리고 빨리는 창생, 즉 함지사지에 빠졌다가 사회 발전의 제일선에 나서는 근로 인민 대중임을 분명히 말하였다.

둘째, 외국의 침략이나 침략 가능성을 영구히 방지하는 것이다. 최수운 선생은 과거 서구 자본주의 세력의 동점東漸을 말하며 그들의 정치적·경제적 침략을 배격할 것을 명시하고, 자본 제국주의의 장성을 미워하여 그들의 정치적·군사적 침략을 분노하고, 또는 "유도 불도 누천년에 운이 역시 다했다. 요순 공맹의 도와 덕은 부족언不足言 부족시不足施라."고 하여 장구한 시일에 걸친 명·청에의 문화적 예속과 사대적 의뢰로부터 벗어나 조선민족의 자주적 정치·경제·문화를 수립할 것을 강조하였다.

셋째, 자국의 고립적 쇄국성과 국수적 침략성을 제거하고 완전한 민주주의 국가가 되어 당당한 국제무대의 일원으로서 국제 간의 민주, 평등적 우호친선과 자주적 문화·경제의 교류를 실현해야 하는 것이다. 이와 같이 인민 전체의 민주주의적 동귀일체에 의하여 민족·민주의 완전 독립 국가를 건설하는 것이 곧 진정한 보국이며, 이것은 지상천국 건설의 필수적 기본 단계가 되는 것이다.

3. 안민安民

보국은 누가 하느냐? 그 인민의 피와 땀으로써, 그 민족의 생명으로써 이 보귀寶貴한 의무를 부담하게 되는 것이다. 그러면 보국은 왜 하느냐? 그 민족의 영원한 번영 · 발전과 그 인민의 자유 · 행복을 누리기 위하여 하는 것이다.

만약 소수의 특권 지배계급만이 온갖 불의 · 부도한 짓을 다하면서라도 영원히(永千秋) 한 모양대로 잘살고, 절대 다수의 창생(즉 그 민족, 그 인민)은 그냥 피압박 · 피착취를 당하며 함지사지의 도탄을 면할 수 없다면, 창생들이 그러한 보국을 위하여 피와 목숨을 바칠 필요가 없을 것이며, 따라서 보국이 될 수도 없는 것이다. 보국의 유일무이한 내용은 안민이며, 안민의 유일한 기본 조건은 보국이다. 보국과 안민은 표리일체 · 불가분리의 관계에 있기 때문에 그 민족 그 인민 대중은 지극히 조국을 사랑하는 것이며, 조국을 위하며 피와 목숨을 바치기를 아까워하지 않는 것이다. 인민들이 국가를 위하여 일한다 함은 곧 인민들 자신의 이익을 위하여 일하는 것이 되며, 민족이 조국을 위하여 피를 흘린다 함은 곧 민족 자체의 절대 발전을 위하여 피를 흘리는 것이다. 만약 국가의 이익과 인민 또는 민족의 이익이 합치되지 아니한다면, 그 국가는 인민의 국가가 아니며 인민의 지지를 받을 수 없는 것이다. 그것은 인민이라는 알맹이를 가지지 못한 빈 껍질로서의 국가이며, 억지 정권으로서 인민을 탄압·착취하는 인민의 악정부(惡府)일 것이다. 진정한 국가는 반드시 인민 자신의 것이 되어야 하며, 진실로 인민(민족)의 이익을 위하여 복무하는 정권 기관이 그를 운영하여야 한다.

그리고 안민安民은 반드시 첫째, 그 국가의 주권이 인민 자신에 속해 있어야 할 것이며, 둘째, 인민 자신이 평등적·직접적으로 선거한 정권 기관이 내정·외교를 담임해야 할 것이며, 셋째, 인민 상호 간, 또는 인민과 기관 사이에 착취·피착취 탄압과 피탄압의 대립관계가 없어야 할 것이며, 넷째, 인민 자신들 중에서 자각적으로 선발된 정예가 그 국방을 담임해야 할 것이며, 다섯째, 그리하여 전체 인민이 다같이 정신적으로 친화 협조의 도덕을 실천하여 경제적으로 자급자조·공존공영의 사회생활을 영위하게 되어야 할 것이다.

다시 말하면 각자위심은 보국의 적인 동시에 안민을 불가능하게 하는 것이 되며, 동귀일체는 보국의 필수조건인 동시에 안민의 기본 토대가 되는 것이다. 민족 자주의 원칙 실현(즉 輔國)을 날줄(經)로 하고, 민주·평등의 원칙 실현(즉 安民)을 씨줄(緯)로 한 국가가 건설되어야 그 국가는 과연 진정한 민주주의, 완전 자주 독립 국가가 될 수 있는 것이며, 이러한 국가는 사회 발전의 법칙(즉 天明)이 지시하는 영구 불패의 민주·부강을 누릴 수 있을 것이다. 그리고 세계 각국 각 민족이 모두가 이러한 민주·자주의 국가로 발전됨으로써만 지구상에서 영구히 침략 쟁탈을 위한 전쟁이 소멸될 수 있는 것이며, 지상천국의 기본 토대가 닦여질 수 있는 것이다.

그러므로 우리 당의 궁극적인 목적인 지상천국 건설은 반드시 보국안민의 단계를 지나서야 실현할 수 있는 것이다. 다시 말하면 세계 각국 각 민족의 완전한 보국의 실현은 지상천국 건설의 경經이 되고 세계 각국 각 민족의 진정한 안민의 실현은 지상천국 건설의 위緯가 되어 인류 사회에 탄압 · 착취 · 침략 · 쟁탈의 근인根因이 소멸종식(滅息)될 것이며, 이렇게 됨으로써만 각 민족문화가 백화요란百花燦亂의 상像을 망望하는 전 세계 민주문화의 대 낙원이 형성될 것이다.

제5장 천도교청우당의 이념

1. 기본 이념

벌써 여러 번 거듭 말한 바와 같이 우리 당의 후천개벽 사상의 주체가 되는 진리 핵심은 '인내천 종지'이며, 인내천은 우주 인생 전체(즉 한울)의 자율적 창조 발전의 대도(=천도의 근본법칙) · 대덕(=우주만유의 실천 활동)인 동시에 인간이 스스로 궁극적인 자아완성을 지향하는 자주적 · 능동적 발전 · 향상의 대도(=사회 발전의 대법칙) · 대덕(=만물을 취득하여 영위하는 인간 실생활)이 되는 것이다.

인간은 본래 사회적 존재이며 따라서 인간 자체의 향상 · 발전은 그 사회 전체의 발전 · 향상과 밀접 · 불가분의 연속 연관 관계에서만 가능한 것이며, 사회 · 민족 · 국가는 인간으로써 구성되는 것이어서 인간 자체의 발전 · 향상을 떠나서는 정치 · 경제 · 종교 · 도덕 · 문화 등의 발전을 운위할 수 없는 것이다. 만약 어떤 사람이 그 사회야 어찌되든지 간에 자기 혼자서만 고고한 인격을 완성하기를 바란다면 이는 백이숙제 식의 현실도피주의자가 되어 마침내는 자신까지 구하지 못하게 될 것이며, 이와 정반대로 그 사회의 구성 요소인 인민들 자체의 이익이야 어찌되었는지 그 사회를 통제하는 제도로서의 정치·경제 제도만을 향상시키고자 한다면 이는 목숨이 없는 사람에게 금의錦衣를 입히는 것과 같은 무의미한 일이 되거나 그렇지 않으면 외적인 제도로써 인간을 강제하는 결과를 가져와 인민의 반대를 받게 될 것이다.

그러므로 심화기화·동귀일체의 성·경·신(만인의 自誠, 自敬, 自信의 합치로 되는 相誠, 相敬, 相信)을 실천함으로써만 이룰 수 있는 인간 자체의 궁극적 향상의 대 이념은 인류 사회의 정치·경제·도덕·문화 등 일체를 향상·발전시키는 모든 이념의 주체적·원천적인 이념이 되는 것이며, 이 인간 자체 향상의 이념은 인류 사회의 진정한 민주주의적 정치 이념·경제이념·도덕 이념·문화 이념 등을 종합 계도하면서, 그 모든 것과 혼연일체가 되어 자체 및 사회 전반을 향상 발전시키는 것이다. 우주 인세(人世=인간세계)는 무한무궁히 변천·발전된다. 이 우주의 시간·공간의 교차점에 입각하여 시간상으로 능히 그 역사성을 파악하고 공간상으로 능히 그 현실성을 파악하여 자기의 지향을 정하고, 이념을 파악하고 의식적으로 행동하는 것은 인간 이외에 다시없다. 6~70년에 불과한 인간의 생명은 무궁한 과거와 무한한 미래(즉 시간)의 연속점連續點에 있는 역사적 결정체이며, 육척六尺을 지나지 못하는 인간의 육체는 무량한 이 우주, 복잡한 이 현실세계(즉 공간)의 결정체로써 능히 무한·무량한 이 시간의 모든 사물을 요리할 줄 아는 창조의 영능을 가졌다.

그러므로 인간이 만약 시간적으로 역사 발전의 대 추세에서 이탈·고립하고자 한다면 이는 도도히 흐르는 강물 속에 있는 한 방울의 물거품이 그 물의 흐름을 떠나 홀로 존재하고자 하는 것과 같으며, 이 사회의 현실 조건을 떠나 생존하고자 한다면 그는 한 송이의 꽃봉오리가 그 나무의 본체(原體)를 떠나서 저 혼자 피고자 하는 것과 같은 것이다. 이 세상에서 사리사욕만을 취하고자 각자위심各自爲心하는 사람 또는 시대의 진보를 역행하고자 하는 사람은 천도를 망각하고 천명을 어기는 사람이며, 우주·인생 발전의 대역사 또는 나날이 발전되는 이 현실 사회와 함께 융합·영생하게 되어 있는 자기의 생명을 낙과落果처럼 고사시키고자 하는 사람이다. 여기에서 천명에 순종하고 대도를 체행體行하여 인간 사회의 영생적 약동과 궁극적 향상을 지향하는 우리 당의 근본 이념인 인간격 완성의 대 지향은 인간 전체의 이념, 전 인민의 이념, 전 민족의 이념, 전 인류 사회의 이념이며 더욱 나아가 우주 본체의 이념인 것이다.

2. 도덕적 이념

옛날의 기성종교들은 인민 대중을 정신적으로 일정한 정형 속에 고착시켜 사람 본유의 자유로운 창발성을 발휘하지 못하게 함으로써 낡은 사회제도를 그냥 유지하는 데 도움이 되는 보수적 작용을 하는 것이며, 그러한 낡은 종교의 교의를 중심으로 한 옛날의 도덕은 낡은 사회에서 이미 세력을 쥐고 있는 특권계급이 인민대중을 자기네에게 복종시키기 위하여 만들어 놓은 일종의 전형에 불과한 것이다. 그러한 종교, 그러한 도덕을 배척하는 점에 있어서 천도교청우당은 가장 선봉적이며 능동적이다.

최수운 선생이 일찍이 "유도 불도 누천년에 운이 역시 다했다." 하고 또 "천상의 상제님이 옥경대에 계시다고 보는 듯이 말을 하니 음양 이치 고사하고 허무지설 아닐런가."라고 한 것은 곧 옛날의 종교 · 도덕을 일체 부인 · 배척한 실증이다. 우리 당에서 말하는 도덕은 결코 옛날 특권계급들이 만들어 놓은 것과 같은 형식적 · 정형적인 규제를 의미하는 것이 아니다. 우리는 성운星雲 이전의 상태로부터 성운으로 발전되고, 성운으로부터 천체 성진星辰으로 발전되고, 태양 계통의 혹성인 지구상에 만물이 화생 · 발전하게 되고, 인류 사회가 생성 · 발전하는 이 천지 대자연 및 인류 역사 발전의 대작용 대법칙이 곧 '도'이며 또 '덕'이라고 본다. 최수운 선생이 '무극대도대덕'이라 하고 '도즉천도요 덕즉천덕'이라 하였으며, 최해월 선생이 "도는 고원난행한 곳에 있는 것이 아니요 일용행사 도 아님이 없나니 천지신명(신명이라 함은 모든 사물 이외에 따로 있어서 그것을 지배하는 영적 존재를 가리키는 것이 아니요, 우주 인생 자체가 천연적 · 필연적으로 변천 · 발전하는 작용을 가리키는 것이다)이 만물(즉 사람이 접촉 · 견문하는 모든 사물)과 더불어 발전 · 변천(推移)하는지라. 제군은 경인 · 경물의 이치를 삼가 실행하라."고 한 것이 이를 가리키는 것이다.

'도道'는 우주 인생의 무한한 발전·향상의 천리 정칙正則인 동시에 사람이 일상적으로 실행하여 나가는 길이며, '덕德'은 사람이 시간적·공간적 조건에 즈음한 일상 활동에서 만사·만물을 취득 요리하여 자기의 생활을 유지·발전시켜 나가는 정신상·물질상 소득을 말한다. 그러므로 천도는 곧 인도이며, 인덕은 곧 천덕인 것이다. 우주 만유 중에서 가장 고상·광범하게 그 전체적 대도를 파악 실천하는 자는 곧 사람이며, 가장 효과적·의식적으로 만사·만물을 취득하는 덕을 보는 것도 또한 사람이다. 인간사회가 '모든 자연물들의 사회'보다 가장 고상한 발전 향상을 추구하는(遂) 것도 사람에게 이러한 도와 덕이 있기 때문이며, 사람은 만물의 영장으로서 이러한 대도·대덕을 실천할 능력과 사명을 가진 것이다.

그러면 사람의 행위는 모두 도덕적인가? 아니다. 사람이 자체를 타락시키고 인간 사회의 발전에 해를 끼치는 일을 하는 것은 결코 도덕적이라고 할 수 없다. 천리에 어기는 일, 인류 사회와 역사 발전을 저해하는 반동적·보수적인 일, 자기를 향상·발전시키지 못하고 퇴영退嬰·타락시키는 일은 반도 배덕의 역천 행위라고 하지 않을 수 없는 것이다. 다시 말하면 보국안민·지상천국 건설의 대 방향에 부합되고 도움되는 일은 도덕적이지만, 그와 반대되는 일은 반反도덕적이다.

그러면 어떠한 행위가 과연 인류 역사 발전의 대법칙에 맞는 일이며 민족·국가·인류세계 발전·향상에 도움이 되는 일이며, 지상천국 건설의 대 방면에 맞는 일이며, 또는 그 사람의 인간격 향상에 실익이 되는 옳은 일(즉 도덕적 행위)인가?

이러한 인간의 행위의 도덕적 규범을 한 개의 윤리학적 체계로 구명하는 것은 결코 용이한 일이 아니며, 또는 국한된 지면에 논서論書하기 불가능한 일이다. 그러므로 이제 전문가적 태도가 아닌 초보적·통속적인 입장에서 우리 당의 도덕적 이념의 내용을 대략 간추려 말하면 다음과 같을까 한다.

첫째, 자기가 가진 특권을 악용하여 사람으로서 사람을 압박·강제하는 것은 가장 큰 죄악이다. 사람으로 하여금 정신적 또는 육체적 위협과 두려움(危懼)에 못 이겨 어떤 일을 하게 하거나, 하기 싫은 노릇을 할 수 없이 하게 하는 것은 도덕적 행위라고 할 수 없다. 우리는 사람으로서 사람을 압박·강제하는 특권의 유지 또는 설정을 반대하며, 만인이 민주주의적 평등·자유를 창설·발전시켜야 한다는 것을 우리의 도덕적 이념으로 주장한다.

둘째, 인간의 개성(즉 인격)을 존중하여 그 자유를 강박하지 않아야 한다는 것은 위에 말한 바와 같다. 그러나 각 개인의 무제한한 자유방임은 사회의 질서를 와해시켜 사회 전체 및 그 개인 자신의 영원한 이익을 손상시키므로, 여기에는 반드시 민주·평등의 원칙 하에서 엄정한 규율을 세워야 함을 주장한다. 민주주의적 규율은 남이 만들어 강제로 시행시키는 것이 아니요, 그 인민 자신들이 자원적·자각적으로 설정·실천하는 것이다. 그리고 그 규율은 반드시 소수는 다수에, 소아는 대아에, 일시적인 이익은 영구적인 이익에, 부분적인 이익은 전체적인 이익에 복종·협조하는 내용을 갖게 된다.

이와 같은 민주주의적 규율에 인민들을 복종하게 하는 데에는 그 규율을 집행할 권력의 설정이 필요하게 된다. 인민들이 스스로 자기의 질서 있는 생활을 유지·발전시키기 위한 민주주의적 중앙 집권 기관을 설정하는 것은 민주주의적 도덕·이념에 완전히 합치되는 것이며, 우리 당에서 말하는 교(敎=권력을 띠지 않는 내부적 도덕교화)·정(政=외부적으로 규율을 실천시키는 정치적 권력) 쌍전은 이와 같이 민주주의적 규율의 권력화와 민주주의적 도덕성의 함양·제고를 표리일체로 보는 것이다.

셋째, 최수운 선생께서 가장 미워하고 걱정하던 인간의 비도덕적 행위는 곧 각자위심이었다. 사람이 제각기 자기의 주관적 편견, 선입견적 주장만을 고집하여 나는 옳고 너는 그르다(我是他非)는 싸움을 하는 것, 남에게야 이롭든지 해롭든지, 사회 전체에야 이롭든지 해롭든지 전연 무관하고 제 욕심대로만, 제 마음대로만 하고자 하는 행위는 우리 당의 민주주의 도덕 이념에 배치되는 일이며, 최수운 선생이 말씀한 동귀일체의 대 정신과 반대되는 일이다. 우리 당은 전 인류 사회를 부단히 발전하는 한 개의 유기적 대생명체로 보며, 창생을 민주주의적으로 통일·단결시키는 동귀일체를 필수적인 도덕으로 본다. 다시 말해 창생 대중의 심화(心和=정신적 사상 의식상의 융화 단결)·기화(氣和=육체적 실천으로서의 우호 협조)는 우리가 주장하는 도덕적 이념이며, 창생 대중의 심화 · 기화를 착란錯亂 · 분열시키는 종파적 · 기관 파괴적 행위는 인민의 죄인이며 인류 사회 발전을 저해하는 역천자逆天者로 보는 것이다.

넷째, 근로 · 창조는 인간 본유의 도덕성의 표현이며 나태 · 무위는 여기에 반하는 죄악인 것이다. 그러므로 우리 당은 인간을 유형 · 무형한 모든 제도상 · 사상상의 질곡에서부터 해방시키는 것만을 요구하는 것이라, 해방된 인민 대중에게 적재적소의 일터와 일거리를 주어 세상에 무업자無業者 · 실업자가 모두 없어지기를 주장한다. 움직이지 않고는 못 배기는 약동하는 생명력을 가진 사람을 일거리가 없어서 놀게 하거나, 놀기 때문에 생활 자료에 궁핍하게 하는 것은 인간 최대의 비애요 죄악이 아닐 수 없는 것이다.

이와 반대로 일하지 않고도 의식이 풍족한 특권적 입장에 있는 자는 인간 발전의 정상적 도덕에서 벗어난 자이며 안일 · 탐욕의 구렁에 타락하여 자기 자신을 망치는 동시에 사회의 발전을 저해하는 죄인이 되는 것이니, 최해월 선생이 "사람이 그냥 놀고 있으면 한울님이 싫어하시나니라."고 한 것이 곧 이를 가리키는 것이다. 그러므로 우리는 창생이 모두 자원적 · 자각적으로 일터에 나가서 예술적 창조의 정열을 가지고 맡은 사업에 근로 · 증산의 창발력을 발휘할 조건과 결과를 지어주기를 주장하며, 타인의 노력의 대가를 불로소득하는 착취의 존재를 거부한다.

다섯째, 사람이 근로성을 발휘하여 근로 · 향상의 창조 · 증산을 실천하는 것은 도덕적 행위이지만, 자기의 근로소득이 아닌 남들의 근로소득의 결정結晶을 많이 자기의 것으로 만들고자 하는 물욕지심은 인류 사회 발전의 정도에 배치되는 일이다. 최수운 선생은 일찍이 "물욕지심 두게 되면 이는 역시 비루자(鄙陋者=하찮고 지저분한 사람)다." 라고 하여 물욕지심이야말로 절도, 강도, 사취 등 모든 죄악 행위의 본원이라고 밝혔다. 그러므로 우리는 인류 사회에 창조심 · 근로심을 함양 · 제고시키고 개인적 소유심, 즉 물욕지심을 소멸시키는 것을 도덕적 이념의 한 가지 내용으로 한다.

여섯째, 최수운 선생은 "헛말로 유인하면 이는 역시 혹세자요 안으로 불량하고 겉으로 꾸며내면 이는 역시 기천자(欺天者=하늘을 속이는 사람)라."고 하였다. 사람은 마땅히 내적 요소와 외적 표현이 일치되어야 할 것이며 비방, 모략, 음해, 중상 등의 비도덕적인 행위를 하지 않아야 할 것이다. 그러기 위해서는 정신적으로 이 세상 사람을 고상한 인간격을 가지도록 교화하는 동시에 외적으로 이 세상에서 그러한 죄악 행위를 할 필요를 제거해야 할 것이나, 여기에서도 봉건적 개인 소유 본위적인 정치 · 경제 제도를 근본적으로 혁파하고 사회 공동생활 기구를 창조 · 발전시킬 필요가 생기는 것이다.

일곱째, 사람이 그 본연 · 천부한 근로 창조성을 발휘하지 아니하고 미신적 운명관에 빠져 모든 일이 저절로 잘될 때만 기다리거나 남의 힘에 의하여 어떻게 잘되기를 기다리고 자력적으로 정성 · 노력 · 향상하여 자기 행복을 발전시킬 기개를 가지지 못하는 것은 정신 · 습관상으로 의뢰·배타에 사로잡혀 자주성이 독립되지 못한 까닭이다. 우리는 사람은 마땅히 강고한 자주적 신념을 가지고 만사·만물을 대해 자력적으로 모든 고난을 극복하고 소아와 대아의 이익을 아울러 향상시키는 것을 도덕적 이념의 중요한 내용으로 본다.

여덟째, 모든 사물을 대할 때 주관적으로 망녕되이 판단(妄斷)을 하거나 또는 다른 말(他言)을 경솔하게 믿는(輕信) 속단에 빠지지 않고 불연기연적 고찰로써 재삼 사려思慮하여 한번 의지를 결정한 뒤에는 백절불굴 만요불발의 근기로 최후까지 돌진하는 것이 인간으로서 마땅히 지켜야 할 도덕이요, 조변석개·중도이폐하는 것은 타기唾棄할 행위이다. 최수운 선생은 "재차 생각하여 마음을 정(再思心定)하되, 한번 정한 이후의 다른 말(定之後言)을 믿지 않는 것을 믿음(信)이라 한다." 하고 "마음기둥이 굳세어야 도의 맛을 안다(固我心柱 乃知道味, 즉 근로 향상의 묘미)."고 하였으며 또 뜻하던 사업을 중도이폐中道而廢하고 아홉 길짜리 산을 만들다가 한 소쿠리가 모자라서 성공하지 못하는(九仞造山 未成一簣) 한을 면하지 못하게 되는 것은 가장 해서는 안 될 일이라고 하였다.

아홉째, 최해월 선생은 "우리 도의 용用은 마땅히 용시용활用時用活을 잘해야 한다."고 하였다. 손의암 선생은 "우리 도의 인내천 종지는 후천 오만년을 전하겠지만, 그 구체적 활용은 마땅히 십년에 소일변하고 백년에 중일변하고 천년에 대일변한다."고 하였으며 또 "사람에 유년·장년의 구별이 있으니 우리 도도 장년기에 이르러 어린 때의 고박古朴을 그냥 지키면 그 어찌 가하리오?"라고 하였다. 대세에 순응하고 인민 전체의 요망에 적응하여 모든 일을 발전 · 향상시키는 것은 사람성에 맞는 진보적 도덕이요, 자기의 주관적 고집 · 애착에 빠져 보수적 · 퇴영적 태도를 취하는 것은 인류 사회 발전 및 자체의 향상을 저해하는 죄악이 되는 것이다.

열째, 인민 대중과 함께 일하고 세계 인류와 함께 움직이는 심화기화 · 여세동귀는 도덕적 행위이며, 이에 반하여 고립적 편견으로 독선적 행위를 하는 것은 각자위심의 본원이 되며 인간으로서의 죄악인 것이다.

열한째, 심화기화의 진보적 민주주의적 원칙에 의한 세계평화는 우리 당의 주요한 도덕 이념이요, 반동적 반민주주의적인 침략 · 살육 전쟁은 우리 당의 도덕적 이념에 반대되는 것이다.

열둘째, 육체적으로 의식주를 중히 여겨 이를 근로 · 증산하되 자아의 생명 전체가 거기에 사로잡혀 좌우되지 아니하며, 정신적으로 고상한 민주주의적 이상과 신념을 중히 여겨 그것을 실현할 방향으로 정진 · 향상하되 자아의 생명 전체가 주관적 관념에 치우치지 아니하는 자주적 · 능동적 · 자율적 창조 활동을 전개하는 것은 우리 당에서 이상으로 생각하는 인간 향상의 대도대덕이요, 물질 · 명예 · 권력 또는 주관적 편견과 공상 미망에 빠지는 것은 여기에 반대되는 죄악이며 타락인 것이다. 최수운 선생이 일찍이 "지벌이 무엇이기에 군자를 비유하며 문장이 무엇이기에 도덕을 의논하노."라고 하여 근본적 도덕은 인간격(즉 생명으로서의 개성) 전체의 향상에 있는 것이며, 인간 활동의 한 부분인 간교·사지邪知 또는 부당한 물질·명예·권력 등으로 감히 도덕을 논할 바 아님을 밝게 가르쳤다.

열셋째, 위에서 말한 모든 옳은 도덕적 이념을 지극한 자성·자경·자신으로서 실천하여 사회적·민족적·인류적으로 상성·상경·상신의 동지적·형제적 미풍이 퍼지면 그것이 곧 도덕 풍화이며, 그 세상이야말로 민주주의적 도덕 세계인 것이다. 우리 당은 인내천 종지를 진리의 핵심으로 한 당인 만큼 우리 당의 도덕적 이념도 또한 인내천적이다. 그러나 인내천이라고 해서 발전 과정에 있는 현실 세계의 개개인을 모두 진선미의 한울님으로 보고 성경신으로 대하는 무조건적인 절대 평등관은 아니다. 사람으로서 한울 이법, 즉 인류 역사 발전의 법칙을 바로 파악하고, 사회·민족·국가·인류의 발전·향상에 이익 되는 근로·창조의 도덕을 실천한다면, 물론 인내천적 평등관에서 그를 동지로 대하여 동도東徒로 존경하며 동덕同德으로 상신相信할 수 있다. 이와 반대로 한울 이법을 어겨 인류 역사 발전을 역행하며, 사회·민족·국가·인류의 발전·향상에 해를 끼치는 자는 도저히 동지로 대할 수 없으며 동덕으로 경애할 수 없음은 물론, 차라리 그러한 자를 속히 숙청하는 것이 전체 인류에 이롭고 국가·민족·사회 발전에 이로운 인내천 행위인 것이다. 우리는 사람을 대할 때에 그가 인내천적 근로·향상의 도덕을 실행하는 인간인가, 그러한 도덕을 실천할 수 있는 인간인가 아닌가를 똑똑히 고찰하여, 영원히 올바른 도덕을 실천할 수 없는 반인민적·반민족적·반역사발전적 분자이면 이를 속히 타도·정제하기 위하여 의분과 투쟁에 성경신을 다하는 것이 우리 당의 역사적 개벽 전통이며 도덕적 이념인 것이다.

3. 정치적 이념

정치란 도덕과 같이 인간의 내성內省, 즉 자아 반성에 호소하여 자각적으로 그 행위를 올바르게 하는 이념상의 규범에 그치는 것이 아니요, 엄정한 법제法制, 즉 법률 제도로써 인간의 외적 행위, 즉 권리 의무를 규정하고 권력적으로 이를 실시하는 것이다. 따라서 도덕은 다만 인간에게 진선미의 올바른 지향을 계시하는 진리와, 인간으로 하여금 그 시대 그 환경에서의 가장 효과적인 방법으로 자각으로 그 진리의 길을 밝게 하는 교화력과 추진력이 있으면 그만이지만, 정치는 그렇지 아니하여 반드시 그 시대 그 지역 인민들을 한 개의 국가적 통일체로 조직시켜 국가적으로 정치·경제·문화 등 전반에 걸친 내치와 외교를 수행할 강고한 주권이 있어야 한다. 고로 정치이념은 곧 주권 수립의 이념인 동시에 그 주권이 실시해야 할 또는 실시할 수 있다고 주장하는 정치·경제·문화·군사·외교 정책의 기본 내용이 되는 것이다.

우리 당의 정치적 이념은 앞 절에서 말한 우리 당의 도덕적 이념을 정치적으로 구체화한 것이며, 우리 당의 목적인 보국안민 · 지상천국 건설의 대 지향에 맞는 이념이어야 할 것은 두말할 필요도 없는 것이다. 그러므로 우리 당의 정치적 이념은 첫째, 정치 주권이 인민에게 있어야 한다. 만약 정치 주권이 광범한 인민 자신에 있지 않고 소수 특권계급에 속해 있다면 이는 우리 당의 진리적 핵심인 인내천 종지에 어긋나는 일이며, 인민적 토대에 맞지 않는 것이 된다. 정치 주권은 반드시 인민 전체에 있어 인민 전체의 의지로 인민 자신이 요구하는, 인민 자신의 이익에 맞는 주권 기관을 수립하는 것이 우리 당의 정치이념의 기본적 내용이 된다. 이것은 최수운 선생이 구도의 첫날부터 그 당시에 있어서 창생, 즉 근로 인민 대중의 권익이 말살 · 억압되는 것을 통탄 · 우려하고, 특권계급의 전횡을 증오 · 분개하며 함지사지의 창생들에게 신생 · 행복의 새 광명을 가져오고자 고심 · 노력하던 본의를 그대로 계승한 것이다.

둘째, 정치 주권의 수립과 운영은 반드시 민주주의적 방법에 의하여 실시해야 한다. 민주주의란 평등과 자유를 기본 내용으로 한 것이니, 선거 피선거에서 반反인민적인 분자를 제외한 전체 인민에게 평등한 권리를 부여하여 자유롭게 진정한 자기의 대표를 선출하게 해야 하며, 선출된 대표는 자기를 선출해 준 광범한 인민 대중을 자기와 동귀일체의 한몸으로 여겨 항상 사욕을 버리고 공리, 즉 인민 전체의 이익을 위하여 복무해야 한다. 만약 정치 주권 기관을 조직할 인민 대표를 선출하는 데서 거주 기간의 장단, 성별 연령별, 신앙 여부, 지식

정도의 고하, 직업별, 자산의 다소 등으로 차이를 둔다면 최수운 선생의 가르침 또는 동학혁명 이래의 우리 당의 일관한 주장에 배치되는 것이다. 전체 인민이 다같이 평등적으로 자기의 정치적 권리와 의무를 수행할 자유를 향유하게 하는 것은 우리 당의 정치이념의 중심 내용이 된다.

셋째, 반反인민적(즉 비非창생적)·반反민주주의적인 과거 기성(즉 선천)의 정치제도를 타파하고 전인민적·민주평등적인 새 정치제도를 창설·발전시키는 것은 최수운 선생 이래의 일관한 주장이다. 따라서 우리 당의 정치이념은 항상 진보적·발전적·인민평등적인 방향을 지향하며, 보수적·퇴폐적·특권적·불평등적인 것을 반대한다. 이것은 우리 당의 개벽적 본질의 표현이니, 개벽적(즉 진보적·변혁적·발전적)인 새로운 민주주의 세력은 우리의 동행지우同行之友가 될 수 있고, 이에 반한 반개벽적(즉 보수적·반혁명적·비인민적·비민주평등적)인 반동 세력은 우리가 그대로 용인할 수 없는 선천의 잔재이며 우리가 하루바삐 근멸根滅해야 할 적인 것이다.

넷째, 민주·개화적(즉 평등적·자주적 입장에서 국가의 문호를 개방하여 선진 문명을 흡수하는 동시에 자국의 우수한 문화를 외국에 교류시키는 것), 인류 평등적인 정책은 우리 당의 정치 이념에 적합한 것이요, 봉건적인 쇄국주의와 독선적인 민족 고립 정책은 우리 당의 정치 이념에 반대되는 것이다. 최수운 선생이 '온 세상 사람(一世之人)'이라 하고 '천하창생' 또는 '억조창생'이라 한 것은 전 세계 인류를 가리킨 것이며, 십이제국 다시 개벽이라 하고, '천하진멸' 또는 '포덕천하'라 한 것은 세계 만국을 총괄한 것이다. 더욱이 지상천국 건설을 궁극의 목적으로 하는 우리 당은 도저히 편협한 민족 고립주의, 보수적·퇴폐적인 쇄국주의 또는 국수적 민족 독선주의를 표방할 수 없는 것이며, 반드시 엄정한 자주적 입장에서 세계 민주주의 여러 나라와 우호 친선을 도모하며, 평등적·호혜적으로 유무有無를 상통相通하고 문화를 교류하여 사해일가四海一家 억조형제億兆兄弟의 전 인류적 평화와 행복을 건설하는 후천개벽의 길로 적응해야 할 것이다.

다섯째, 정치는 정치대로 경제는 경제대로 도덕은 도덕대로 문화는 문화대로 각자 분립되는 것은 우리 당의 정치 이면에 반대되는 것이며, 정치·경제·문화·도덕이 밀접·불가분리의 관계에서 우호 추진되는 것이 우리 당의 정치이념의 주요한 내용이 된다. 경제(즉 인민의 실생활)는 정치의 토대가 되고, 문화는 정치·경제 발전의 추진력이 되며, 도덕은 정치의 내용이 됨으로써만 그 정치는 완전무결한 민주정치로 발전될 수 있으며, 인민의 진정한 행복이 향상될 수 있으며, 지상천국 건설의 무한한 열정과 역량이 발휘될 수 있는 것이다. 따라서 우리 당의 이념인 진정한 민주주의 정치는 전체 인민의 이익을 반영하고 발전시키는 위대한 사업에 전체 인민들의 정치력·경제력·문화력·도덕력을 총 집중시키는 강력한 민주주의 집권적 정치여야 하나니, 이것은 앞 절에 말한 우리 당의 도덕적 이념의 정확한 정치적 구현인 것이다.

이와 같이 하여 안으로 우리 민족 또는 국가 자신의 영원한 자주적·민주주의적 발전과 전체 인민의 진정한 행복을 향상시키는 동시에, 밖으로 세계 민주주의 국가의 일원으로서 국제적·전 인류적인 평화와 행복을 발전시키는 데 적극적으로 기여·공헌하는 것이 우리 당의 정치적 목표인 것이다.

4. 경제적 이념

앞 절에 말한 바와 같이 경제적 토대를 떠난 정치 조직이 있을 수 없으며, 정치적 이념이 새로워진 때에 낡은 경제 기구가 그냥 유지될 수도 없는 것이다. 또는 정치·경제의 현실을 떠나서 도덕적 규범을 생각할 수 없는 것이며, 도덕적 이념과 정반대되는, 즉 도덕적으로 죄악시되는 정치·경제(법률·제도)를 인민 대중이 성심성의로 승복할 수 없는 것이다. 이와 같이 정치·경제·도덕은 우호일치 표리 불가분리의 관계에 있다. 그러면 우리 당의 정치적·도덕적 이념과 꼭 부합되는 경제적 이념은 어떠한 것인가?

전체 인민의 실생활을 심화기화·동귀일체의 도덕적 최고 수준으로 향상시키기 위하여 부단한 교화·수련으로써 그 정신적 자각을 제고시키는 동시에, 이와 표리일체로 전체 인민의 물질적 생활 수준을 문명 풍비豐備하게 하기 위한 민주주의적(즉 합리 공정한) 생산·분배·소비 제도를 창설·발전시키는 것이 우리 당에서 주장하는 영육쌍전이다. 그러므로 우리 당의 경제적 이념은 다음 몇 가지 내용으로 설명할 수 있다.

첫째, 이 세상에 놀고먹는 착취자가 있어서는 아니 될 것인 동시에, 일하고도 못 먹고 못 입는 피착취자가 있어서는 아니 된다. 착취자의 안일·나태·음락淫樂은 인민 전체의 물질생활을 좀먹는 국가·사회·경제상의 해독물인 동시에 인간 도덕상의 죄인이며, 또는 인내천적인 진정한 민주주의 정치이념으로서도 도저히 용인할 수 없는 행위인 것이다. 그리고 당당한 민족국가의 일원으로서 착취자에게 자기 노력의 대가를 부당하게 착취당함으로 인하여 정신적·육체적으로 인간적인 향상·발전의 생활을 하지 못하고 빈궁과 무지의 노예적 생활을 지속하는 것은 인간 사회의 민주주의 도덕으로서도 방임할 수 없는 일이며, 민주주의적 정치이념으로서도 용인할 수 없는 것인 동시에, 그 민족 그 국가, 나아가 인류 세계의 경제적 발전을 위해서도 그냥 둘 수 없는 일이다. 그러므로 농업에서 민주주의 토지개혁을 철저히 실시하여 착취자로서의 지주와 피착취자로서의 농민 또는 소작인을 근본적으로 없도록 해야 할 것이며, 중요 산업을 국유화함으로써 전체 인민의 생활을 좌우하는 거대한 생산시설을 인민 대중 자체의 전체적 이익에 적합하도록 발전시켜야 할 것이다. 이것은 갑오동학혁명 이래 우리 당의 일관한 경제적 이념이다.

둘째, 인류의 경제적 생활을 향상·발전시키는 데 필요한 모든 물질 자재 및 자연력을 모두 인간 본위의 인민적 이익에 복종시켜 활용해야 한다. 만약 어떤 생산시설·자금·자재·기술·노력을 인민적 이익에 복종시키지 아니하고 어떤 소수 개인들만이 가진 자본의 팽창(즉 이윤의 추구)에 복종시킨다면 그 생산 작업은 인간(즉 인민)을 위한 생산이 아니요 생산을 위한 생산, 즉 자금資金을 위한 생산이 된다. 이와 같이 인간의 성스러운 노력을 자금의 이윤 추구에 복종시키는 것은 곧 인간을 자금의 노예를 만드는 것이며, 민주주의적 정치 및 도덕을 어기는 것이며, 인내천 종지에 위반되는 것이며, 우리 당의 경제적 이념에 반대되는 것이다. 우리 당은 물질을 위한 물질, 생산을 위한 생산, 제도를 위한 제도에 인간을 복종시키는 것을 절대 반대하고, 오직 인간을 본위로 한 전 인민적 이익의 발전 향상에 그 모든 것을 복종시켜 인간으로서 이를 활용하기를 요구한다. 따라서 민주주의적 노동 법령과 사회보험제도는 현 계단에 처하여 모든 경제활동 및 정치 문화 활동을 전개 추진하는 가운데서 인간의 귀중성(즉 인간본위성)을 견지하여 그 건강과 지식·기술의 발전·향상에 대한 안전성과 진취성을 기본적·구체적으로 보장하는 가장 필요한 옳은 제도를 삼는 것이다.

셋째, 위에 말한 바와 같이 인간 본위의 전 인민적 이익의 향상에 맞는 새로운 경제를 창건·발전시키는 데 있어서는 생산·공급·소비를 모두 민주 평등적, 즉 적재적소적으로 조직해야 한다. 다시 말해 생산 조직의 인간 본위적 민주주의화를 실현하여 동귀일체적 전체 인민의 실생활을 향상시켜야 한다. 그러기 위하여서는 물론 강고強

固・공정한 민주주의적 기율이 필요하다. 그러나 이러한 기율은 인간의 행위를 밖에서 규제하는 기율로써 영속될 것이 아니요, 궁극적으로는 그 규율과 인간의 본연적 근로 창조성 및 성경신誠敬信적 도덕성과 융합・일치됨을 따라 무기율적 유기율, 유규제적 무규제의 상태에 이르러 능력에 의한 예술적 창조 희열로써 생산하고, 필요에 의하여 전아적全我的 향상의 행복감으로써 소비하는 지상신선적 경제 상태에 이를 것이다.

넷째, 생산・소비・공급은 위에 말한 바와 같이 전인민적 민주주의적인 동시에 반드시 자주적이어야 한다. 경제적 자주성의 확립이 없는 곳에 정치적 자주성이 있을 수 없으며, 정치적・경제적 자주성이 없는 곳에 도덕적・문화적 자주 발전이 있을 수 없는 것이다. 손의암 선생은 〈삼전론〉 재전(財戰=경제전) 장에서 농업・공업・상업의 발전을 말한 뒤에 "지금 세계에서는 경제를 박람하고 격물 추리推理하여 식용지물(飾用之物=신제품)을 만들어내는데, 인기人氣가 극도로 치성하여 완호영보玩好玲寶가 다 쓸 수 없을 만치 많은지라, 만약 뛰어난(出類) 물건으로써 각국에 시용하게 하여 그 소산지물所産之物들을 수출하는 데에 있어서, 미개한 나라는 그 이해利害를 분석하지 못하고 이것을 받아들이면 그 국가가 조잔凋殘할 것은 가히 분명한 일이다."라고 하였으며, 또 "인민의 뛰어난 자제로 하여금 그 재능을 기르고 그 기술을 통달하게 하여 국내의 수요를 자작자급自作自給함으로써, 한편으로는 외국의 경제적 침략(즉 상품시장화)을 방어하고, 한편으로는 국축國蓄 민용民庸을 이루는 방책을 삼아야 가히 재전에 패하지 않으리라."고 하여 인민 자신의 생산 기술을 발달·향상시킴으로써 민족 자주경제를 발전시켜야 할 것을 강조하였다. 그러므로 인민 경제의 부흥·발전 계획은 우리 당의 경제적 이념을 그대로 구현한 것이라 할 수 있다. 우리 당원들은 이 계획을 완수하여 민족 자주경제를 건설하는 데 열성을 다하는 동시에 외국 독점자본의 침략을 용감히 격퇴해야 할 것이다.

다섯째, 우리 당은 위에 말한 여러 가지 이념의 종합·통일로써 민주 부강한 국가를 건설하여, 안으로 전체 인민의 물질적 생활을 문명·행복하게 하는 동시에, 밖으로 세계 민주경제의 발전에 자주적·능동적으로 기여·공헌할 것을 주장하는 것이다. 민족 자주경제라고 해서 쇄국적·고립적인 정책을 실천할 것이 아니며, 또는 쇄국적·고립적으로서는 원료·설비·기술의 여러 가지 관계로 처음부터 자주적인 인민경제를 건설할 수 없는 것이다. 민주주의 우호국들과 평등적 입장에서 무역관계를 가지되, 원자료만을 수출하고 가공품만을 사들이는 따위의 피착취적 무역 또는 피지배적 무역을 진행하여서는 아니 된다. 자주적·계획적으로 내가 부족하거나 또는 내게 없는 것을 보입補入하고 저쪽(彼)의 어려운 점 또는 부족한 점을 도와주는 호혜적 태도를 취하여야 한다. 이것이 사해일가 억조형제의 인류 공존을 기하는 우리 당의 대외 무역에 대한 경제적 이념의 필수적 내용의 한 가지이다.

5. 문화적 이념

우리 당의 문화적 이념은 두말할 것도 없이 인내천 종지를 핵심으로 하고 구현되는 인류 문화 전반에 대한 이념이다. 그리고 그 이념은 우리 당의 근본이념 또는 도덕적 이념·정치적 이념·경제적 이념과 별개가 아니요, 그 모든 것과 부합되며 또는 그 모든 이념 및 그 이념들의 실천력을 함양·추동하는 선거·교양·조직·훈련의 의의를 가진 것이어야 한다. 다시 말하면 우주 인생 발전의 본연적·필연적 또는 기본적·구경적 대진리·대법칙을 바로 파악한 기본 이념을 견지하고 그 안목을 경제 면에 돌리면, 인간 전체의 실생활을 물질적으로 문명 풍비豊備·합리·공정하게 하는 우리 당의 경제적 이념이 수립되며, 그 안목을 정치 면에 돌리면 전체 인민의 민주주의적 권리와 의무를 보장·발전시킴으로써 민족 자립의 민주주의 완전 자주 독립 국가를 건설하고 나아가 전 세계의 민주주의적 평화를 공고 발전시키는데 적극적·능동적으로 기여 공헌하는 우리 당의 정치적 이념이 수립되며, 그 안목을 도덕 면에 돌리면 인간들의 내성 자각을 제고시켜 자율적·자발적으로 민주주의적 새 정치·새 경제·새 문화의 건설 발전에 기쁘게 앞장서서 나아감(挺身)으로써 천인합일의 전 인민적 평화와 행복을 향상시키는 우리 당의 도덕적 이념이 수립되며, 그 안목을 문화 면에 돌리면 위에서 말한 모든 것을 인민적 문화 형태로서 구현하는 우리 당의 문화적 이념이 수립되는 것이다. 이와 같이 활용은 넓게(博) 하되 근본은 간략한 것이 최수운 선생이 창도한 진리이다.

지금 이 시간에 체계적·구체적으로 인내천 문화론을 쓸 수 없거니와 우리 당의 문화적 이념을 초보적·통속적으로 적당히 설명한다면 다음 몇 가지의 내용을 지적할 수 있을까 한다.

첫째, 우리의 문화는 전체 근로 인민, 즉 창생 대중의 문화이며 국한된 소수 계급의 문화가 아니다. 이것은 최수운 선생이 국문 가사를 쓰던 때부터 우리에게 전승되어 오는 후천 새문화 건설상의 기본 태도이다. 근로 인민 전체의 요구와 이익에 맞으며, 근로 인민 전체의 정신적·물질적 생활을 윤택하고 행복되게 하는 교양·선전 조직의 임무를 다하는 데 우리 당의 인내천적 민주주의 문화의 사명이 있는 것이다.

둘째, 우리 문화는 인간으로서 인간 자신을 무한히 향상·발전시키는 인간 본위의 문화이다. 우리는 문화를 위한 문화, 인민 대중과 밀접·불가분의 관계를 갖지 못한 문화를 시인할 수 없다. 고정 불변하는 어떤 형태로써 모든 것을 규정하는 고전주의 문화, 인민의 실생활과 유리된 상징적·가공적인 관념 본위 문화, 특수계급(즉 소수 인물)만 이해할 수 있고 관여할 수 있는 비非인민적 문화, 봉건적·반봉건적·자본주의적 또는 기타 무엇으로든지 인민 전체의 민주주의적 이익과 자유로운 창조 발전을 구속·제한하는 문화는 우리가 배격해야 할 문화이며 인내천 종지에 위배되는 낡은 문화이다.

셋째, 우리 문화는 진보적 · 발전적, 즉 개벽적인 후천의 새 문화이며, 결코 보수적 · 퇴폐적 또는 반동적 · 비민주주의적 문화가 아니다. 십년에 소일변, 백년에 중일변, 천년에 대일변이라는 손의암 선생의 말씀도 있거니와 우리 문화는 반드시 무한한 발전 · 향상 · 변천 · 약진성을 가진 금불문 고불문 금불비 고불비의 새 문화이다.

넷째, 우리 문화는 문화만으로서의 독립성 · 고립성을 가지는 편벽된 문화가 아니요, 정치 · 경제 · 도덕 등 인류 생활 전반과 불가분의 관계에 있는 문화이며, 인류 사회의 역사를 파악하고 그것을 추진하면서 함께 발전되는 문화이다. 다시 말하면 불연기연不然其然적으로 선천의 만 종교 · 만 철학 · 만 과학을 총지양, 즉 양기揚棄하여 새로운 종교 · 철학 · 과학 · 예술 · 정치 · 경제 · 도덕을 창조 · 발전시키는 전반적 · 종합적 · 만화귀일적인 새 창조의 새 문화이다.

다섯째, 우리의 문화는 현실적 문화요 가상적인 문화가 아니며, 입체적 문화요 평면적 문화가 아니며, 물심 쌍전적 · 창조적 · 발전적 문화요 주관적 · 편중적 또는 현실 고착적인 문화가 아니다.

여섯째, 우리 당의 문화적 이념은 전 세계적 · 전 인류적인 민주주의 문화의 발전을 주장하고, 민족 고립적 · 국수주의적 태도를 배격한다. 무릇 민족적 특성을 가진 모든 민족문화는 타문화와의 우호 · 전승으로써 한층 더 발전되는 것이다. 그리고 문화는 고도한 것으로부터 저도低度한 것에 필연적으로 전승되는 것이며, 어떠한 권력으로 강제하여 저도의 문화를 고도의 문화에 전승시킨다 하더라도 그것은 진정한 문화 전승이 아니요 형식적 모방에 불과한 것이어서 언제든지 고도한 것이 저도한 것을 극복하고야 마는 것임을 세계 문화 발전사, 특히 원·청 등에 정복되었던 한족漢族의 문화사가 이것을 증명하고 있다. 그러므로 우리는 협애한 민족적 견지에서 문화적 전통만을 고집하거나 이것을 어떻게 하든지 타민족에게 전승·동화시키려는 침략적·국수주의적 문화를 가진 우호국가 또는 친선 민족들이 서로 상대방의 자주적 입장을 존중하여 주면서 적극적으로 문화를 교류·전승하여 각자의 특성 있는 문화를 발전시키는 영양을 삼아 불완전을 완전에로, 저도를 고도에로 발전시킴으로써 전 세계적으로 백화 찬란한 민주주의 문화의 대낙원을 이루게 되기를 기약하는 바이다.

제6장 천도교청우당의 강령

1. 민족자주의 이상적 민주국가 건설을 기약함

우주 인세人世의 모든 사물이 다 그러듯이 민족 또한 지구상에 태초부터 선존先存한 기본 단위가 아니요 인류 역사 발전과정에서 화성化成된 것이며, 고정불변하는 것이 아니요 변천 발전(혹은 衰殘散亡)하는 것이다. 다시 말하면 민족이란 첫째, 그 종족이 정주定住하는 토지적 조건의 공동(즉 그 지역의 기후 풍토 산물 및 지세 관계로 인한 타 종족과의 정치적 · 경제적 · 문화적 관계 여하), 둘째, 그 종족의 역사적 전통의 공동(내부의 정치 · 경제 · 종교 · 도덕 · 풍습 · 습관, 그와 불가분의 관계에 있는 혈통), 셋째, 언어의 공동(이것은 위에 말한 모든 조건의 기본적 조건이 된다), 넷째, 운명의 공동(개별적 인위로서는 어찌 할 수 없는 정치적 · 경제적 · 문화적 흥망성쇠의 공동성), 다섯째, 민족적 개성(즉 민족성)의 화성(化成=각 개인으로서는 形貌와 성질이 서로 다르지만 그 민족 전체로서 타민족과는 相異한 공통적 특성을 가지게 된 것)으로 이루어진 것이다. 적어도 반만년(혹은 그 이상) 동안 산고수려山高水麗하고 월명풍청月明風淸한 이 조선 강산에 정주하면서 예양禮讓 · 근면 · 상조 · 화목의 생활을 하여 왔으며, 사위四圍의 침략을 반대하는 데 생사고락을 같이 하여 온 이 민족 세계에서 가장 오붓한 단일민족인 동시에, 극소수의 민족 반역자를 제해 놓고서는 모두 근로 계급인 이 민족, 따라서 지순한 동포애를 가지고 공동운명체로서의 전 인민적 · 전 민족적인 민주 부강을 건설할 수 있는 (그러한 역사적 사명을 가진) 이 민족, 지극히 평화를 사랑하고 또는 세계 어느 민족보다도 떨어지지 아니하는 총명과 재능을 가진 이 민족이 민족 자체(즉 민족 중의 절대 다수를 차지하는 근로 창생)의 힘으로써 민주주의 완전 자주 독립 국가를 건설하자는 것이 우리 당의 제일 강령이다. 이 강령의 실현을 위하여서는 반드시 첫째, 민족 내부에서 봉건을 완전히 타파할 것, 둘째, 외국의 침략 세력을 철저히 배제할 것, 셋째, 민족 내부의 민주주의를 발휘하여 민주 자주의 새로운 외교를 수립할 것 등 세 가지 조건이 요구된다.

봉건은 조선에 있어서 특히 가장 혹심한 민족적 고질이 되어 왔으며 국가적 해독이 되어 왔나니 이제 봉건이 조선민족에 끼친 죄악을 열거하면 첫째, 이 민족의 기본층인 절대 다수의 근로 인민 창생들을 정치적 · 경제적으로 무한히 탄압 · 착취할 뿐만 아니라 문화적 · 도덕적으로도 낡고 썩은 불교 논리의 전형 속에 유폐 · 지속하여 정신 · 육체상으로 창의와 발전을 불가능하게 하고 무지 · 빈궁 · 굴욕 · 인종忍從 · 비탄 · 무능력의 암흑한 구렁 속에 빠지게 한다. 둘째, 당 · 송 · 명 · 청을 대국으로 존숭 · 의뢰依賴하여 그 모방에만 힘쓰고 자주적인 창의와 발전을 저해한 것, 셋째, 중화 이외의 모든 국가 · 민족은 이를 이적夷敵으로 보아 쇄국적·고립적 정책을 썼으므로 선진 문명에 접촉하지 못하고 국가적·민족적으로 미개 낙후하게 한 것, 넷째, 존주배고尊周拜古의 보수와 퇴영을 고집하여 진보 향상을 저해한 것, 다섯째, 국가의 정치·경제·문화에서 전체 근로 인민을 전혀 무시·제외하고 모든 권리를 오직 왕족·귀척貴戚·양반·유생과 그들과 불가분의 관계에 있는 토호土豪적 지주 등의 특권계급에게만 장악케 한 결과 그들은 국리민복의 발전은 전혀 안중에 없고 오직 기성 권력의 행사와 향락에만 집중하여 정쟁·파쟁을 일으킴으로써 민족의 통일적 역량을 발휘하지 못한 것, 여섯째, 이러한 봉건 특권계급들은 외세의 침략을 방지함에 있어서 통일 단결되지 못할 뿐만 아니라 자파 혹은 자문의 권세와 영욕을 위해서는 국가 민족의 원수인 외국 침략 세력을 인입引入·결탁까지도 주저치 아니하여 망국의 걸음을 재촉한 것 등은 실로 유교를 중심으로 한 봉건의 고질痼疾이 조선 오백년 동안 국가 민족을 쇠망케 한 역사적 대죄악인 것이다. 이러한 봉건을 타파하지 않고서는 쇠망의 구렁에 빠진 이 나라 이 겨레에 재생·신흥의 새 생명력을 진작할 수 없으며, 전체 근로 인민들을 해방할 수 없으며, 전 민족을 애국적인 방향으로 통일·단결시킬 수 없으며, 거족적 역량으로 외국 제국주의 침략 세력을 격퇴·배제할 수 없으며, 국가와 민족을 민주·부강하게 할 수 없으며, 자주·민주의 입장에서 국제무대에 등장할 수 없는 것이다. 최수운 선생이 처음부터 적으로 생각하는 것도 곧 이러한 봉건과 외세의 침략이었으며 갑오

동학혁명운동 당시에 타파·배제코자 하던 것도 이러한 봉건과 외세 침략이었다.

봉건과 외국 제국주의 침략 세력은 실로 조선에 일체이명一體異名의 관계를 가진 국가의 적이며 민족의 적이며 인민의 원수이다. 갑오 동학혁명운동 당시에 일·청 양국 군대를 끌어들여 자국 인민을 도륙함으로써 애국적 혁명적 세력을 압살한 것도 봉건 특권계급이다. 갑진개혁운동 당시에 민주·자주·개화 문명의 길로 나가는 애국적·혁명적인 인민대중을 탄압하던 것도 봉건 특권계급이다. 일본 제국주의 통치하에서 왜놈에게 회유되고 이용되고 또는 왜놈들과 결탁하여 국가 민족 전체야 어찌되든지 자신·자가自家의 안락과 영욕만을 취하던 자도 봉건 또는 반봉건 분자들이다. 해방된 오늘의 남조선에서 자기네의 보수적 전통을 그냥 지키고자 하며 국가 민족 전체의 영원한 이익을 발전시키는 데 기초가 되는 토지개혁, 중요 산업 국유화, 남녀평등권, 노동법령, 진정한 민주 평등 선거 등을 반대하며, 봉건적 소작제도를 그냥 유지코자 하며, 외국 제국주의 침략 세력과 결탁하여서라도 자기의 특권만을 수호 또는 확대코자 하며, 외국 제국주의 침략 세력의 앞잡이로서의 괴뢰 정권을 수립하여 국가는 그들의 상품시장을 만들고 민족은 그들의 노예를 만들면서라도 자기네만의 안락과 영화만을 누리고자 하며, 전체 동포(즉 근로 대중)를 탄압하는 매국적 민족 반역자, 민족 분열자(즉 各自爲心的)가 반인민적·반민주적 보수 반동 행위를 계속하는 것도 봉건·반半봉건 잔재 분자 및 그들과 일체이명인 친일파들인 것이다.

이와 같이 봉건은 우리 당의 원수요, 우리 교의 원수요, 우리 민족·우리 국가의 원수이며, 이러한 봉건 잔재를 근본적으로 숙청·거근去根하는 것은 우리가 민족 자주의 생신生新한 이상적 민주주의 통일국가를 건설하고, 또는 이를 더욱 민주 부강한 나라로 발전시키는 데 기본 과업이 되는 것이다. 우리는 하루바삐 조선이 통일 독립되기를 열망한다. 그러나 우리나라 우리 민족을 쇠망케 한 역사적 죄악과 고질덩어리인 보수적·퇴보적 또는 매국적 특권계급 본위적인 봉건적·인민 강압적 통일은 이를 절대 반대하고 오직 봉건 타파적·민주주의적·전인민적·진보적 통일을 요구한다.

그다음 민족 자주의 이상적 민주국가를 건설하는 데 있어서 필수적·기본적인 조건은 외국 제국주의 침략 세력을 철저히 분쇄·배제하는 것이다. 무릇 국가란 토지, 인민, 주권 세 가지의 완전한 구비·합일로써 이루어지는 것이니, 그 주권이 그 토지에 사는 그 인민 자신에 있지 못하다면 이것은 완전한 자주 독립 국가가 아닐 것이다. 제국주의 침략자들은 가지가지의 음흉·간교한 방법과 술책으로 약소 민족국가들을 탄압·착취하나니 이제 우리가 견문한 바에 의하여 그들이 항상 하는 방법 몇 가지를 들면 다음과 같다.

첫째, 선교사들을 정치 주구走狗로 보내어 남의 내정을 정탐·보고케 하며, 예배당(교회)를 세우고(立其堂) 선교 활동(行其道)을 하는 종교적 형식 밑에서 교육시설 등을 실시하여 겉으로는 박애와 자선을 표방하나 속살로는 남의 나라 인민들을 미신적 · 비과학적 또는 의뢰적 · 비발전적인 경향으로 지도하여 그 민족문화를 말살하고 사상적으로 자기네들을 무조건 숭배하게 하여 비자주적인 추종을 일삼게 하며, 나아가 자기네들이 팔고자 하는 상품을 애용하도록 습관을 지어 주는 것, 둘째, 겉으로는 원조를 표방하고 자금 물재物材 또는 기술 등을 가져다주지만 속살로는 남의 나라의 산업의 자주적 발전을 마비 또는 파탄시켜 부득이 자기네 상품시장이 되지 아니치 못하게 하며, 경우에 따라서는 덤핑 정책을 써서라도 이러한 목적을 달성하는 것, 셋째, 남의 나라의 비애국적인 자본계급을 회유 결탁하여 공장 · 광산 · 철도 · 무역 등의 사업을 수행함으로써 그 나라 인민들의 고혈을 착취해가며 광대한 자금을 투자하여 남의 나라의 산업 경제의 기간을 좌우하는 것, 넷째, 남의 나라를 막대한 채무의 망태 속에서 벗어나지 못하게 하여 놓으며 또는 자기네의 원조(즉 차관)가 없이는 정치적 · 경제적으로 도저히 자주 자립할 수 없게 만들어 놓고는 조차 관세의 담보 등을 설정하며, 나아가 그 나라의 정부를 자기네의 괴뢰로 좌우하는 것, 다섯째, 그리하여 남의 나라를 자기네의 상품 판매 시장 또는 원료 공급지로 만들어, 그 민족 · 인민으로 하여금 영구히 빈궁과 미개에서 울분을 짓게 하는 것, 여섯째, 정치 또는 군사적 간섭으로써 남의 나라 인민들을 강박하며, 그 나라의 매국적 반동분자를 조종하여 반인민적 · 반민주적 · 비자주적인 괴뢰 정권을 수립케 함으로써 자기네의 팽창 정책을 마음대로 수행코자 하며 필요에 따라서는 남의 나라 영토를 자기네의 군사기지로 사용하거나 남의 나라 인민들의 생명 재산을 모두 자기네 전쟁 방화 목적 또는 침략 전쟁 목적 수행의 도구로 이용하는 등 실로 악랄하기 짝이 없는 것이다. 위에 말한 바와 같은 조선의 민족적 고질인 봉건을 완전히 퇴치 · 거근去根하며 또는 외국 제국주의 침략 세력을 완전히 분쇄 · 격퇴하여 조국을 어떠한 나라의 정치적 · 경제적 및 문화적 예속국가 · 추종국가가 아닌(즉 식민지 또는 반식민지 국가가 아닌) 완전한 자주 독립 국가로 부흥 · 발전시키는 길은 오직 하나밖에 없으니, 그것은 곧 조선을 민주주의화하는 것이다. 조선을 진정한 민주주의 국가로 발전시켜 정치 · 경제 · 문화 전반이 전체 애국 인민 자신의 것이 되게 함으로써만 조선에 다시는 봉건의 잔아殘芽가 남을 소지가 없게 하며, 전체 인민의 애국적 · 건설적인 창의와 근로로써 민주주의적인 국리민복을 증진하며, 전 민족의 민주주의적 단결 통일로써 외국 제국주의 세력이 또다시 조선을 침략할 간극이 없도록 하는 것만이 민족 자주의 이상적 국가를 건설하는 유일무이한 바른 길인 것이다. 다시 말하면 민족자주는 날줄(經)이 되고 민주주의는 씨줄(緯)이 되어 민족 자주의 이상적 민주국가라는 영구 불파不破의 비단이 짜지는 것이며, 이 비단에만 찬란한 새 문화 · 새 광영의 수가 놓여지는 것이다.

조선을 진실로 영원한 조선 사람 자신의 조선이 되게 하는 길, 전 민족이 영원한 번영과 행복을 누릴 수 있는 길, 정치적 · 경제적 · 문화적으로 완전한 민족 자주의 발전 · 향상을 기필할 수 있는 길은 오직 조선의 정치·경제·문화 일체를 민주주의화하며, 민주주의적으로 발전시켜 세계 민주주의 국가의 당당한 일원으로서 자주적·적극적으로 세계의 평화 건설과 민주주의적 발전에 기여·공헌하게 되는 이외에 다시 없는 것이다.

2. 사인여천의 정신에 맞는 새 윤리의 수립을 기약함

우리가 말하는 '하늘(天)'은 결코 옛날 사람들이 말하는 하늘과 같이 인간 자신을 떠난 지고至高 신성 불가침의 인격적 독재자를 가리키는 것이 아니요, 소아小我인 인간에 대한 대아大我를 가리키는 것이며, 불완전에 대한 완전을 가리키는 것이다.

따라서 사람을 한울같이 섬긴다는 '사事' 자의 뜻도 결코 절대적 존숭과 무조건적 복종을 의미하는 것이 아니요, 자력적 향상과 대아와 소아의 합일적 이익의 발전을 위한 노력 봉사를 의미하는 것이다. 다시 말하면 사인여천의 정신이란 결코 현세에 있는 사람을 무조건적으로 지상 절대의 신처럼 존숭하라는 의미가 아니요, 우주 인생 발전의 필연적 진로를 바로 걷지 못하는 사람으로 하여금 민주 애국의 바른 길을 걷도록 교화·지도하며, 이미 바른 길에 들어선 사람은 더욱 용감하게 더욱 적극적·능동적으로 애국적·민주주의적인 활동을 전개하도록 추진·고동鼓動하는 동시에, 창생, 즉 전체 근로 인민의 진로를 막으며 민족을 반역하는 악질분자는 이를 과감하게 타도·분쇄하는 것이 진정한 사인여천인 것이다.

　사람은 누구든지 자기 몸을 극진히 사랑한다. 그러나 자기 몸 가운데의 병든 부분, 즉 농膿이 들고 썩어 가는 부분은 이를 고약 혹은 수술로써 없애 버리는 것이 진실로 자기 몸을 사랑하는 행위이다. 마찬가지로 당적·교적으로 또는 사회적·민족적·전 인류적으로 사람을 대하는 데서도 전체의 건전한 발전에 해독이 되는 부화腐化분자, 반동분자는 이를 제거하는 데 미련과 애착이 없어야 한다. 그리하여 당적·교적·사회적·민족적 또는 전 인류적으로 민주주의적 이익을 건설·발전시키는 데 도움이 되는 인민들끼리는 서로 무한한 기쁨(自悅)과 자부를 가지고 상성相誠·상경相敬·상신相信의 친선·협조를 다하는 것이 곧 사인여천의 올바른 실천인 것이다.

　그러므로 사인여천의 정신은 첫째, 타력 의뢰적·추종적인 것을 반대하고 자주적·자력적인 것을 주장하며, 둘째, 선천적·보수적인 것을 반대하고 진보적·개벽적인 방향을 지향하며, 셋째, 소수적·특권적인 이익을 반대하고 다수적·전 인민적(또는 전 민족) 이익의 발전을 주장하며, 넷째, 사리사욕적·민족분열적·각자위심적인 것을 반대하고 사회공리적·동귀일체적인 것을 염원하며, 다섯째, 개인 본위적·이해 본위적(즉 자유주의적인) 무질서·무계획·혼란·무규율한 것을 반대하고 민주주의 중앙집권적인 정연한 기율의 수립·실천을 요구하며, 여섯째, 유의유식遊衣遊食·나태·타락을 증오하고 만인개로萬人皆勞의 전아全我적 새 창조·새 발전·새향상을 요구하며,

일곱째, 일체의 침략과 피침략·압박과 피압박·착취와 피착취를 반대하고 사회·민족과 전 인류의 민주주의적 공존공영을 주장하는 것이다.

이러한 정신에 맞는 새 윤리를 수립하여 전에 말한 바와 같은 우리 당의 도덕적 이념을 그대로 실현케 하려는 것이 곧 강령의 참 의의이다. 그러므로 이 강령은 첫 강령의 자각적 실천이 원동력이 되는 것이며, 제2·4강령이 정신적·일상생활적 기본이 되는 것이다.

3. 동귀일체의 신생활 이념에 기한 신경제 제도의 실현을 기약함

이 세상 사람은 비록 정도의 차이는 있을망정 모두 자기가 일상적으로 생활해 나가는 나름의 생활 태도가 있으며, 그 생활 태도는 곧 그 사람의 생활 이념의 표현이라고 할 수 있다. 그리고 사람의 생활 이념은 곧 그의 도덕적 이념, 정치적 이념, 경제적 이념, 문화적 이념(더 나아가 말하면 그의 우주관·인생관)의 종합 구현이다. 수전노·고리대금업자는 수전노·고리임금업자로서, 절도·강도·사기·횡령 상습자는 절도·강도·사기·횡령자로서, 퇴폐적인 향락을 탐하는 자는 그러한 자로서, 염세주의자·현실도피주의자는 그러한 자로서, 보수퇴영을 일삼는 자는 그러한 자로서, 독선적 청렴 고절孤節을 사랑하는 자는 그러한 자로서, 자신 자가自家의 이욕을 위해서는 수단과 방법을 가리지 아니하고 어떠한 불의·부덕한 일, 배족背族적·매국적인 일이라도 꺼림 없이 하는 자는 그러한 자로서의 생활 이념을 가지고 있는 것이다. 이러한 개인 본위적·물욕교폐物慾交弊적·자유주의적인 생활태도·생활이념은 곧 선천의 생활이념이며 불합리·불공평한 생활이념이며 각자위심적 생활이념이다.

인간 생활의 모든 불합리·불공평한 행위, 모든 반대아적反大我的 죄악 행위의 내용이 되며, 기본이 되는 개인 본위적 이기주의적인 각자위심의 낡은 생활이념은 우리 당 또는 우리 당원의 생활이념과 정반대되는 것이다. 우리 당의 신생활 이념은 각자위심적이 아니요 동귀일체적이다. 동귀일체의 신생활이념을 좀 더 기본적으로 해명하면 개인 본위가 아니요, 그 사회 전체 본위이다. 개인의 일시적 이익을 그 사회 전체, 민족·국가·인류의 영원한 평화와 행복의 발전을 위한 이익에 융합시키고 조화시키고 통일시켜 나가는 것이다.

이러한 소아와 대아, 개체아의 전체의 합일(즉 천인합일)의 신생활 이념에는 옛날부터 인류사회를 다독荼毒하여 오는 나태·황패況沛가 있을 수 없고 근로 향상이 있을 뿐이며, 남을 해쳐서라도 저만이 잘살겠다는 사욕·사망私望의 난립이 있을 수 없고 사회아·민족아·국가아·세계아·우주아로서의 동귀일체적 공리공욕公慾이 있을 뿐인 것이다. 이러한 신생활 이념에 맞는 신경제 제도는 첫째, 이 세상에 착취자와 피착취자의 대립이 생기게 하는 불합리·불공평한 제도를 근본적으로 혁파하고, 민주 평등의 원칙에 맞는 동귀일체적 새 소유 제도·새 생산 제도·새 공급 제도·새 소비 제도를 설정하여야 할 것이다. 둘째, 정치적으로 특권 지배계급과 무권력한 피지배계급이 없게 하는 동시에, 경제적으로도 불로소득자와 노이무소득자勞而無所得者가 없게 하여, 생산 공급 소비가 일련한 전체적(즉 사회적) 계획 하에서 합리 · 공리 · 공평하게 조직 진행되어야 할 것이며, 셋째, 사람의 지성 · 기능, 역사적 · 현실적 조건 및 개성의 특장特長을 따라 사회 질서상 · 직업상의 구별은 있을망정 그것은 다 같이 전아全我를 위한 적재적소의 분업이요, 인간으로서의 기본적 대우와 공민으로서의 권리와 의무 수행에는 차별이 없어야 할 것이다. 민주주의적 토지개혁 및 중요 산업 국유화 법령, 노동 법령, 남녀 평등권 법령 등은 조선에 위에 말한 바와 같은 우리 당의 신생활 이념을 바탕으로 한 신경제 제도를 실현하는 데 필수적 토대가 되는 일이며 절실하게 부합되는 일이다.

우리는 이러한 모든 민주개혁의 승리적 성과를 더더욱 공고히 하고 발전시키기 위한 인민경제 계획 완수를 위하여, 인민의 모범이 되고 선구가 되어야 한다. 우리 조선은 세계에서 그 유례를 찾아보기 어려울 만치 전형적인 단일민족일 뿐만 아니라 전 인구의 절대다수가 근로자 · 농민 · 기술자 · 기능자 · 사무원 · 문화인 등 타인의 노력을 착취할 생산시설 및 본질을 가지지 아니한 근로 인민들인 만큼 가장 동귀일체의 신생활 이념을 바탕으로 한 신경제 제도를 수립 · 발전시키기 좋은 조건을 구비하고 있다. 우리는 전체 애국적 근로 인민의 힘을 모아 민주 · 평등의 새 경제제도를 공고히 하고 발전시켜 국가를 민주 부강하게 하는 동시에 나아가 전 세계에 민주 평화의 모범을 보이며 인류 전체의 영구한 민주주의적 발전에 모든 민주주의 우호 국가들과 함께 적극적으로 기여·공헌하여야 할 것이다.

4. 국민개로제를 실시하여 일상보국의 철저를 기약함

위에 말한 바와 같은 '동귀일체의 신생활 이념을 바탕으로 한 신경제 제도'를 수립·발전시키는 기본 동력은 곧 인민들의 '근로의 힘' 이외에 다시 없는 것이다. 사람에게 천연 자재한 자아 향상의 힘, 즉 생명의 약동력은 정신/육체 쌍방의 근로 역행力行으로써 표현된다. 수면睡眠·체식體息 이외의 시간에도 움직이기를 싫어하고 유체遊體 부동不動을 즐긴다면 이는 결코 사람성 본연적 건강 상태가 아니요 병적 태도 또는 노쇠 상태이다.

유년·소년·청년기에 있는 사람이 육체적·정신적으로 근로 역행의 약동 향상력을 발휘하지 못하고 태만·휴일休逸을 즐긴다면 이는 그의 정신과 육체가 천연 정상한 건강 상태에 있지 못하고 육체적 질병 혹은 불합리한 사회제도·인습 등으로 인한 정신적 질병에 걸려 있는 것이 분명하다.

최해월 선생은 일찍이 "사람이 그냥 놀고 있으면 한울님이 싫어하시느니라."고 하며, 아주 일거리가 없을 때에는 꼬았던 노끈이라도 다시 풀어서 더 좋게 더 쓸모 있게 꼬았으며, 또는 내일 당장 떠날 집이라도 깨끗이 꾸리기와 주위에 나무를 심기에 힘썼다. '한울님이 싫어하신다'는 말씀은 곧 사람이 가진 천량天良의 본성에 어긴다는 말이며, 사람이 어떤 질병 상태에 있지 아니하고는 천량의 본성을 정확히 파악하여 가지고 있게 되면 무위탁일無爲度日은 스스로 참을 수 없는 일이라는 의미이다. 꼬았던 노끈을 풀었다가 다시 더 잘 꼬는 것은 환경조건이 아무리 불리한 때, 일 자료가 아무리 부족한 때라도 자기 노력으로써 더욱 그 기능을 향상시킬 수 있다는 모범을 보인 것이다. 내일 딴 데로 이주해 갈 집이라도 수리·청소·식목에 힘쓰는 것은 사람이 결코 개인 본위적, 일시적인 이익만을 위하여 일할 것이 아니요, 전아적·영구적(즉 동귀일체적인) 이익을 위하여 지극한 정성으로 근로역행·향상발전의 노력을 다해야 한다는 모범을 만세에 드리운 것이다.

최수운 선생이 "가슴에 불사의 약을 감추었으니 궁을 형상이다(胸藏不死之藥 弓乙其形)."라고 하고, 또 "나에게 이 영부를 받아 사람을 질병에서 구제하라(受我此符 濟人疾病)." 하였으며, 손의암 선생이 "위하고 위하는 마음(爲爲心)"이라 한 것이 모두 사람에게 천연 자재한 이 생명의 약동력, 즉 근로 역행의 향상 발전성을 자각적·능동적으로 충분히 발휘케 하여 민족적 질병, 사회적 질병, 인습상의 질병, 제도상의 질병으로 인한 각자위심적 태만·무위를 근본적으로 퇴치해야 한다는 말씀이다.

그러나 효박한 이 세상 사람을 단순한 도덕적 교화만으로써 다 같이 동귀일체적 근로역행·향상발전의 천량의 본성을 충분히 발휘케 하기는 도저히 불가능한 일이다. 여기에는 반드시 사람의 내성內省 자각을 촉진 계발하는 도덕적 교화와, 외적 규율로써 그 본성을 어기는 탈선적 행위를 하지 못하게 하는 제도를 설정하는 것을 병행해야 한다. 국가 주권 기관에서 법제적으로 전체 인민의 유의도식遊衣徒食을 금지하는 '국민개로제國民皆勞制'를 실시하여 만민이 다 같이 동귀일체적 일상 보국을 철저히 실행케 할 필요는 여기에서 생겨나는 것이다. 이것은 옛날 종교가들이 단순한 정신 편중적 교화만을 주장하다가 사회 발전상에 실제적 효과를 거두지 못한 것을 결충缺充하여 교정쌍전으로써 인간 향상의 실효를 거두게 하는 구체적 또는 필수적 방법인 것이다.

그리고 이 강령은 첫째, 그 나라에 어떤 종류의 상품의 생산 과잉, 자금 팽창 등에 의한 경제 공황 또는 생산 기관이 어떤 개인이나 어떤 부문에만 편중됨으로 인한 실업자가 생기게 됨이 없이 전사회적(즉 대아적) 계획 경제를 실시하여 전체 인민이 다 같이 적재적소에 나아가 일할 수 있는 조건을 구비하고, 둘째, 그 나라 또는 그 사회에 불로소득의 제도를 근절하는 동시에 노력하는 만큼 반드시 소득이 있게 하며, 셋째, 국민 각자의 근로 역행은 반드시 그 국가 전체의 정치 경제 문화를 안정·부윤富潤케 하는 것이 되게 하며, 개체의 이익과 전체의 이익이 완전히 합치되고 절대로 개체와 전체 또는 개인 간 및 계급 혹은 단체 간의 이익이 대립 상반되는 일이 없게 할 것 등 모든 조건을 구비한 다음, 소극적·미온적이 아니라 적극적·철저적으로 실시되어야 할 것이다.

이것이 민주주의 완전 자주 독립국가의 경제적 토대를 건설하고 공고히 하는 필수적 강목綱目이 되며, 전체 당원은 어떤 곳 어떤 때에만 국한될 것이 아니라 반드시 일상적으로 언제 어느 곳에서든지 이를 적극 실현하여 전체 인민의 모범이 되어야 할 것은 물론이다.

제7장 천도교청우당의 당면 정책

1. 소련과 민주주의 여러 국가와 적극 친선을 도모함

우리 당은 보국안민, 지상천국 건설을 목적하는 후천개벽의 당이
므로 민족 고립적 쇄국 배타를 반대하고, 자주 민주적 입장에서 국제
친선을 희구하며, 반민주적·역사역행적(역천적) 침략 전쟁을 반대하
고 세계의 영원한 평화를 염원함은 위에 이미 말한 바이다. 그러므로
우리 당은 세계의 평화와 민주주의 발전을 위하여 적극 투쟁하는 모
든 진정한 민주주의 국가들과 우리나라 사이에 적극적인 우호·친
선·협조가 있어야 할 것을 주장하며 그 실현을 위하여 노력하는 것
이다. 그러면 우리나라가 우호·친선을 기해야 할 진정한 민주주의
국가는 어떠한 나라들일 것인가?

첫째, 인종적·민족적으로 우리나라 사람을 차별 대우하지 아니하
고 평등하게 서로 존경하는 나라여야 한다. 민족적으로 딴 나라 사람
들을 천대하며 지배하여 부리려 하거나 또는 종속시키고자 하는 국
수주의 국가와 우리나라가 도저히 친화·상교할 수 없음은 과거 제
국주의 일본과의 쓰라린 경험으로써도 자명한 바이다.

둘째, 우리의 민족주의 전통을 존중해 줄 줄 아는 나라여야 한다. 역사적 전통, 문물제도 등이 모두 저희 나라 것만이 우수하고 딴 것은 열등하다는 우월성을 가지고 우리나라 사람으로 하여금 억지로 저희들의 것만을 존숭하게 하고 모방하게 하려고 우리 민족문화를 말살 시키려는 자, 또는 우리 민족문화를 자유롭게 발전시키는 데 장애를 주는 자는 우리가 더불어 상교할 수 없음은 과거 우리가 일본제국주의자들을 상대하는 동안에 뼈아프게 느낀 바이다.

셋째, 정치적으로 우리나라를 침략·지배코자 하는 야심 및 본질이 없는 나라여야 한다.

넷째, 경제적으로 우리나라를 저희들의 상품시장 및 원료 공급지로 예속시키려 하는 야욕 및 본질이 없는 나라여야 한다.

다섯째, 우리나라 땅의 전부 혹은 한 귀퉁이를 저희 나라의 군사기지로 만들고자 하거나 우리나라 산물의 전부 혹은 일부분, 우리나라 사람의 전부 혹은 일부분을 저희 나라의 군사적 목적에 이용코자 하는 야욕·음모와 그러한 본질이 없는 나라이어야 한다.

여섯째, 우리나라와 서로 자주권을 존중하는 민주·평등적 우호협조의 입장에서 상호간의 평형적 이익이 되도록 물질을 교역하는 경제적(즉 통상) 관계를 맺을 수 있는 나라여야 한다.

일곱째, 우리나라와 서로 문화를 교류하되 그 역사적 전통 및 현실상의 독자성·자주성을 서로 존중하여 지배와 종속, 견제와 추종의 불공평·불합리가 없이 함께 세계 민주문화의 발전에 기여·공헌할 수 있는 나라여야 한다.

이러한 여러 가지 조건에 맞는 민주주의 국가들과 적극적·능동적인 우호친선을 도모하여 문화 만반을 교류하되, 자주적으로 그 모든 것을 흡수·소화하여야 한다. 소고기를 먹고 소의 소리를 흉내 내거나 돼지고기를 먹고 돼지의 행동을 하는 일이 없어야 할 것임은 왜정하 친일파들이 일본을 자기의 내지라고 부르며 천황을 제 집 할아버지보다 더 높이는 아니꼬운 꼴을 보고 민족적 의분을 느끼던 경험에 의하여도 명백하다. 이것은 우리 당의 동귀일체의 이념을 국제적으로 실현하는 실천 조건이다.

2. 반일적 신민주주의 제정당과 우호·협조하여
민족통일전선을 기약함

"함지사지 출생들아 보국안민 어찌할꼬."라 하고 "이 세상의 운수는 세상과 함께 돌아간다(斯世之運 如世同歸)."라고 한 최수운 선생의 말씀으로 보아, 또는 현하 조선의 실정으로 보아, 보국안민은 우리 당 혼자서만 할 일이 아니라 전체 애국 인민과 같이 해야 할 것이며, 애국적 민주주의 정당들이 다 함께 해야 할 일이다. 양두구육의 사이비 민주이거나, 또는 인민 전체의 이익을 위함이 아니요 일부분만의 이익을 위하는 보수 반동의 비민주를 제외한 새로운 민주주의 제 정당과 우호 협조하는 것은 지금 사상상·실천상으로 조국의 민주주의적 완전 자주 독립을 위하여 전 인민적 · 전 민족적 동귀일체의 통일 단결을 짓는 가장 빠르고 바른 방법이다. 그러면 우리 당이 성심 · 성의로 우호 협조하여 민족통일전선을 지을 수 있는 신민주주의 제 정당은 어떠한 정당들인가?

첫째, 친일파, 봉건적 · 보수적 · 비창생적(즉 비근로인민적) 토대에 서 있는 정당은 우리의 우당友黨이 아니라 적당敵黨이다. 우리 우당은 반드시 반일적 · 민주주의적 · 진보적 · 창생적 토대에 입각해 있는 정당이어야 한다.

둘째, 반민주주의적 반동의 본질을 가진 패당 또는 쇄국적 · 배타적 · 국수주의적인 본질을 가진 정당은 우리 우당이 될 수 없다. 우리 우당은 반드시 민주주의적 · 개벽적(즉 혁명적) · 개화문명적 민주 · 자주의 원칙에 의한 국제 친선적 본질을 가진 정당이어야 한다.

셋째, 외국 침략 세력에 의존해서라도 자당의 손아귀에 정권만 쥐고자 하는 매국적 · 민족반역적인 정당은 우리 우당이 될 수 없다. 우리 우당은 반드시 국가의 완전 자주 독립과 민족 영원의 민주 행복을 갈구하는 진정한 애국적 · 인민적 정당이어야 한다.

넷째, 국제 전쟁 방화자의 앞잡이가 되어 세계의 평화를 깨뜨리려는 자들의 정당, 인민 전체의 요망要望을 무시하는 자들의 정당은 우리의 우당이 될 수 없다. 우리의 우당은 반드시 세계의 평화와 민족의 영구한 안녕 · 행복을 자기의 행복으로 삼으며 인민 대중의 요망을 잘 듣는 정당이어야 한다.

다섯째, 우리 조국을 정치적·경제적 또는 문화적으로 외국 침략 세력에 예속 또는 추종시키려는 정당은 우리의 우당이 아니다. 우리의 우당은 반드시 조국의 정치적·경제적·문화적 자주 독립과 영구한 발전 번영을 위하여 헌신하며, 진정한 조선 인민 자신의 새 조선을 건설·발전시키기 위하여 용감히 분투하는 정당이어야 한다. 이러한 여러 가지 점으로 보아 우당과 적당을 분명히 식별하는 동시에 우당과 굳게 협조함으로써 강대 민주주의적 민족통일의 역량을 발휘하여 진정한 민주주의 완전 자주 독립 국가를 하루라도 더 빨리 건설해야 한다. 애국적·민주주의적인 우당 사이에는 결코 시기·질투·음해·중상·쟁탈이 있을 수 없고 진정으로 상호 협조하여 모든 힘을 오직 전 민족적 대 사명 달성에 집중해야 한다.

만약 우당 사이의 우의友誼를 중상하거나 자당만의 이익을 위하여 전 인민의 의사와 전 민족의 이익을 무시하는 자가 있다면 그것은 자기의 당으로 하여금 인민의 신임을 받지 못하게 하는 자이며 조국의 민주주의적 완전 자주 독립을 방해하는 자일 것이다.

3. 인내천의 신문화로 민족 원기의 진작과 신생활 창조를 기약함

우리 당에서 우당들과 함께 예속 의존의 식민지·반식민지가 아닌 완전 자주 독립 국가를 건설코자 하며, 봉건 보수의 낡은 조선이 아닌 민주주의 새 조선을 건설하고자 하는 것은 곧 이 인민, 이 민족이 피압박·피착취·빈궁·무지·굴욕·인종忍從의 무기력한 생활을 일소하고, 민주주의적 평등·자유·문명·행복의 생기발랄한 새 생활을 하게 하고자 함이다. 창생들이 이러한 새 생활을 창조하는 외적 조건은 민주주의적 정치 경제 제도의 창설·발전이며, 내적 조건은 사람성 본연의 생명의 약동성을 환기·진작하는 진리의 교화·선전, 즉 개벽적 민주주의적 신문화의 보급 발전이다.

그런데 조선에서 오래 전래된 봉건의 고질을 가장 적확하게 파악·지양한 새 진리는 곧 인내천 종지임을 우리는 확신한다. 우리는 인내천 종지를 핵심으로 한 우리 당의 문화적 이념으로 민족의 원기를 진작하여, 보수적이던 것을 일소하고 진보적·개벽적 방향으로 나가게 하며, 봉건적·반半봉건적이던 것을 일소하고 민주주의적 방향으로 나가게 하며, 무지와 비문명적이던 것을 일소하고 문명·향상의 방향으로 나가게 하며, 태만하던 것을 일소하고 근로적인 방향으로 나아가게 하며, 비자주적·비능동적이던 것을 일소하고 자주적·능동적인 방향으로 나아가게 하며, 각자위심적이던 것을 일소하고 동귀일체한 방향으로 나가게 하며, 무기력하던 것을 일소하고 청신淸新 발랄한 방향으로 나가게 일신一新 발전시키고, 자체 능력을 구비함으로써 능히 세계의 모든 민주주의적 문화를 널리 진작하며, 전민족적·전 국가적·전 인류적 동귀일체의 신생활을 창조·발전시키고자 하는 것이다. 다시 말하면 민족 원기를 일신·진작하여 민족적 자존심과 자신을 가지고 국리민복의 새 생활을 창조·발전시키는 것은 오랫동안 봉건 유습에 유폐되어 있었으며 또 반세기에 걸친 일본 제국주의의 야만적 통치에 짓눌려 온 우리 조선에서 보국안민의 대원 성취를 위하여 가장 필요한 것이다.

4. 노동자, 농민, 어민, 소시민, 봉급생활자 등의 생활 향상과 최저생활 확보를 기약함

억조창생(즉 전체 인민)을 다 같이 동귀일체 근로 인민이 되게 하며, 근로 창생의 생활을 정신적·물질적으로 무한히 윤택하게 하려는 것이 우리 당의 염원이다. 그러나 장구한 시일에 걸친 봉건의 질곡으로 인하여 모든 산업이 낙후되어 있으며 또는 일본 제국주의자들의 비인도적 착취 정책으로 인한 산업시설의 편파성과 패망 전후의 최후 발악으로 인하여 파괴 황폐가 심한 산업을 그대로 계승한 오늘에 노동자, 농민, 어민, 소시민, 봉급생활자 등 전체 근로 창생의 물질적 생활을 한꺼번에 높은 수준으로 향상시키기는 불가능한 것이다. 모든 힘을 민주주의 새 조국 창건에 총집주總集注하면서 현실적 조건이 가능한 한도 내에서 이들의 생활을 점차 자율적으로 향상시키되, 우선 최저 생활을 확보할 구체적 기본적인 시책을 단행하여야 할 것이다. 그러하기 위해서는 첫째, 조선의 산업 경제를 영구히 조선 인민(전체)의 것으로 만드는 민주주의적 토지개혁 및 중요 산업 국유화를 시행하여 외국 자본의 침탈에 예속되지 못하게 할 것, 둘째, 전 인민적 동귀일체의 자주 경제를 수립·발전시켜 인민 자신의 애국적 노력에 의한 산업의 발전은 곧 인민 자신의 이익 및 발전이 되게 할 것, 셋째, 민주주의적 근로 법령과 사회 규범을 실시할 것이며, 농민·어민· 소시민 등이 스스로 자력의 노력에 의하여 자기의 생활을 향상시킬 구체적 조건들을 지어 줄 것, 넷째, 전체 인민이 한 사람의 문맹자도 없게 함은 물론 광범한 사회 교육과 민중적 문화시설을 가지게 할 것 등이 요구되는 것이다.

5. 중요 산업을 국가 경영으로 하며 경작지는 경작자의 소유로 함

중요 산업을 국가 경영으로 하는 것은 첫째, 모든 산업 부문에서 상호간의 이해가 대립되는 각자위심적 사리사욕주의를 배격하고 전 인민적·전 국가적 공리·공익을 발전시키기 위하여 동귀일체적 근로 향상을 실현하는 기초가 되며, 둘째, 한 개 산업 부문만의 고립적 이해타산으로서는 도저히 건설·발전시킬 수는 없는 것이라도 전 인민적·전 국가적 견지로 보아 필요한 것이면 각 산업 부문의 연관적 전체적 이익을 위하여 국가에서 이를 건설·발전시켜서 민족 자주 경제를 수립할 가능을 가져오는 것이며, 셋째, 개인 본위, 이윤 추구 본위의 편파적·무계획적인 산업 발전에서 오는 인민 생활의 불안정 혹 종種 기업의 뜻밖의 파산, 주기적 경제공황 등의 근인根因을 일소하고, 전 인민적이며 항구적·정상적인 계획성 있는 산업 경제를 수립·발전시킬 수 있게 하며, 넷째, 교통 운송 기관·대공장·광산·통신·은행 등 전 인민 생활, 전 국가 경제의 대동맥이 되는 중요 산업이 외국 자본가의 손아귀에 독점될 위험을 영구히 방지하는 것이된다.

그리고 경작지는 반드시 몸소 경작하는 농민만이 이를 가질 수 있게 하는 민주주의적 토지개혁의 실시는 첫째, 봉건적 착취 제도인 소작 관계를 일소함으로써 농민 대중을 경제적으로 완전히 해방하는 것이며, 둘째, 민족 자본가들이 자기의 자본을 토지에 투자하여 불로소득인 소작료를 얻고자 하는 보수적인 욕망을 근절하고, 진보적·적극적으로 공업, 기타 건설적인 방면에 진출케 함으로써 전 국가적산업 발전에 기여하게 하며, 셋째, 근로 농민의 물질적 생활을 안정·향상케 함으로써 전 인민적 문화 정도를 높이며, 또는 농민들로 하여금 자각적·자발적으로 애국적·애족적인 농산물 증산 의욕을 가지게 하는 동시에 농민의 생산력 증대는 곧 국가 산업을 발전시키는 크나큰 요인이 되게 하며, 넷째, 아무리 돈을 많이 주더라도 국토의 일부분을 외국 자본가에 팔아먹을 수 없게 하여 조국의 땅을 영구히 이나라 인민의 소유가 되게 하는 것이 된다.

6. 국민교화은 국가 부담으로 하며 사회 교육의 철저화를 기약함

옛날처럼 돈 있는 사람 또는 권세 있는 사람의 자녀만을 교육 받을 수 있게 하고 전체 근로 인민의 자녀를 누구나 다 교육 받게 하지 못한다면 도저히 앞날의 조선 인민 전체를 문명한 생활을 하게 할 수 없으며, 인민의 미개 문맹은 곧 국가의 미개·쇠망을 의미하게 되는 것이다. 그러므로 국가 부담으로 광범히 교육기관을 설치하여, 도시는 물론 어떠한 산간벽지에 사는 인민들의 자녀일지라도 일정한 연령에 달하기만 하면 반드시 의무적·보편적으로 교육을 받게 해야 한다. 그리고 이미 교육 받을 연령이 지난 성인 남녀의 문맹을 최대한 빨리 퇴치하여 전 국민이 다 같이 글을 아는 사람이 되게 하며, 도시와 농촌 각지에 대중적인 문화 기관(즉 도서관, 공회당, 극장, 영화관, 운동장) 등을 광범히 설치하여 일반적 문화 수준을 제고시키는 사회 교육의 철저화가 필요함은 다시 말할 필요도 없는 일이다.

7. 인격 향상과 기술 중점의 교육제도 실시를 기약함

교육의 표면상 진행 실상 및 그 실제적 효과의 표현을 보면 그것은 피교육자에서 우주 인생의 모든 사상 및 사리를 가르쳐 기억·종합·추리·판단케 함으로써 그 지식과 기능을 향상·발전시키는 것이라고 할 수 있다. 그러나 밖으로서의 조직과 기능만을 향상·발전시키는 데 치우치고 그 인간격 자체를 도덕적·사상적으로 도야·향상시키는 정신적 교화를 등한히 하면 그 지식과 기능은 사리사욕을 위한 악지惡知 악능惡能이 되어 자신을 망하게 할 뿐 아니라 사회·민족・국가・세계에 해독을 끼치는 일이 있게 되나니, 세상에 왕왕 있는 것처럼, 법률적 지식을 가졌기 때문에 법망을 교묘히 피하면서 짓는 악행, 경제적 지식을 가졌기 때문에 사리사욕을 위하여 사회경제를 교란시키는 투기적 악행 등이 곧 그것이다.

이에 반하여 그때 그곳의 모든 현실적 조건에 적응하여 자신 및 사회・민족・국가・세계의 실제적 이익을 향상・발전시킬 구체적 실효를 가져오지 못하고, 고립적・현실 도피적 독선 청고淸高만을 일삼는 주관적인 개성만의 향상을 도모하는 교육도 또한 그 자신 및 사회・민족・국가・세계의 역사적 발전에 하등의 기여・공헌을 하지 못하고 도리어 보수・퇴영의 악 효과를 가져오는 것이다.

그러므로 우리는 주관적 개성 청고주의에 치우쳐 소아와 대아의 연결・합일을 망각하거나 또는 객관적 효과로서의 지식 기능 등 지엽의 연마에만 치우쳐 그 인간격을 거기에 추종・예속시키는 교육을 옳은 교육이라고 할 수 없다. 오직 인간으로서 인간격을 향상시키는 데 주점主點을 두고 그 인간격 향상의 구체적 실천 조건이 되는 동귀일체적 실생활을 발전 향상시킬 수 있는 지식과 기능을 연마 향상시키는 인격 향상의 교육을 주장하는 것이다. 이러한 교육이라야 인간이 그 가진 지식 또는 기능의 종속이 되어 유아가 비수를 든 것과 같은 위험을 겪지 아니하고 인간으로서 자주적 능동적으로 그 지식 그 기능을 바르게 활용・발전시키게 될 것이며, 그 지식과 기능은 인간의 생활을 발전・향상시키는 좋은 자료가 되고 옳은 수단이 될 것이다. 이와 같이 인격 향상에 주체를 두고 그 생활 발전을 위한 그 실제 상 활용의 수단이 되며 자료가 되며 능률 제고의 방법이 되는 기술 향상에 중점을 두는 교육은 반드시 옛날 봉건 · 반봉건 시대 또는 일제 시대의 교육과 같은 주입식 · 모방식의 보수적 교육이 되지 아니하고, 피교육자의 적재적소적인 창발성과 진취성을 계도 · 고동鼓動하는 발전적인 교육이 될 것이며, 형식주의적 · 간판주의적 또는 특권 계급적인 교육이 되지 아니하고 구체적 실력 본위적 또는 전 인민적인 교육이어야 한다. 우리는 적어도 초등 정도의 국민교육 이상의 모든 교육은 반드시 이러한 새로운 교육제도에 의하여 각종 전문대학, 연구소, 실습소, 기술 연습소 또는 모든 직장에서 광범히 계속 실시되어 매개 인민으로 하여금 무한히 적재적소적인 지식 기능을 향상시키는 동시에 그것은 곧 전 인민 · 전 민족 · 전 국가 · 전 인류의 행복을 발전시키는 데 기여하게 해야 할 것을 주장한다.

8. 20세 이상 남녀에게 참정권을 부여함

우리 당은 처음부터 끝까지 광범한 근로 창생의 이익을 자기의 이익으로 삼으며 인민 대중과 함께 움직인다. 전체 근로 인민, 전체 애국 인민의 염원과 요구는 곧 우리 당의 염원이며, 우리 당의 요구이다. 우리 당의 정치상 · 경제상 · 문화상 모든 주장은 곧 전체 인민의 주장과 부합되는 것이어야 하며, 모든 활동은 곧 전체 애국 인민의 절실한 이익과 합치되어야 한다. 전체 근로 인민의 이익을 떠나서 우리 당의 이익이 있을 수 없고 전체 애국적 인민 대중의 갈망을 떠나서 우리 당의 갈망이 있을 수 없다. 우리 당은 애국적 인민 대중의 눈과 귀를 자기 눈과 귀로 삼으며, 애국적 인민 대중의 입을 자기 입으로 삼으며, 애국적 인민 대중의 주먹을 자기 주먹으로 삼으며, 애국적 인민 대중의 의욕을 자기 의욕으로 삼으며, 애국적 인민 대중의 피와 땀과 생명을 자기 피·땀·생명으로 삼는다.

　그리하여 인민 대중이 하고 싶은 말을 하여 주고, 인민 대중이 하고 싶은 일을 먼저 하고, 인민 대중이 가고 싶은 길을 선두에서 걷는다. 인민 대중과 함께 인민 대중을 이끌고 모든 곤란을 극복하면서 애국적·민주주의적인 역사 발전의 대 방향으로 돌진하는 것이 우리 당의 사명이다. 따라서 우리나라의 정치적 주권 기관을 수립하는 데서도 우리 당은 당연히 독재를 반대하고 전체 애국적 인민 대중과 함께 선거 및 피선거권을 진행할 것을 주장함은 물론이다. 적어도 20세 이상의 연령에 달한 공민 남녀는 지식별, 기능별, 성별, 출신 성분별, 직업별, 신앙/불신앙별, 자산의 다소 유무별, 거주 기간의 장단별 등에 의한 차별과 제한이 없이 직접적·평등적으로 선거권 및 피선거권을 행사해야 할 것이며, 또는 한 번 선출된 인민의 대표는 옛날의 제국주의 일본의 의원들처럼 인민을 호령하는 특권적 존재가 되지 아니하고 반드시 자기를 선출하여 준 인민을 위하여 충실히 복무하며 선거자들의 앞에 자기 사업을 보고할 책임을 져야 할 것이다. 이렇게 함으로써만 주권 기관은 진실로 인민 자신의 민주주의적 주권이 될 수 있으며, 전체 애국적 인민의 행복을 위하여 충실히 사업하게 될 수 있는 것이다.

9. 광공업, 수산업의 급속한 발달과 농업의 과학화·중농화를 기약함

조선은 예로부터 자타가 공인하는 '농업국'이다. 온난한 기후, 반산 반야半山半野 유산유수有山有水의 지세, 비옥한 토질은 수천 년 전부터 조선을 농업국으로 발전시킬 천연적 조건을 구비하고 있으며, 유순하고 근면한 이 나라 인민들의 전통은 이 땅을 백곡 구비한 농업국으로 만드는 데 가장 적당하였던 것이다.

그러나 아직까지 중세기적·봉건적·보수적인 형태를 면하지 못한 미개한 농업 본위를 운운하는 것은 결코 오늘 우리의 자랑거리가 될 수 없고 차라리 수치가 아닐 수 없다. 더욱 민족 영원의 번영 발전을 위한 민주주의 새 조선을 건설하는 오늘, 우리는 보수적인 과거의 농업을 과학적·현대적인 농업으로 약진시키며, 나아가 조선의 산업을 농업 본위의 낙후된 상태로부터 농·광·공·수산업 병진의 진보된 산업으로 발전시켜야 할 것이다. 민주주의적 토지 개혁의 실시로 전체 근로 농민을 봉건적 소작제도의 착취로부터 해방할 뿐만 아니라 토지의 개간, 관개시설의 확장, 토질의 개량 및 영농 방법 일체를 가능한 한도 내에서 급속히 과학화·현대화하고 영세 농업을 중농화하여 보수적이던 농업을 과학적 영농화하여야 할 것이다. 그리고 여기에서 생겨나는 노력 인재의 여유를 광·공·수산 방면에 돌려 산업 경제 전체의 자주적·자급적인 발전을 도모해야 할 것이다. 가지 각색 광물자원 및 천연 에너지, 수산물이 풍부한 조선을 자급적·계획적으로, 융성한 광·공·수산업 지대로 발전시키는 것은 결코 먼 장래로 미룰 일이 아니라 오늘 당장하여야 할 일이며, 전 국가적·전 인민 계획 밑에서 민족 자주 경제의 토대를 튼튼히 쌓고 이를 더욱 발전시켜 세계 인류의 민주주의적 평화와 행복에 적극 기여하는 것은 우리 민족의 역사적 사명이다.

10. 실업 방지, 보건 위생, 부양 문화 등
고도의 사회 정책 실시를 기약함

우리가 건설하는 민주주의 새 조선에는 불구·질병·노쇠 등으로 노동 능력을 상실한 자가 아닌 한, 전체 인민 중 한 사람도 실업·무직으로 인한 유휴자遊休者·궁핍자·타락자가 없게 하여야 할 것은 전에도 말한 바이다. 그리고 치료실의 궁핍, 기타 어떠한 사정으로든지 병든 사람이 제때에 치료 받지 못하는 일이 없이 누구든지 병이 나면 적당한 치료를 받을 수 있고 휴양할 수 있게 하는 동시에, 전염병과 기타 모든 악병을 미리 잘 예방할 만한 전 인민적·전 국가적인 보건 위생시설을 하여야 한다. 전체 인민 중에 부분적으로라도 보건 위생시설의 부족으로 인하여 심신을 쇠약케 하게 되는 자, 불구 상해를 당하는 자 또는 영양 부족에 빠지는 자가 있다면 전 인민적 · 국가적으로 급속히 근절을 위한 대책을 수립해야 할 것이다.

그리고 노두露頭에 무인無人 무탁無託하여 걸식하는 고아, 노약 불구자 등이 방황하게 하면 이는 문명 국가로서의 체면상 참을 수 없는 일일 뿐만 아니라 동귀일체적인 민족애 · 인류애로서도 방임할 수 없는 일이다. 마땅히 국가적 또는 사회적으로 육아원 · 고아원 · 양로원 등을 광범히 설치 · 경영하며, 또는 불구자를 수용하여 의식주를 주는 동시에 적당한 일을 하게 하는 시설을 갖춰야 할 것이다.

이와 같은 전국 내의 직업시설, 보건 위생 부양시설을 갖추어 의식주의 실생활 면에서 불행한 자를 일소하는 동시에 한걸음 더 나아가 그들을 사상적 · 도덕적으로 향상시키며 정신적 · 육체적으로 위안할 광범한 문화시설, 체육 · 오락시설을 갖춰야 한다. 이러한 사업을 적극적으로 실시하는 것은 사인여천의 윤리를 수립하는 데 반드시 필요한 실천적 조건이며 전 인민적 민주주의 정치경제를 발전시키는 데 필수적인 사회 정책이 되는 것이다.

11. 언론 · 집회 · 신앙 · 결사 · 출판의 자유

언론 · 집회 · 신앙 · 결사 · 출판의 5대 자유는 민주주의를 구체적으로 실현하는 기본조건이다. 이 모든 자유가 없이는 인민 대중 스스로 민주주의적 방법에 의하여 자기의 주권을 수립할 수 없으며 또는 주권기관에서 인민 대중의 진정한 요구와 지향을 받아들여 그 이익을 구현하는 올바른 정책을 실시할 수 없는 것이다.

근대 이래 세계에는 민주주의를 표방하는 국가들이 많이 있으며 그러한 국가들은 모두 인민의 5대 자유를 실현하노라고 한다. 그러나 인간 본위의 민주주의적 평등 자유가 아니요, 자본의 팽창과 이윤의 추구를 본위로 하고 거기에 인민 전체를 종속시키는 주객전도의 무질서한 자유는 진정한 자유가 아니다. 자본가의 이윤 추구를 본위로 한 각자위심적인 '자유를 위한 자유'의 조건에서 언론·집회·신앙·결사·출판의 시설 수단 및 그것을 이용할 자본이 없고, 따라서 자본을 중심으로 이루어진 정치적 권력이 없는 절대 다수의 빈한한 근로 인민 대중이야 어찌 5대 자유를 향수할 수 있겠는가? 겉으로는 민주 평등을 표방하나 그러나 그것은 양두구육에 불과한 것이요, 사실은 그 정치적·경제적 권력으로 언론·집회·신앙·출판·결사의 물적 시설, 시간 또는 기회 등 직접·간접의 모든 조건을 독점하고 있는 소수 특권계급만이 그 모든 자유를 전용하는 데 불과하고, 절대 다수의 근로 인민 대중은 오직 특권계급에게 지배되고 사역되고 착취당하고 압박당하는 데 지나지 않는 것이다.

여기서 우리는 우리의 도덕적 이념, 정치적 이념, 경제적 이념 및 문화적 이념에 맞는 진정한 인간 본위적 민주·평등의 원칙 하에서의 언론·집회·신앙·출판·결사의 자유를 실현코자 하는 것이다.

이 자유는 각자위심적 자유가 아니요 동귀일체를 지향하는 자유이며, 무질서한 자유가 아니요 진정한 민주 평등적 자유이며, 자본 또는 정치적 특권 중심의 자유가 아니요 인간 본위의 전 인민적 자유이다. 자본의 특권, 정치의 특권, 문화적 특권 등으로서 인민의 언론·집회·신앙·결사·출판을 억압·구속하지 아니하는 진정한 민주주의적 자유는 오직 인민들 자신이 자기의 정권을 수립함으로써만 향수할 수 있는 것은 물론이다.

12. 여성의 인격 및 경제적 평등을 기약함

과거 일본 제국주의 통치하의 법률에도 직접적으로 여성의 심신 및 생명을 유린·살상하는 데 대한 형벌은 남성에 대한 그것과 다름없이 규정되어 있었다. 그러나 이러한 형식적인 규정으로서는 도저히 진정하게 여성을 보호할 수 없으며 남녀평등을 실시할 수 없는 것이다. 이러한 규정은 여성의 육체와 생명을 남성의 종속물로서 보호하는 데 지나지 않는 것이며 또는 남성으로서 돈과 권력만 있으며 여성을 마음대로 농락·유린하는 것을 위장하는, 눈 가리고 아웅 하는 식의 법률에 불과한 것이었다.

진정한 여성의 해방은 모든 여성을 경제적으로 해방함으로써만 실현될 수 있는 것이며 진정한 남녀평등은 인격적으로 남자와 여자를 꼭 같이 대우함으로써만 실현될 수 있는 것이다. 모든 여성들에게 남성과 똑같이 재산을 상속받을 권리, 교육받을 권리, 가정적·사회적 및 국가적으로 자기의 의사를 자유로 발표할 권리, 정치적·경제적·사회적·문화적 및 종교적으로 활동할 권리, 자기의 지식 기능을 발전 또는 발휘할 수 있는 권리, 국가 사회의 모든 직장에서 일할 권리, 노력의 대가를 받을 수 있는 권리를 가지게 해야 할 것은 물론 임산기姙産期와 수유시에는 특별한 보호를 받을 권리를 가지게 해야 한다. 매매결혼, 예약결혼, 강제결혼과 매소買笑·매음을 엄금하며 여성의 문맹자를 일소하는 동시에 그 문화 수준을 급속도로 향상시키는 것은 지금의 조선에 제기된 중요한 문제이다. 그리하여 삼천만 동포가 다 같이 민주 조국 건설에 자기의 지식과 기능 정신력·육체력·물질력을 다 바쳐야 할 것이다.

최해월 선생은 일찍이 근로 여성의 베 짜는 소리(織布聲)를 듣고 "한울님이 베를 짜신다."고 하였으며 '부인과 어린아이의 말이나 남자의 말이나 옳은 말은 꼭 같이 천어天語'라고 하였다. 손의암 선생은 역사상 처음으로 조선(道家) 여성들에게 이름을 갖게 하고, 여성 교육에 주력하는 동시에, 여성의 노역을 절약하기 위하여 색의와 단추를 장려하였다. 우리 천도교와 청우당(敎黨)이 오늘날까지 발전되어 온 데에는 여성 동덕들의 내수도內修道의 힘이 가장 크며 앞으로도 여성 동덕들에게 기대하는 바 크다. 이러한 역사적 전통을 가진 우리 당에서 진정한 남녀평등권의 전 조선적·전 세계적 실현을 위하여 끝까지 적극 노력하는 것은 극히 당연한 일이다.

제8장 천도교청우당의 역사적 경험과 현 단계의 바른 정치노선

1. 동학혁명운동 시대의 단독 투쟁

최수운 선생은 처음부터 자신과 적을 분명히 밝혀 말씀(辨明)하였다. 자신의 편은 두말할 것도 없이 진정한 애국적·개벽적 본질을 가진 근로 인민 대중, 즉 특권 지배계급에게 눌리고 빨리는 가련한 창생들이었다. 그래서 이러한 창생들에게 후천개벽 사상을 고취하고 보국안민, 지상천국 건설의 새로운 방향을 가르쳐 민주주의적 단결을 확대·강화함으로써 자신의 힘을 키우기에 노력한 것이다.

적은 두 가지가 있으니 하나는 국내의 적, 즉 민족 내부에서 창생을 압박·착취할 뿐만 아니라 자기네 소수의 특권을 유지·확장하기 위해서는 외국 침략 세력을 영입하여 거기에 의부依附하기까지라도 서슴지 않는 매국적·민족 반역적 본질을 가지고 있는 보수적인 봉건 특권계급이며, 또 하나는 국외의 적, 즉 정치적·경제적·문화적·군사적으로 조선을 침공하여 인민을 영구히 노예로 만들며 민족을 말살시키려고 만만연漫漫然히 밀려들어 오는 원수 왜적과 그 밖의 모든 제국주의적 침략 세력이다. 보국안민의 대원을 이루어 봉건·보수·쇠망의 길을 걷고 있는 조국을 민주·진보·부강한 새 나라로 만들며, 도탄에 빠진 창생을 건지기 위해서는 이 두 가지 적의 격파, 즉 국내 특권 지배 세력을 일소하고 외국 제국주의 침략 세력을 배제하는 것을 병행함이 필요하였다. 최수운 선생이 경전 가사에 많이 쓴 왜적 원매怨罵, 서구 제국주의 세력 동점의 우려·개탄 및 동학당의 유반 부儒班富 불입의 원칙으로써도 그것은 명백히 증명되는 사실이다.

　최수운 선생이 국내의 적에게 잡혀 순도하신 후 동학당은 국내의 적의 온갖 탄압 속에서도 점점 조직이 확대 강화되어, 몇십 만의 창생을 단결시키는 데 성공하였다. 그만하였으면 한번 적과 겨루어 볼 만한 실력을 가지게 된 것이었다. 이때 최해월 선생은 두 가지의 적을 분명히 관찰하고 있었지만 전봉준 장군의 눈에는 당장 앞에 있는 국내의 적만이 크게 보이고, 국외의 적은 그리 대수롭지 않게 여기었던 것이다. 최해월 선생이 좀 더 조직 역량을 질적·양적으로 확대·강화하여 외국 침략 세력이 간섭할 틈을 주지 아니하고 일거에 대혁명을 완성하고자 심모원려하는 데도 불구하고 전봉준 장군이 급진적으로 나갔던 것은 실로 이 때문이었다. 그러나 보국안민, 척양척왜의 구호를 내세웠던 것으로 보아 외국 침략 세력을 적으로 인식하였던 것만은 사실이다. 그리고 이때의 동학당은 국내적으로나 국외적으로나 방향을 같이 하고 손을 잡을 만한 세력을 전혀 발견할 수가 없었다. 국내적으로 볼 때 동학당 자체 이외의 세력은 모두가 보수적·반동적 · 반인민적인 원수이며, 국외적으로 보아도 조선의 주위에 모여 드는 것은 모두가 침략 세력뿐이었다. 그러므로 부득이 단독적으로 고군분투하지 아니하지 못하였던 것이며, 또는 선봉대를 따로 조직하지 아니하고 동학 전체를 들어 한 개의 전투적인 당으로서 행동하였던 것이다. 그리고 이때 동학당은 자체만의 힘으로써 넉넉히 국내의 적을 타승打勝할 자신과 실력을 가졌지만 주로 일본 침략자의 무력 간섭 때문에 천추의 원한을 품은 채 그만 진압당하고 말았던 것이다.

2. 갑진개혁운동 시대의 쓰라린 경험

갑진개혁운동은 두말할 것도 없이 갑오 동학혁명운동의 계승이며 발전한 보국안민운동이다. 갑오 당시에는 조선에 대한 외세의 침략이 그리 핍박하지는 않았다. 그러나 갑진 당시에는 조선에 대한 외세의 침략이 전면적으로 구체화 · 노골화되었으며 조선의 주위에 육박한 대국들은 저저마다 영세한 대륙에 자기의 세력을 신장하기 위한 침략기지 또는 교두보로 조선을 자기의 것으로 만들고자 하였던 것이다. 이때는 조선에 망국의 위기가 급박하여 오는 때였다. 그러나 열강이 아직도 상호 각축하여 대세가 어느 편에 치우쳐 확정적인 우세가 수립되기 전에 급속히 국내의 민주개혁을 단행하여 자체의 역량을 강화하는 동시에 자주적 · 평등적인 외교로 국제적으로 독립 국가의 지위를 고착시키면 능히 전화위복하여 조국 만년의 안위를 보위할 수 있는 절대의 기회였다고 할 수 있다. 따라서 갑진 개혁은 그 전쟁 목표를 첫째, 근로 창생의 급속한 민주 단결, 둘째, 부패한 정부의 개혁과 민주 문명의 새정치 단행, 셋째, 자주적·능동적인 외교의 실행에 두었던 것이며 그 투쟁의 방법도 또한 갑오 당시와는 달리 하였던 것이다.

갑진개혁운동의 투쟁 방법은 첫째, 갑오운동은 무장 봉기를 유일한 수단으로 하였지만 갑진운동은 단발 개회로써 결사적인 민주 단결 역량을 시위하는 새 방법을 취하였던 것, 둘째, 갑오운동은 동학 자체를 그대로 들고 나섰지만 갑진운동에는 동학 자체를 들고 나서지 아니하고 따로이 민회(즉 대동회-중립회-진보회)를 조직하여 정치적 투쟁의 선구를 삼았던 것, 셋째, 본래 동학 민중이 아니라도 정치적 목적이 같고 민주 개화를 위한 애국적인 의지가 공고하여 능히 단발 입회하는 자이면 조직 대열에 흡수하였던 것, 넷째, 그리하여 일거에 정부를 개혁·일신하고 전국적으로 진보적인 새 민주정치를 설시하려 하였던 것 등이다. 그러나 진보회의 회장이 되어 직접적으로 이 대중적 정치운동 단체의 일을 운영하던 이용구 등은 그 회가 다시 동학혁명운동 당시처럼 한일 양국 군의 총포 아래 놓이게 될 것을 겁내어 자신의 안전책으로 일진회와 합류하였으며, 합류된 뒤에는 일진회 자체의 근본 사명(즉 동학 이래 혁명적 애국 애족)을 잊어버리고 정권욕에만 몰두하였던 것이다. 그러므로 갑진개혁운동의 실패 원인은 첫째, 이용구·송병준 등이 일본에 망명하여 계시는 손의암 선생을 속이고

(또는 선생의 命敎 없이) 일진회와 합류하였던 것, 둘째, 일진회는 진보회와 같이 보국안민의 대진리를 핵심으로 하고 뭉친 사념이 없는 애국애민적 · 희생적 · 혁명적인 대중단체가 아니요 오직 기성 정권을 타도하고 자기가 정권을 잡을 야욕만을 가진 독립협회의 잔당 윤시병 등 소수분자의 단체였음에도 불구하고 다만 기성 정권 타도라는 일부분적 목적만이 같다고 해서 세력 연합도 아닌 무조건 합류를 단행하였던 것, 셋째, 전국적 단발 개회로 진보회의 세력이 크게 일어났을 때, 즉 정부에서 조치가 미치지 못할 때에 과감하게 그것을 전복하여 (그때는 능히 그리하기 용이하였다) 정권을 장악하지 못하고 시일을 미루어 미온적 태도를 취하였던 것, 넷째, 아직도 진보회 자체의 민주주의적 조직이 공고하지 못하여 대중의 요망을 그대로 중앙기관에 구현하지 못하였으며 또는 회원들의 정치적 훈련이 부족하여 이용구 · 송병준 등 간부의 기만에 지방 도중들이 쉽사리 속아 넘어 갔던 것, 다섯째, 일본의 결정적 전승이 의외에 시일이 급속하였던 것 등이라고 할 수 있다. 그러므로 뒤미처 귀국한 손의암 선생은 단호히 일진회와 동학을 분석(즉 敎會 分析)하여 천도교명을 천하에 대고함으로써 동학의 전통을 수습하는 동시에 이용구 등 60여 명을 일거에 출교하는 대결단을 내렸던 것이다. 보국안민의 당이요 개벽의 당인 동학의 본원체인 천도교에 내포된 인간 본연의 자력적 · 궁극적 신앙을 모태로 한 종교성과 그것을 사회적으로 인간의 실생활에 실현하기 위한 후천의 새 정치성을 총 발전시켜 천도교라는 교정쌍전의 새 종교의 명의로

천하에 대고한 것은 일본 제국주의 정치의 탄압하에서도 능히 그 조
직체를 유지 · 확대하여 후일의 재거再擧를 가능하게 한 손의암 선생
의 대결단이며, 천도교라는 후천의 새 종교의 기치를 선명히 한 것이
다.

3. 기미 민족 해방 투쟁과 민족통일전선

기미 3 · 1운동은 조선의 국토를 강점하여 민족의 정치 · 경제 ·
문화를 야만적으로 압박 · 착취 · 말살시키고 있는 강도 일본제국주
의의 굴레(羈絆)로부터 민족 해방을 얻고자 하는 투쟁이었다. 호랑이
가 들어왔을 때에는 누구든지 그놈을 몰아내는 것이 급선무인 것처
럼 그때의 조선 민족의 급선무는 오직 반일 민족 해방 투쟁 이외에 다
시 없는 것이다. 그리고 어떠한 형태 어떠한 방법으로든지 일본제국
주의를 반대하기만 하면 모두 민족 전체의 영구한 이익에 맞는 애국
적 행동이었던 것이다. 갑오동학혁명운동 시대의 단독 투쟁 경험과
갑진개혁운동에 있어서 이색異色분자와 합류하였다가 실패의 고배를
든 쓰라린 경험을 가진 천도교는 1919년 3 · 1민족해방운동을 조직 ·
진행하는데 있어서 최대한 이롭고 효과적인 방법을 사용하였으니 '민
족통일전선'이 곧 그것이다. 이제 천도교인의 입장에서 3 · 1운동 당
시에 민족통일전선을 구성하였던 내용을 고찰하면 첫째, 투쟁의 목
표를 천도교적 또는 천도교인들의 주관적 요망에만 둔 것이 아니요

전민족의 유일 공통한 목표 달성에 두고 거기에 각층 각계 인민의 역량을 총동원 집주集注하였던 것, 다시 말하면 천도교인들의 절실한 요망을 전 민족의 요청에 완전히 부합·일치시켰던 것이다. 둘째, 천도교단 또는 천도교인의 이익은 언제든지 전 민족의 이익과 둘 아닌 하나로 완전히 부합되어 있는 것이며, 따라서 천도교 또는 전체 천도교인은 언제든지 전 민족 즉 전체 애국적 인민과 이해利害·휴척(休戚 =기뻐함과 슬퍼함)·동정動靜을 함께하여 나간다는 것을 구체적 실증으로 보여준 것이다. 셋째, 천도교 또는 천도교인들의 목적은 천도교 또는 천도교인들만의 고립된 힘으로 달성할 수 없는 것이요 전체 애국 인민들과 힘을 합함으로써만 달성할 수 있는 것, 즉 고립보다 연합하여 적과 싸우는 것이 훨씬 효과적이라는 것을 자각하고 그것을 실현한 것이다. 넷째, 이와 같이 3·1운동은 천도교로서 단독투쟁을 전개한 것이 아니요 천도교의 본체는 그대로 두고 본래부터 애국적·개벽적 또는 희생적인 수련을 쌓아온 천도교인들이 주동력이 되고 중심이 되어 애국적·반일적인 각층 각계 인민과 힘을 합하여 전 민족적인 해방 투쟁을 전개하였던 것이라고 할 수 있다.

그리고 이 운동은 처음부터 동포의 희생을 적게 내면서 민족 내부에 불멸의 해방 독립 의욕을 환기 고조하는 동시에, 국제적으로 조선 민족은 결코 일본 제국주의의 구속에 굴하지 아니하고 끝까지 자주 독립을 위하여 싸우고 있는 민족이며 언제든지 이 절실한 요망을 달성하고야 말 것임을 설명하기 위하여 일으켰던 것이요 결코 일거에 천도교단을 건설할 목적으로 각계 인민을 일시적으로 이용하였던 것이 아니었다. 비록 3·1운동은 그때 일본 제국주의 세력이 상승기에 있는 까닭으로 소기의 목적을 정치적으로 구현하지 못하였다. 그러나 이 운동이 일본의 살인적 무단 탄압에 의하여 나날이 미약해져 가던 조선 민족의 자주 정신을 회생시키고 독립 의욕을 환기하여 그 뒤 국내·국외의 모든 반일적·애국적·민주주의적인 사회운동·문화운동·정치운동·경제운동 내지 무장 투쟁운동을 일으킨 기초가 되었으며, 나아가 국제적으로 조선 민족의 자주성·독립성을 확인시켜 놓았던 것만은 움직일 수 없는 사실이다.

3·1운동의 성과로서 그 이후 비록 일본 제국주의자들의 일시적·기만적인 정책으로서나마 부분적인 언론·출판·집회·결사의 자유를 얻게 됨에 따라 천도교는 동학 시대 이래로 고유한 정치적 목적(즉 민주 개혁적 완전 자주 독립)을 사회적으로 달성하기 위한 (그 방향으로 접근 전진하기 위한) 사업을 가능한 데까지 계속적·적극적·다방면적으로 수행하기 위하여 천도교청우당이라는 전위 조직을 가지게 되었던 것이며, 천도교청우당은 반합법·반비합법의 이중 방략으로 자기의 사업을 진행하다가 비밀결사로서의 오심당 사건 발각에 의하여 해산당하였던 것이다.

4. 현 단계의 바른 정치노선

왜정의 야만적 탄압으로 부득이 약 10년간 지하 잠행의 고투苦鬪를 계속하여 오다가 역사적인 1945년 8·15의 해방을 맞아 재건한 우리 당의 앞에는 최수운 선생 이래 일관한 염원인 보국안민을 구체적으로 실현할 건설 단계에 들어서게 된 것이다. 얼른 생각하기에 건국 사업은 그저 쉬울 것만 같아 보이기도 하고 유쾌하기만 할 것 같아 보이기도 한다. 그러나 건국 사업은 단순한 적과의 투쟁보다 한층 더 세심성과 주도성과 견인성이 요구되는 것이다.

민주주의 새 조선 건설 계단에 들어선 우리 당은 첫째, 당의 조직을 질적·양적으로 일신一新 심화하여 새 단계의 새 과업 수행에 유감없이 총 역량을 발휘할 만한 새로운 대오를 정비해야 할 것이며, 둘째, 그러기 위해서는 과거 대 일제日帝 투쟁기의 분산성을 청산하고 통일적·계획적인 건설성으로 전체 당원을 재교양하여 사상 의식의 통일과 실천 행동의 통일에 주력해야 할 것이다.

이리하여 당의 내적·외적 전 역량을 조직 건설의 새 방향으로 일신하여 가지고 강력하게 첫째, 민주 조선 건설은 결코 우리 당만의 사업이 아니요 전 민족의 사업인 것, 둘째, 건국 사업은 우리 당만의 힘으로써 불가능한 것이요 전체 애국적 인민의 총역량을 집주함으로써 비로소 가능한 것, 셋째, 전 민족의 이익과 우리 당의 이익이 둘 아닌 하나로 완전히 부합되어 있는 만큼 전체 애국 인민의 역량과 우리 당의 역량을 완전히 조화·통일시킬 것, 넷째, 따라서 민주주의 새 조선 건설의 당면 목적이 우리 당과 같은 모든 우당 단체들과 군은 민주주의 민족통일전선을 지어가지고 다 함께 힘을 합하여 대사업을 수행하여야 할 것, 다섯째, 그리하여 민족 자주의 민주주의적 새 정치 새 경제 새 문화를 건설하는 데 다같이 무한한 헌신성과 희생성과 적극성과 진취성과 통일성을 발휘하는 동시에, 크게나 적게나 또는 음적으로나 양적으로나 이 전 민족적 대사업(즉 우리 당의 대사업) 수행에 장애가 되는 독소는 이를 용서 없이 적발·제거하여야 할 것 등이 필수적 조건이 됨은 두말할 필요도 없는 것이다.

그러면 민주주의 새 조선 건설에 적이 되는 것은 무엇인가?

우선 당내적으로 첫째, 당의 조직을 혼란시키고 통일성을 약화시키는 지방주의적·분파주의적인 그릇된 경향, 둘째, 과거의 인습 또는 선입 주견主見만을 고집하여 보수적 태도를 취하며 적극적으로 생신生新한 진취·향상·발전의 길을 취하기를 싫어하는 부패적 경향, 셋째, 당 전체보다도 개인을 더 중히 여겨 당 기관의 결의와 지시를 성심 성의로 열복悅服하여 자각적·적극적으로 실행하지 아니하고 마지못하여 소극적·형식적으로 따라 오는 경향, 넷째, 진보적인 인민들의 적극성·진취성을 잘 받아들여 당의 적극성·진취성을 더욱 키울 줄 모르고 또는 우리 당의 바른 노선으로써 인민 대중을 추동·지도하지 못하고 도리어 낙후된 분자들의 말과 행동에만 정신이 팔려 그 꼬리를 따르고자 하는 추미적追尾的 경향, 다섯째, 자주적·능동적으로 우리 당의 애국적 · 개벽적인 희생성 · 선구성 · 적극성을 발휘하지 못하고 피동적 입장만을 취하거나 또는 우리 당이 이 민족, 이 인민의 공당임을 똑똑히 생각하지 못하고 당원만의 사당처럼 여겨 고립적 · 배타적인 아당주의我黨主義로 흐르는 비동귀일체적 경향 등 모든 결점이 전혀 없게 되어야 할 것이다.

다음으로, 당외적으로는 첫째, 우리 민족의 민주주의적 발전을 장애하는 봉건적 요소의 일소, 둘째, 친일 민족 반역자의 숙청, 셋째, 일신일가의 이익에 전 민족의 이익을 복종시키려는 각자위심적 반인민적 · 민족분열적 · 비애국적인 악질분자의 일소, 넷째, 외국 제국주의 침략 세력의 단호한 배격, 침략자들과 결탁하려는 매국노의 타도를 과감히 단행하여야 할 것이다.

그리하여 진실로 민주주의를 애호하고, 파쇼 독재를 반대하며, 조국의 완전 자주 독립을 주장하고, 외국의 침략 · 지배 · 간섭을 배격하며, 민주 개혁을 위하여 노력하고 봉건 보수를 반대하며, 동귀일체적 전체 인민(전 민족)의 이익을 주장하고 각자위심적 개인 이익 본위주의를 반대하며, 세계의 민주주의적 평화를 찬성하고 국수주의적 또는 제국주의적 침략과 전쟁을 반대하는 우당 단체들 및 전체 애국적 민주주의 애호 인민들과 전면적으로 우호 · 협조 · 통일 · 단결을 강화하여 역사적 대과업을 성취하는 것이 현 단계의 우리 당의 가장 바른 정치 노선이다. 이러한 민주주의 민족통일전선의 확대 · 강화만이 흉악한 제국주의 침략 세력을 배제하고 진정한 조선 인민 자신의 민주주의 완전 자주 독립 국가를 건설할 수 있는 유일무이의 길인 동시에, 과거 3대 운동의 역사적 경험과 교훈을 바로 살린 우리 당의 정확한 정치 노선인 것이다.

제9장 천도교청우당원의 의무

1. 공민으로서의 의무

나는 대우주의 무한한 시간 중의 이 현재, 무한한 공간 중의 이 지구에서 살고 있는 대우주 대생명(즉 한울)의 가장 고도로 발전된 일부분적 생명이다. 이 우주, 즉 한울을 떠나서 생겨날 수도 없고 살 수도 없는 나는 마땅히 우주 만물을 사랑하고 아끼고 잘 기르고 잘 발전 · 향상시킬 의무를 가지고 있는 것이다. 나는 이 세계 인류 중의 하나이다. 이 인류 사회를 떠나서 내가 생길 수도 없으며 살아갈 수도 없다. 따라서 나는 마땅히 이 세계의 무궁한 발전 · 향상과 이 인류 사회의 평화와 행복을 증진 · 향상시키는 사업에 적극 노력하며, 이 인류 사회의 발전 · 향상과 함께 자신의 행복을 증진할 의무를 가지고 있는 것이다. 나는 조선 민족 중의 일 분자이다. 이 민족이 없이 내가 생겨날 수도 없으며 이 민족의 번영 · 발전을 떠나서 내가 발전 · 향상할 수 없는 것이다. 나는 마땅히 이 민족 이 나라의 한 개 공민으로서 이 나라 이 겨레의 역사를 민주 · 부강한 방향으로 발전 · 향상시킬 의무를 가지고 있으며 그 의무를 잘 실행함으로써만 나 자신이 발전 · 향상될 수 있는 것이다.

　이와 같이 생각하는 것이 소아와 대아를 불가분리의 일체로 보고 소아의 이익과 대아의 이익을 부합시켜 동귀일체적 근로 향상을 실천하는 우리 당의 '한울관'이며 경천적인 의무관이다. 공민은 마땅히 그 나라 인민으로서의 민주주의적 권리를 행사할 수 있는 동시에 의무를 부담하여야 한다. 자기 의무는 적극 실행하지 아니하고 권리의 행사만을 주장한다면 이는 천리를 어기는 자이며 천명을 순종하지 아니하는 자이다. 민주주의 새 조선의 공민! 민주주의 새 조선을 건설하는 도상에 있는 인민은 마땅히 언론 · 집회 · 신앙 · 출판 · 결사의 자유를 향유하며 또는 정치 · 경제 · 문화 등 각 방면에서 평등한 선거권 · 피선거권 · 의사발표권을 가지는 동시에 민주주의적 방법에 의하여 채택된 결의와 규정을 준수 · 실천할 의무가 있는 것이다. 다시 말하면 한 개의 공민인 우리는 마땅히 국가의 헌법 및 법전을 준수할 의무가 있으며, 국가 주권기관이 공포하는 법령 규칙을 실행할 의무가 있는 것이다. 그리하여 국가의 치안을 해치는 행위, 사회의 질서를 교란하는 행위, 조국을 방위하는 데 해가 되는 행위는 절대로 이를 행하지 아니하며 애국적 · 건설적인 모든 사업에 가진 힘을 다 바쳐야 한다. 법령으로 규정된 세금을 비ㅇ하여 중앙 지방의 주권기관에서 결정한 비용을 부담하며, 국가적으로 요청되는 사업에 노력을 제공하며, 자녀를 교육하며, 국토를 방위하며, 인민 경제 발전 계획에 적극 참가하는 것은 민주주의 새 조선의 인민으로서의 영예로운 의

무이다.

이러한 전 인민적 의무를 준수·실천하는 데서 우리 당원은 일반 인민들보다 솔선적·모범적이어야 하며 자각적·열성적이어야 한다. 먼저 이러한 인민의 의무를 충실히 실행하지 아니하고서는 도저히 이 나라에 살 수 없는 것이며, 천도교인 또는 천도교청우당원이 될 수 없는 것이다.

2. 천도교인으로서의 의무

위에 말한 바와 같이 우리는 마땅히 애국적 조선 인민으로서의 의무, 즉 빛나는 민주 조국의 공민으로서의 의무를 잘 준수·실천하는 동시에, 자진적으로 천도교인으로서의 의무를 부담하고 있는 사람들이다. 다시 말하면 우리는 일반 인민들보다 한 가지의 의무를 더 가지고 있는 것이며, 그것은 누가 강제한 것이 아니요 우리 자신이 입도에 의하여 스스로 지게 된 것이다. 천도교인으로서의 의무는 두말할 것도 없이 주문·청수·시일·성미·기도의 오관을 핵심 성의로 실행하는 것이며, 교회의 민주주의적 결의와 지시를 준수하는 것이다. 그리고 우리가 실행하는 오관은 인민으로서의 의무를 더욱 잘 실행할 정신력을 키우는 것이 되는 것이다. 우리 교회의 결의와 지시는 언제든지 전체 교인들을 국가 전체의 이익, 인민의 영구한 이익이 되는 사업(즉 보국안민의 대목적 달성을 위한 사업)에 일반 인민들보다 더욱 열성적·헌신적으로 활동하게 하기 위한 내성·자각을 높이는 것이 되는 것이다. 다시 말하면 조선 인민으로서의 민족적 의무와 천도교인으로서의 의무는 그 방향이 완전히 부합되는 것이며 실행의 성실과 완전히 합치되는 것이다.

먼저 이 두 가지 의무를 완전히 실행하여 일반 인민의 모범이 되고 일반 교인의 선구가 됨으로써만 비로소 천도교청우당원이 될 자격을 얻을 수 있는 것이다. 우리의 교회적 안목으로 볼 때 반국가적·반인민적·반민주적인 일은 동시에 반 교회적인 일이고, 애국과 애교, 국가 민족을 위한 노력·희생과 우리 교의 발전을 위한 헌신·순도는 결코 딴 것이 아니요 하나인 것이다. 우리는 다같이 지극한 애교자가 되는 동시에 지순 지대한 애국자가 되어 인민적 의무를 잘 준수 실천하자.

3. 당원으로서의 의무

우리는 위에 말한 바와 같이 민주주의 새 조선 인민으로서의 의무, 즉 민족적 의무와 국가적 의무를 가지고 있는 위에 자열적으로 천도교인으로서의 의무를 부담하고 있으며 또 한걸음 더 나아가 자각적으로 천도교청우당원의 의무를 지고 있다. 다시 말하면 우리는 일반 인민의 필수적·불가변적 의무인 사회적 의무(민족적 의무 국가 공민으로서의 의무) 이외에 자각적·자진적으로 천도교인으로서의 의무와 천도교청우당원으로서의 의무를 더 부담하고 있는 것이다.

보통 사람보다 의무를 더 많이 지고 있는 사람은 정신적·육체적으로 일을 더 많이 하는 사람이며 따라서 사회·민족·국가·세계를 위하여 더 많이 기여·공헌하는 사람인 것이다. 그러면 천도교청우당원의 의무는 어떠한 것인가? 첫째, 당헌을 엄정히 준수할 것, 둘째, 당의 결의와 지시를 열성적으로 실행할 것이 곧 그것이다. 우리 당원은 누구든지 처음 입당할 때 열렬한 애국 인민적 입장과 지순한 천도교인의 선구적 입장에서 자기 개체의 생명(심신 및 그 능력의 전부)은 당의 부분 생명이요, 당은 자기의 전체 생명(즉 대아)인 것을 깨달아 소아로서 대아에 따를 것을 엄숙히 선언한다.

따라서 한번 당적에 이름을 기입하고 당원증을 받은 뒤에는 자기의 몸은 곧 당의 유기적 일부분체요 결코 자기 일 개인으로서 되는 대로 행동하여도 되는 사체私體가 아니다. 당의 목적은 곧 자기의 목적이며, 당의 요구는 곧 자기의 요구이며, 당의 사상 의식은 자기의 사상 의식이며, 당의 행동은 곧 자기의 행동으로 부합되고 조합되고 연결되고 통일되어야 한다. 당의 목적과 자기의 목적이 상반된다든가 당의 이익과 자기의 이익이 서로 반대된다든가 당의 사상 의식 방향과 자기의 사상 의식 방향이 서로 통일되지 않는다든가 당의 행동과 자기의 행동이 서로 일치되지 않는다든가 하면, 진정한 당원이 되기 위하여(즉 당원으로서의 자격을 높이기 위하여), 또한 당원으로서의 의무를 유감없이 실천하기 위하여(즉 당의 강령·정책의 적극 실현을 위하여) 자각적 · 자진적으로 다음 몇 가지 내적 수련 · 향상과 외적 근로 · 실천에 적극적 · 지속적인 노력을 쌓아야 할 것이다.

1. 당헌의 모든 조항을 충분히 이해 · 기억하여 일상적인 일동일정이 하나도 당헌에 위배됨이 없게 할 것

2. 당의 강령 · 정책을 충분히 이해 · 기억하여 어느 때 어느 곳에서든지 그 실현을 위한 활동의 적극성을 높일 것

3. 당의 규율을 준수하고 강령 · 정책을 실현하기 위한 능동적 활동에 열성을 다함으로써 어느 때 어느 곳에서든지 일반 인민들에게 애국적 · 건설적인 실천의 모범을 보일 것

4. 일반 인민들보다 더욱 열성적으로 배우며 일하고, 일하며 배우는 생활을 지속하여 지식 · 기능 · 실천이 모두 일반보다 높은 수준에 도달하게 할 것

5. 선진적인 진취성과 희생적 애국심으로써 인민을 옳은 방향으로 추동 · 지도할 것이요, 결코 낙후분자들의 꼬리를 따르는 일이 없을 것

6. 일상적으로 인민과 함께 말하고 웃고 일하는 가운데서 그들의 진정한 진보적 · 애국적 의사와 요구를 받아들여 당의 의사를 인민 대중의 의사와 더욱 밀접히 결부되게 하고 당의 요구가 더욱 절실히 인민 대중의 요구를 대변하게 하는 생신한 자료가 되게 할 것

7. 당원 상호간의 심화기화적 단결을 더욱 강화하며, 우당과의 협조를 더욱 굳게 하여 민주주의적 통일 · 단결에 좋은 모범을 보이며,

교인 및 일반 인민들의 곤란을 자기의 곤란으로 여겨 적극적으로 도와주고 어려운 문제를 친절하게 해결해 주는 성의를 아끼지 말 것

8. 인민 주권의 바른 시책을 인민 대중 속에 심화·철저화하는 데 있어서 항상 선봉이 되고 모범이 될 것

9. 자기의 입은 당의 입이 되어 일상적으로 당의 바른 주장을 선전하며, 자기의 눈과 귀는 당의 눈이 되고 귀가 되어 당 및 인민 주권 관계에 해를 끼치는 당내 당외의 모든 적(사람으로서의 적, 사상 경향으로서의 적, 또는 의식 무의식 중에 일어나는 행동으로서의 적)들을 재빨리 적발 폭로 또는 시정·숙청하는 경각성을 높여 가지고 있을 것

10. 당원은 마땅히 농민은 농민으로서, 근로자는 근로자로서, 사무원·기술자는 사무원·기술자로서, 상인은 상인으로서, 기업가는 기업가로서 항상 애국적·건설적인 태도를 가지고 자기의 직무에 충실하여 직업상의 모범이 되고 인민 경제 건설의 추동력이 될 것

11. 일할 때는 남보다 더 부지런하게, 더 세심·정밀하게, 더 진보적·적극적으로 일하며, 애국적인 사업에는 남보다 더 희생적 선구적으로 용감히 돌진하여 많은 성과를 거두되 공은 항상 인민들에게 돌려 스스로 자고自高 자대自大하지 말 것

12. 천도교인으로서의 수련 향상과 교리 교사의 연구를 게을리 하지 않는 동시에 현대적 과학 지식 수준을 더욱 높이기 위하여 항상 부지런하고 열성적일 것

13. 일언일동을 좀 더 당에 이익이 되도록, 국가 인민에 이익이 되

도록, 열성과 적극성을 가지고 행동할 것이며, 털끝만치라도 당과 국가 인민에 해되는 일을 하지 말 것

14. 당의 기본 세포기관인 접 생활을 철저히 하여 사적 생활과 당적 생활을 딴 방향으로 이탈시킴이 없어야 할 것이며, 당과 자체의 불이성을 사상·의식상으로뿐만 아니라 일상적 실천에서 구현할 것

15. 당의 결의와 지시를 접수함에 있어서 이를 자기의 역량 및 그때 그곳의 구체적 실정에 맞도록 구체화시켜 책임적·적극적으로 실천할 것, 그리하여 언제든지 당 사업의 집행자가 되고 보고자가 될 것이며, 결코 기계적·형식적 또는 책임 도피적으로 사업에 당하는 일이 없어야 할 것

16. 보고와 연락은 반드시 기관을 통하여 할 것이요 사적 개인적 행동을 취하지 말 것이며, 당의 비밀을 생명으로써 지키며, 당의 조직적 사업을 책임적으로 집행할 것.

천도교청우당, 새로운 세계를 기획하다

임형진 _ 경희대학교 후마니타스칼리지 객원교수

1. 서론

이 책은 해방정국 시기(1945.8.15~1948.8.15)에 나온 천도교의 주요한 정치 교양서이다. 주지하다시피 해방정국은 우리 민족에게 일제라는 구속된 정치질서가 아닌 새로운 정치의 장이 열리는 공간이었으며, 각 정치세력들은 그동안 축적한 정치이념과 노선을 가지고 치열한 권력 투쟁을 전개했던 시기였다. 각 정치세력들은 저마다의 주의와 주장을 펼치며 해방정국의 주역이 되고자 시도하였다.

이 시기에, 민족종교인 천도교단에서 만든 천도교청우당은 대규모의 민중 기반과 동학사상으로 이념 무장화된 정치세력이었다. 비록 청우당은 깊은 종교성과 일제의 이간책으로 시작한 신구파의 분열과 갈등 그리고 국제정세에의 둔감함 등으로 높은 이상성의 실현에는 실패했지만 동학이념을 바탕으로 한 한국 민족주의 정치세력의 중심이었다고 할 수 있다.

동학은 지상천국의 실현을 위해 교(敎=종교)와 정(政=정치)의 쌍방을 조화시키는 교정쌍전을 끊임없이 추구했던 운동 집단이다. 교정 분리의 서구식 관념으로는 이해되기 어려운 한국적 교정쌍전敎政雙全의 사유의 세계에서 출현이 가능했던 종교가 동학이었다. 따라서 동학은 종교적 차원의 영혼 구제와는 다른 차원의 정치적 이념과 사상 그리고 구체적 통치체제를 구상하고 있었다. 동학·천도교에서는 이른바 보편성을 띤 종교적 민족주의와 특수성을 바탕으로 한 문화적 민족주의가 결합되는 모습을 발견할 수 있다는 것이다.

동학에서는 그것을 후천개벽의 세상으로 표현했으며 구체적 실천운동 단체로 등장한 것이 천도교청우당이었다(이하 청우당). 청우당은 일제시대 천도교청년당으로 시작해 민족계몽의 문화운동에 진력하였던 천도교 민족운동의 중심체였다. 일제의 극악한 정치가 정점에 이르렀던 1930년대는 오심당, 불불당이라는 지하 항일조직을 결성해 국내에서의 저항운동을 주도해 나간 정치운동단체였다. 1930년대 말 일제에 의해 강제 해산당한 청우당이 다시 세상에 나온 것은 해방정국에서였다.

해방정국이라는 새로운 국면을 맞이한 남북한의 정치 상황은 혼란 그 자체였다. 백가쟁명의 주의와 노선들이 난무하였고 극심한 이념 대립의 시기이기도 했다. 그러나 당시의 미군과 소련군에 의한 군정 분위기에 편승해 급조된 정당들 대부분이 정확한 노선 제시는 물론 논리적인 정강정책 수립마저 불가능한 상태였다. 이에 비하여 청우당은 자신의 입장을 명확히 가지고 있었던 대표적인 정당이었다. 특히 청우당의 정치 교양 교과서로 쓰였던 이돈화의 『당지』, 『당론』이나 1947년 미·소공위에 제출한 『천도교 정치이념』 등은 당시의 상황에서 청우당이 표명한 동학의 정치 노선이었다.

다른 대다수의 근대 국가들이 택한 정교 분리와는 달리 오히려 교정 쌍전의 노선을 확고히 가지고 있었던 청우당의 정치적 이념은 동학 정치사상의 현대적 표현이었다고 할 수 있으며, 동학사상의 창시자 수운 최제우가 구상했던 후천개벽 세상의 구체적 비전이라고도 볼 수 있다. 이러한 청우당의 정치이념은 동학시대 이래로 그들이 추구했던 정치적 이상향을 위한 이론이었다. 이들이 그린 구체적 이상들이 드러난 대표적인 이론들이 바로 이 책에 수록된 글들이다.

제3의 길로도 해석될 수 있는 청우당의 노선은 한국 민족주의의 귀중한 사례가 될 것이다. 그것은 동학과 천도교의 이념정당으로서 활동했던 그들의 역사와 그들이 추구했던 이념과 운동 목표가 얼마나 민족주의적이었고 인류 평화 지향적이었는가를 보여줌으로써 증명되고 있다. 이 같은 연구를 통해 우리가 민족평화통일과 그 이후의 전망을 민족이념에서 찾고자 한다면 동학사상은 한국민족주의의 하나의 원형적 (ideal type) 모습으로서, 그리고 갈등 극복의 정치질서의 모델로서 재평가되고 나아가 한국적 특수성이 현대적 보편성을 획득할 수 있는 가능성을 타진해 보는 계기가 될 수 있을 것이다.

본 책자에는 3권의 소책자가 결합되어 있다. 『천도교 정치이념』과 『당지』 그리고 『천도교청우당론』(이하 『당론』)이 그것이다. 이들 소책자들은 해방정국 시기 천도교를 대표하는 정치이념서로서 수운 최제우에 의해 탄생한 동학을 계승한 민족종교 천도교의 정치적 견해를 이론적으로 표현한 팜플렛들이다. 특히 천도교의 전위단체인 천도교청우당의 당 교재와 강연자료로 쓰였지만 그들이 추구한 내용과 사상은 여전히 우리들에게 많은 시사점을 주고 있기에 그 유용성은 여전하다고 할 수 있다.

먼저 『천도교 정치이념』은 1947년도 3월에 김병제의 대표 집필로 발간되었는데 이는 당시의 시대상황에서 우후죽순처럼 생겨난 정치집단들에게 해방된 조선의 정치·경제·사회 체제에 대한 견해 표명을 요구한 데서 시작되었다. 즉, 1945년 12월의 모스크바 삼상회의 결과 우리 사회에 커다란 반향을 일으킨 이른바 찬탁과 반탁 운동의 결과로 우리 사회는 극심한 이념 대립에 빠지게 되었다. 국내에서 심각한 이념 대립이 치열하게 전개되는 동안에도 국제정치는 모스크바 삼상회의의 스케줄대로 진행되고 있었다.

먼저 1946년 3월부터 열린 미소공동위원회 1차 회담에 이은 1947년 5월 21일의 2차 미소공동위원회까지 미국과 소련은 저마다의 주장을 굽히지 않았다. 즉 서로에게 유리한 방식으로 남북한에 통일정부를 수립하고자 한 것이다. 가장 첨예하게 부닥친 문제는 미소공위에 참가할 대표단체 선정 문제였다. 일단 소련은 모스크바 삼상회의의 결과를 인정한 단체들로 제한해야 한다는 것이었고 미국은 자유주의적 입장에서 원하는 단체는 누구나 참가할 수 있게 하자는 주장을 내세워 대립하였다. 이때 미소공위에서는 참가를 희망하는 단체나 정당을 상대로 각자의 입장을 제출해 달라는 요청을 하였다.

이에 따라 천도교청우당은 천도교를 대표해서 미소공위에 참가하기 위한 입장을 정리할 필요가 있었고 그때 만들어진 것이 바로『천도교 정치이념』이다. 이 소책자는 김병제를 대표집필로 했지만 서울과 평양을 오가며 남북한의 천도교 이론가들의 연구와 자문을 거친 뒤에 발표[1]된 것으로 그 시기까지의 천도교단의 정치적 견해를 집약한 최고의 이론서라고 할 수 있다.

『당지』와『당론』[2]은 천도교의 최고 이론가였던 야뢰 이돈화 선생이 월북하여 북한의 천도교청우당원들의 학습교재로 쓰기 위해 만든 것으로 알려져 있다.『당지』와『당론』은 당원들의 학습교재용이다 보니 일종의 팸플릿 형태로 간행되었다가 금번에 비로소 제대로 된 책자로 출간된다는 것에 큰 의의가 있다.『당지』는 북한에서 월남한 천도교청우당원에게 이를 구한 재야 천도교 연구가이신 임중산 선생이 소장하고 있던 것이 공개되어 팸플릿 형태로 더러 간행되기도 했다. 그러나『당론』은 금번에 처음으로 출간되는 원고이다. 특히 이 책자는 6 · 25 당시 평양을 공격하던 미군에 의해 수집이 되었다가 지난 2000년 대초에 미국의 비밀문서 공개에 따라서 공개가 된 것이다.

2. 청우당과 자주적 민족통일운동

1) 청우당의 부활과 민족통합운동
해방 후 우리 사회는 근대 이후 처음으로 맞이하는 이념적 자유 속에서 다양한 이데올로기에 바탕한 정치단체들이 저마다의 노선과 주장을 가지고 등장했다. 이런 분위기 속에서 '과거를 참회하고, 현실을 정관하고, 미래에 정진하자'며 자중정관 自重靜觀하던[3] 천도교 역시 9월 23일 전국대의원대회를 준비하는[4] 한편, 청년들을 중심으로 당세 부흥과 건국 및 민족통일운동을 위해, 일제 말기 해체하였던 청우당을 부활하기로 하고, 9월 28일 위원장 이응진, 부위원장 마기상, 상임위원 이단, 위원 김기전 · 최난식 · 손재기 · 임문호 · 이석보 · 박완 · 김병순 · 이석보 · 나상신 · 김병제 · 송중곤 · 백중빈 등으로 준비위원회를 구성하였다.[5] 그리고 일제하 청우당의 활동을 긍정적으로 평가하면서 새롭게 다가온 기회를 맞이해 당을 부활하고 신국가 건설에 적극 참여하고자 하는 취지문을 발표하였다. 여기서 청우당은 종교운동적 차원의 정당이 아니라 명백한 정치 활동 단체임을 내외에 천명한 것이었다.

有史以來 最大慘劇인 第二次 世界大戰도 日 · 獨兩國의 敗北로서 終局을 告하게 되어 約 半世紀 동안 日本帝國主義 鐵鎖下에 얽매이며 呻吟하던 우리 三千萬 同胞도 解放의 기쁜 날을 맞게 되었습니다. 敬愛하옵는 男女同胞 여러분 우리는 祖國의 光復을 告함과 같이 우리 靑友黨의 復活을 宣布하는 기쁨을 갖게 되었습니다. 過去 二十年에 있어서 우리 黨이 그 日本帝國主義 政治의 彈壓 밑에 있으면서도 어떻게 활동하고 어떻게 受難을 하였는가 하는 것은 우리 一般이 다 같이 當하고 다 같이 아는 바로써 새삼스럽게 더 말할 것도 없거니와 이제 大運이 循環하여 萬機가 更張되는 此際에 우리 黨이 赫然한 復活을 보는 것은 敎內 敎外로 그 意義가

至極重大합니다. 기뻐 이를 仰佈하오니 從來의 男女 黨員諸氏는 勿論이
요 우리 同胞諸位도 勇躍 이를 맞이하여서 地方黨部를 迅速히 復活하옵
는 同時에 對內對外하여 積極的으로 活動을 하오며 新國家 建設에 貢獻
이 있기를 바라옵니다.[6]

청우당 부활준비위원회는 10월 7일 집행위원장 김병순, 집행위원
이종해 외 18인, 감찰위원장 이단, 감찰위원 오일철·손재기로 임시집
행위원회를 구성하고 부활전당대회를 준비하였다. 청우당 부활전당대
회는 10월 31일 오후 1시 경운동 천도교 중앙대교당에서 지방대표 1천
여 명이 참석하여 마기상의 사회와 이응진의 개회사로 진행, 민족통일
기관 결성 촉진, 전재동포 구제, 실업대책, 기관지 발행 등을 결의하였
다. 임원은 위원장에 김기전, 부위원장 이응진, 총무국장 마기상, 정치
국장 승관하, 조직국장 이석보, 문화국장 구중회, 특별국장 마기상 그
리고 중앙위원 47인 등을 임명했다.[7]

부활전당대회에 앞서 청우당은 우선 10월 5일 '민족국가의 만년대
계 설계와 인류문명의 개조'를 위하여 개벽사를 다시 설립하고 조선적
문화를 창달키로 하고 『개벽』지를 복간하였다.[8] 개벽사의 이사장은 홍
순문, 이사는 김기전·이돈화·최난식·이은이었고 주간은 김기전이
맡았다. 또한 청우당은 과거의 부문운동을 회복하기 위해 부문단체로
서의 천도교청년회를 부활시켰다.[9]

한편 남쪽에서의 청우당 부활에 이어 북쪽에서도 청우당은 부활되
었다. 해방 후 이미 상당수의 교세를 자랑하던 북쪽 지역에서는 1946

년 2월 8일 평양에서 천도교청우당 결성대회를 갖고 뒤이어 청우당은 2월 18일 재건되었다.[10] 재건된 당시의 임원으로는 위원장 김달현, 부위원장 박윤길 · 김정주, 정치위원 김달현 · 박윤길 · 김정주 · 전찬배 · 김윤걸 · 백세명 · 김도현, 상무위원 상기 7명과 김진연 · 한몽웅 · 이춘배 · 조기주 · 장학병 · 김봉엽 등이 선임되었다. 이어 5월 31일 청우당 함북도당을 결성하였다.[11]

해방 후 청우당의 첫 번째 정치 활동은 미군정의 인민공화국 부인에 대한 총부의 핵심 간부인 정광조의 유감 표명이었다. 이것은 청우당의 인공에 대한 인정 여부를 떠나 우리의 힘으로 수립한 정치단체에 대한 외세의 간섭에 반대하는 의미를 갖는다고 볼 수 있다. 청우당의 이후 활동이 '자주'라는 점에 가장 주목하고 있음이 그것을 증명한다. 또한 천도교 총부는 1945년 11월 23일 "임시정부를 받들어 속히 강토를 회복하자"는 성명서를 발표하였다. 이 성명서에서 천도교에서는 "환국한 임시정부 영수들을 중심으로 전 민족적 총력을 집중 통일하여 민족 자주의 완전한 정권을 수립하도록 하자"고 하였다. 그리고 임시정부의 주석이었던 김구 등이 9월 3일 발표한 「임시정부당면정책」 14개조를 찬성한다는 입장을 표명하였다.[12]

청우당의 임정 지지는 김기전 · 이응진 등이 1945년 11월 27일 임시정부의 주석인 김구를 방문하여 환영의 뜻을 표함으로써 확실해졌다. 이어 1945년 12월 15일 천도교 · 기독교 · 불교 · 유교 · 천주교의 각각 100명의 대표들이 기독교청년회관에서 조선독립촉성을 위한 연합발기대회를 열고, 20일 대종교를 포함 총 6개 종교 대표가 천도교당에서 종교단체연합대회를 개최하였을 때 청우당은 천도교의 대표로서 이에 참여하였다. 이 연합대회에는 임시정부의 김구 주석도 참석하였는데, 청우당은 "17년간 의義로써 싸워온 임시정부에 대하여 최대의 경의로써 그 지지를 표명하고, 아울러 민족통일전선을 결성함으로써 조선독립의 완성을 촉진하자는 의미로 기독교·대종교·불교·천도교·유교·천주교의 6개 종교단체가 조선독립촉성종교단체연합대회를 조직하였다"고 하였다.[13]

또한, 모스크바 삼상회의에서 결정된 한국에 대한 신탁통치를 반대하기 위하여 김구·조소앙·조경한·김약산·유림·김규식·신익희·김붕준·엄항섭·최동오 등의 임시정부 인사들이 12월 28일 탁치반대국민총동원회를 조직할 것을 결의하자, 청우당은 이와 행보를 같이하여, 12월 28일 조선민족이 아직 자주·독립할 자격이 없다는 구실로 조선을 신탁통치 하려는 것은 잘못되었다는 성명서를 발표하였다.[14] 또한 조선민족이 아직 통일을 이루지 못하는 것은 명백히 미·소양군의 남북 주둔에 있음을 지적하면서 "신탁통치안을 철회하지 않는 한 우리 당黨은 삼천만 대중의 선두에 서서 자주적 완전독립을 전취戰取하기까지 결사적 항쟁을 계속하기로 결의한다"는 내용의 강경한 결의문을 발표하였다.[15] 그리고 당 이론가인 이돈화도 담화를 발표하여, 신탁통치위원회가 설치된다 하여도 낙망하지 말고 최후까지 혈전을 하여야 한다고 하였다.[16]

이어서 청우당은 김구 등이 주도하는 신탁통치반대국민총동원위원회가 조직되자 위원장 김기전, 간부 정광조 등이 위원으로 참여하였다.[17] 또한, 청우당의 산하단체인 천도교청년회는 조선공산당이 신탁통치를 찬성한 것에 대하여, 1946년 1월 16일 조선공산당을 비판하는 성명서를 발표하였다.[18]

그러나 정국이 초기의 혼란기를 거치면서 우익은 비상국민회의, 좌익은 민주주의민족전선으로 결집하여 대립하자 청우당은 "민족적 위기를 극복하고 민주주의적 독립 국가를 건설하기 위하여 정치적 기본노선을 이탈한 편좌 편우의 모든 경향을 버리고 절대다수인 민중을 기초로 한 여러 집단과 양심 있는 개인들의 연결로 민족적 대동단결을 촉성"하는 성명서를 발표하였다.[19] 이와 같이 민족적 대동단결을 촉성하는 성명서를 발표한 청우당은 2월 15~16일 양일간 있을 민전결성대회에 초청을 받는 한편, 2월 15일 오전 10시 중앙기독교청년회관에서 개최된 결성대회에서 청우당 당원 10명이 대표위원으로 선정되었다. 이를 계기로 청우당은 이승만의 비상국민회의에서 탈퇴하여 민전과 연대하여 활동하였다. 이승만과의 결별은 청우당의 민족주의적 이념과 노선에서는 당연한 것이었다.

그것은 청우당의 민전에서의 활동이 일방적인 좌익 편향이 아니었다는 것으로도 증명된다. 우선 모스크바 삼상회의 결과인 제1차 미소공위가 개최되는 것을 즈음하여, 청우당은 정치적 자유를 달라는 취지의 견해를 표명하였다. 여기에서 청우당은 첫째, 38선의 장벽을 과도정부 수립에 의하여 행정상·경제상의 부분적 해소는 가능하지만 실질적·전반적으로 해소하기 위해서는 오직 미·소 양군의 동시 철군으로써 가능하며, 둘째, 과도정부는 남북통일에 적합한 정권이어야 하

며, 셋째, 현재의 민족적 분열과 제정당의 행동 불통일은 연합국의 남
북 분할 점령에 기인한다고 하였다. 그리고, 결론적으로 우리에게 정
치적 자유를 부여하는 동시에 내정을 간섭하지 말라고 미소 양 군정에
요구하였다.[20] 청우당은 민족적 분열은 미소 양군의 분할 점령에 기인
하였으므로 통일정부의 수립을 위해서는 미소 양군의 철수를 원하지
만 우선적으로 자유로운 정치 활동 보장과 양국의 내정간섭의 배제를
주장하고 있다. 즉 미소 군정당국이 민족통일과 자주독립국가 건설을
방해하고 있다고 인식하고 있었다.

특히 남쪽의 청우당은 미군정을 민족 분열을 조장하고 통일정부 수
립을 방해하는 세력으로 인식하여 미군정 정책을 계속 비판하였다. 그
것은 1946년 7월 1일경 홍수와 매점매석으로 식량난이 심화되자, 매점
매석의 중지를 권유하고, 미군정에게 일시적으로 양곡 배급량을 늘릴
것을 주장하는 등 식량 정책의 비판과 국대안 반대(1947.8.18), 차관문제
에 대하여 1946년 8월 19일경 '이천오백만불 차관문제에 대하여'라는
제목으로 담화를 발표하는 것 등으로 이어졌다.

그리고, 1946년 10월 중순 청우당은 남한 전체의 철도종업원을 위시
한 총파업과 경남·북 일대의 소요가 있자, "이것은 전재동포戰災同胞
와 실업대중의 생활고와 행정당국에 대한 불만에서 폭발된 것이므로
이러한 중대사건을 야기케 한 책임소재를 분명히 하여야 할 것"이라고
하였다. 또한, 이 사건 책임 규명과 아울러 "이러한 불상사는 인민의 의
사를 충분히 반영시키는 데서만 해결될 성질의 것이므로 급속히 행정
권을 인민의 손으로 넘겨야 할 것이며, 하루바삐 좌우합작 남북통일의

완전한 민주정부를 수립하여야 할 것"[21]이라고 하였다.

2. 자주적 통일정부 수립 운동

모스크바 삼상회의 결과 준비된 제1차 미소공동위원회는 임시정부 수립에 참여하는 단체의 선정 문제로 미·소간의 의견충돌[22]이 야기되어 결국 5월 8일 결렬되었다. 북한 지역의 일사불란한 정치적 의견 통일에 당황한 미군정은 남한 내에서 극우와 극좌파를 배제한 온건 좌우파인 중간세력으로서 임시정부를 수립하려는 의도에서 좌우합작운동을 추진하였다. 청우당은 7월 좌우합작통일촉진회를 구성하고 이 운동의 촉진운동을 전개하였다.

1946년 7월 중순 들어 우익의 김규식, 원세훈, 김붕준, 최동오, 안재홍과 좌익의 여운형, 허헌, 정노식, 이각국, 성주식 등 각각 5명으로 좌우합작위원회를 구성하였다. 이어서 민전에서는 좌우합작 5원칙을, 우익에서는 8대 기본대책을 각각 제시하여 의견 대립 끝에 10월 7일 좌익의 5원칙과 우익의 8원칙을 절충하여 김규식과 여운형이 좌우합작 7원칙을 발표하였다. 청우당은 남북통일, 좌우합작은 자주적 임시정부 수립상 민족적 사명이므로 이를 지지하였다.[23]

그러나 좌우합작운동이 '좌우합작 7원칙 합의'라는 역사적 업적에도 불구하고 극우·극좌파의 거부로 인해 그 성과가 미미해지자 청우당은 그동안 정책적 연대를 하였던 조선인민당·남조선신민당·조선공산당·신진당·사회민주당·민족혁명당·한국독립당·독립노농당·재미한족연합회 등 9개 정당과 11월 13일 간담회를 개최하고 미소공위 속개 촉진, 입법의원 문제 등 당면한 제반 정치문제에 관하여 의견을 교환하고 행동통일을 하기로 하였다. 그리고 다음날에는 동당 회의실에서 청우당의 송중곤·이종태, 사회노동당 대표 이여성 외 1명, 사회민주당 남경우 외 1명과 옵서버로 참석한 한독당 김일청·백남신, 신진당 김병순(천도교인) 등과 연석회의를 개최하고 미소공위를 의제로 토론한 끝에 미소공위촉진위원회를 구성하기로 하고 회장에 김규식과 여운형을 추대하였다.[24] 그리고 이날 오후 3시 청우당 사무실에서 여운형과 각 당 간담회를 갖고 미소공위촉개 민중대회 개최 등 4개항을 결의하였다.

이들은 임시사무소를 청우당 본부에 설치하고, 11월 24일 미소공위 촉진민중대회를 서울운동장에서 개최한 후 각 지방에서도 연쇄적으로 민중대회를 개최하기로 결정하였다. 이어, 11월 19일에는 "우리 당은 정당, 사회단체는 물론 거족적 위력을 이 민주통일 합작운동에 집중하여 적극 추진시키는 동시에 합작위원회에서도 정당, 사회단체의 협력을 얻어 이 운동을 남북합작운동에까지 발전시켜야 할 것을 주장하며 협력과 합작을 불사한다"[25]고 하였다.

미군정은 좌우합작위원회의 건의대로 10월 12일 '조선 과도입법의원의 창설에 관한 법령'을 통과시키고 법령에 따라, 12월 7일 임명된 관선의원 45명과 선출된 민선의원 45명이 발표되었는데, 청우당에서는 이응진이 관선의원으로 임명되었다. 최동오와 정광조가 각각 좌우합작위원회와 천도교를 대표하여 관선의원으로 임명되었고, 이응진 등

은 12월 12일 남조선과도입법의원의 개원식에 청우당의 대표로 참석하였다.[26]

그러나 중간파 세력에 의해 구성될 것으로 예상되었던 과도 입법의원이 당초의 의도와는 달리 이승만의 독립촉성국민회와 한민당 출신의 의원이 대거 진출함으로써 우경화되었다. 결국 이승만의 독촉과 한민당 출신의 의원들은 1947년 1월 13일과 20일 신탁통치 반대안을 가결해 미소공위는 물론 모스크바 삼상회의 결과 자체를 부정하였다. 이로써 중간파에 의한 미소공위 재개를 통한 통일 임시정부 수립운동은 극우파의 단독정부 수립이라는 강력한 제재를 당하게 되었다.

이에 청우당은 1947년 1월 24일 '탈선한 현 입법의원을 단연 해체하라'는 강경한 성명서를 발표하였다. 이 성명서에서 청우당은 "우리 동포의 간절한 희망은 남북통일의 임시정부 수립과 민생문제 해결에 있음에도 불구하고 국제정세에 암매한 일부 애국자와 허명에 급급한 완고한 분자와 불순분자들이 연합하여 가지고서 순진한 민중을 기만하여 입법의원을 한 개의 정치 브로커들의 정쟁도구같이 악용하는 점은 진정한 애국자로서는 도저히 용서할 수 없는 바이다. 이에 우리는 민중과 함께 이 남북을 분리시키며 군정을 연장시키는 불순한 운동을 배격하는 동시에 그들이 입법의원을 통하여 임정 수립을 방해하며 사회논란을 조장하는 행위를 방지하기 위하여 조속히 현 입법의원을 해산하고 진정한 애국자 본위의 새로운 의원 재조직을 주장하는 바이다"[27]라고 하였다.

이제 군정 연장 내지는 한반도에서의 기득권을 유지하고자 하는 미소 양국의 의도와 이에 편승해 단독정부를 수립코자 한 매국세력을 확실히 파악한 청우당이 택할 수 있는 길은 자주적 민족통합에 의한 통일정부 수립 운동이었다. 따라서 이후 청우당의 주된 노선은 이러한 노선에 동의하는 절대적 민족주의 운동 세력과의 연대, 그리고 분열된 제 정치세력들의 통일전선 결성 운동을 주도해 나가는 것이었다.

우선 청우당은 신탁문제와 미소공위 재개로 좌우익이 대립이 다시 첨예화되자 남북 통일정부 수립을 위한 협동전선의 결성을 촉구하였다. 즉 민주주의에 의한 남북 통일정부의 수립이 우리 민족의 최대 급무임에도 불구하고 우익 진영의 경우 소위 비국·민의·민통·독촉·반탁 등 통일체라는 단체가 다수 난립되어 자체 혼란을 거듭하고 있으며, 좌익 진영에서는 3당 합당운동이 도리어 좌익 분열과 알력 작용을 야기하여 그 주동체가 반발적·종파적으로 나아가게 되어 민전을 더욱 약화시킴으로써 일반의 기대가 미약하게 되었다고 지적하였다. 그러므로 좌우 양 진영은 과거의 과오를 과감히 청산하고 민족 자주정신으로 돌아가야 할 뿐만 아니라 우익은 봉건적 매판적 성격의 청산하고 일보 전진해야 하며, 좌익은 민족혁명 본진에 환귀할 것을 제시하였다. 또한 자주독립 민족혁명을 완수하기 위해서는 좌우 양 진영에 가담치 아니하고 활약하는 집단까지 혼연 집결하여 우리 민족의 이 단계 최대의 역사적 사명인 남북통일의 민주정부를 수립하여야 한다고 촉구하였다.[28] 그리고 거족적 민족협동전선을 위해서는 상대방의 과오를 용서해야 할 것이라고 하였다.

1947년 10월 들어 미소공위에 의한 임시정부 수립에 대한 진전이 없자 한국문제는 유엔으로 넘어갔다. 한국문제의 유엔 이관에 대해 우익은 환영 일색이었지만 민족주의 세력에게는 분단의 가능성에 대한 우려를 금할 수 없는 것이었다. 10월 28일 유엔정치안전보장위원회는 한국문제를 상정·토의하고 11월 14일 신탁통치를 거치지 않는 한국 독립과 유엔 감시하의 남북총선거를 통한 한국통일안을 결의하였다. 이에 대해 청우당은 "국제적 관련성을 가진 조선 독립문제가 유엔총회에서 남북총선거로써 통일정부를 수립케 된 결의안에 대하여 절대 찬성하나 유엔 조선위원단의 사업이 여의치 못할 경우 적절한 대응을 할 것이다"라고 논평하였다.[29]

그러나 1948년 들어 시작된 조선위원단의 활동은 소련의 반대로 북한 입경이 거부됨으로써 난관에 봉착했다. 남북 자유총선거를 통한 통일정부 수립이 소련측의 반대로 무산되자 청우당은 앞서 발표한 바와 같이 현실적 대응으로 남북한 천도교인이 남북분열을 저지하고 통일정부를 수립하기 위해 3월 1일 총궐기하기로 하였다. 그러나 남북한의 단정수립을 반대하고 남북한 주민의 자유총선거를 통한 자주적 민족통합의 통일국가수립을 주장한 이 운동은 사전에 발각되어 남한에서는 성명서 발표로 끝났고 북한에서는 맹산·양덕·덕천·순천·영변 등 평안도 일부 지역에서만 전개되었다. 그리고 남한의 천도교중앙총부와 청우당의 비밀지령에 의해 추진된 이 사건으로 북한에서는 평양의 김명희·김덕린·김일대·승관하·김도현 등 천도교 및 청우당 주요 인사와 1만7천여명의 교인이 검거되어 다수가 희생되었다.[30]

당시의 통일선언문 중 통일공약 5장은 다음과 같다.

1. 우리는 우리의 자유의사에 의거치 않는 어떤 정치체제 어떤 경제구조도 단호히 이를 배격한다.

2. 우리는 국내외를 막론하고 국토 통일과 민족단결을 저해하는 모든 세력의 준동을 봉쇄한다.

3. 우리는 유엔의 결의를 성실히 준수하여 유엔 한국위원단 입국을 환영한다.

4. 우리는 남북통일정부가 수립되기 최후 일각까지 이 운동을 계속한다.

5. 우리는 이 운동을 비폭력·무저항주의로 일관한다.[31]

통일공약 5장은 당시 천도교의 통일운동의 뚜렷한 기본 방향과 원칙의 제시로 볼 수 있다. 이 공약은 민족자결원칙, 민주원칙, 평화원칙, 국제협력원칙 등 통일의 기본 원칙을 나타내고 있는 것이다. 특히 4, 5항은 기미년 3·1운동 당시의 그것과 흡사하다. 이와 같은 자유총선거를 주장하는 '민주원칙'과 외세 개입 반대와 민족단결을 내세운 '자결원칙' 그리고 비폭력의 '평화원칙' 등은 변함없는 통일 원칙과도 일치한다고 할 수 있다.

한편 소련의 북한 입국 거부로 유엔은 다시 가능한 지역에서의 선거로 선거영역을 축소하자 이승만 등은 5월 남한 단독 선거를 통한 단정 수립을 주장하고, 김구는 남한 단독 선거 반대 의사를 표명하였다. 그리고 5월 선거를 반대하는 각 정당·사회단체를 대표하여 엄항섭, 홍명희 등 5인의 발의로 통일독립운동자협의회를 결성하자 청우당도 한독 · 민독 · 근민 · 독로 · 신진 · 민중동맹 · 민주한독 · 사민 · 건민 등과 함께 참여하였다. 이 협의회의 강령은 첫째, 통일독립운동자의 총역량 결집을 기期함. 둘째, 민족문제의 자주적 해결을 도圖함. 셋째, 민족 강토의 일체 분열공작을 방지함 등이었다.[32] 또한 청우당의 부문단체인 천도교청년회도 단선을 반대하는 성명을 발표하였다.[33]

결국 남북 총선거가 불가능하게 되자 김구와 김규식은 통일정부 수립을 위한 남북 요인 회담을 시도하였다. 북한은 이를 받아들여 4월 14일부터 평양에서 전조선 정당사회단체 대표자 연석회의를 갖자고 제의하고 3월 28일 김구 · 김규식 등 개인 15명과 한국독립당 · 민주독립당 · 민주한독당 · 민중동맹 · 천도교청우당 · 사회민주당 · 독립노농당 · 신진당 · 근로인민당 · 남노당 · 인민공화당 · 전평 · 전농 · 민주여성동맹 · 유교연맹 · 기독민동협조 등 17개 정당 단체에 초청 서한을 발송하였다. 이에 청우당은 6명, 북조선청우당에서 9명이 각각 참석하여[34] 조선의 내외정세에 대한 정확한 규정, 국토와 민족을 분열하는 단선을 반대하는 전국적 통일 방략, 정치와 민생의 혼란을 방지하고 자주통일독립을 하기 위하여 양군철퇴를 촉진하는 방략 등을 논의 및 합의하였다. 그러나 분단저지를 위한 남북협상은 결국 실패로 귀결되고 그것으로 남북한의 단독정부 수립은 기정사실화되었다. 남한에서의 5 · 10선거가 끝난 뒤 북한에서는 제2차 남북협상을 제의했지만 백범 등은 거절했다. 그러나 청우당은 6월 29일부터 7월 5일까지 평양에서 개최한 제2차 남북 제정당 사회단체 지도자협의회에 참석하였다.[35] 그것은 외세에 의한 분단을 막아보려는 청우당의 최후의 몸부림이었다고 볼 수 있다.

청우당의 해방정국에서의 민전과의 연대, 미군정 정책의 비판, 좌우합작을 통한 자주적 임시정부 수립운동, 남한단독정부 수립 반대운동, 남북협상참여 등의 활동은 미군정과 이승만의 독촉, 한민당 등 극우 세력으로부터 탄압을 받는 빌미가 되었다.[36] 결국 청우당은 단독정부가 수립된 후인 1949년 8월 10일 육군에 의해 김병순 등 당원 30여 명은 "북로당과 북조선천도교청우당의 지령을 받아 천도교 내에서 남조선 천도교의 중심세력을 분리시키고 북한 청우당의 세력을 부식시키며, 파괴·암살을 위한 지하당원"이라고 하여 검거되었다. 그리고 12월 26일 청우당은 '정당에 관한 규칙'에 의거하여 정리·해체되었다. 이로써 해방 후 완전독립과 자주적 민족통일국가 건설을 추구했던 청우당은 이승만 정권 하에서 간첩이라는 누명을 쓰고 결국 해체되고 말았다. 일제와 해방공간을 거치면서 민족의 진로를 제시하고 그것을 위한 치열한 활동을 전개했던 청우당의 자주적 민족통일운동의 민족주의적 실천은 그렇게 종말을 맞고 말았다.

3. 해방 후 청우당의 정치이념

1) 천도교와 청우당

동학사상은 '후천개벽後天開闢, 오심즉여심吾心卽汝心, 인내천人乃天, 동귀일체同歸一體, 사해일가四海一家, 만족일인萬族一人'이라는 원리와 목표를 표방하며, 그의 구체적 강령으로 나타난 것이 '보국안민輔國安

民, 포덕천하布德天下, 광제창생廣濟蒼生'이다. 그리고 이것들의 총괄적 이름은 이 원리와 강령의 탄생이 동쪽의 도인 '동학'이라 한 것이요, 오늘의 이름은 '천도교'인 것이다. 이 원리와 목표의 실현은 지상천국의 건설이고 그것의 전위조직으로 결성된 것이 청우당이다.[37]

청우당은 천도교가 최악의 위험 속에서, 즉 그 존립 자체가 위기에 처한 상황 속에서 출현하였다는 데 의의가 있다.[38] 즉 천도교는 위기를 오히려 기회로 삼았다. 이는 또한 후천개벽의 주역이 될 청년들에게 기대를 건 것이다. 일찍이 3·1운동 직후 맞이한 교단의 위기 상황에서 결성된 천도교청년교리강연부가 그것이었고, 그 구성원들은 의암이 일찍이 유학을 통해서 또는 운영 중이던 학교 및 교리 강습소 운영 등을 통해 양성한 청년들이었다. 교리강연부는 청년회로 나아가 청년당으로 발전하며 그 성격을 더욱 확고히 해 나갔다.

청우당의 강령은 그들의 지향이 어디에 있는지를 증명하고 있다. 청우당은 기본적으로 후천개벽, 즉 지상천국 건설 운동을 직접 목표로 하고 그것을 현실적으로 달성키 위하여 스스로 다음과 같은 운동으로 자체의 힘을 확대하여 운동을 발전시킨다고 했다.

구체적으로 청년당의 의의는 청년당헌의 제1조에 "천도교의 주의·목적을 사회적으로 달성코저 이에 시종始終할 동덕으로써 한 개의 유기체를 조직하여 그 명칭을 천도교청년당이라 한다"고 하였다. 이를 좀 더 분석하면 첫째, "천도교의 주의·목적을 그대로 당의 주의·목적으로 하는 것이니 천도교의 주의·목적은 오심즉여심-인내천의 원리 하에서 보국안민 포덕천하하여 지상천국을 건설하는 것인 바 이것이 곧 당의 주의 · 목적이라는 것이다.

둘째, "사회적으로 달성"코자 하는 것이니 사회적이라는 의미는 일반적 · 현실적이라고도 할 수 있는 천도교의 주의 · 목적이니 이것을 단지 머리 속에 담아 두고 관념만 하는 데에서 그치는 것이 아닌 그것을 일반 창생을 통하여 현실적으로 성취하려는 것이다. 그러므로 현실적 · 구체적 노력 · 운동을 요하게 되는 것이다.

셋째, "이에 시종할 동덕을 결합하는 것"이라 함은 당헌에 있음과 같이 천도교의 역사적 사명을 의식하는 동덕으로서 당의 주의 · 목적을 직업적으로 시종할 사람으로 이념과 사상이 일치되는 것을 말한다.

넷째, "한 개의 유기체를 조성하는 것"은 유기적 조직으로 부분을 결합하여 하나의 커다란 전적全的 기관을 조성함을 뜻한다. 즉, 아주 긴밀하게 체계가 있는 유기적 조직을 가지자는 것으로 당의 위대한 생명은 여기에서 발전되고 유지된다.

당의 의의라 해서 일반적 당의 의의와 크게 다를 것은 없으나 천도교의 당이란 점을 이해한다면 제한적이나마 종교성과 현실성의 결합을 발견할 수 있다. 동시에 당은 개벽적 · 획기적 당으로서 평상적 · 대중적의 의의를 가진 당임을 기억할 필요가 있다. 따라서 청년당이라고 해서 명칭처럼 청년운동에 국한되는 것이 아닌 천도교의 이상을 실현하는 혁명적 전위정당이었다.

천도교의 교와 당은 일체양면一體兩面이며 이위일체二爲一體이다. 교는 광원光源과 같다하면 당은 광선과 같다 할 수 있다. 천도교와 그의 신자로 조직된 청우당과의 관계에서 특별히 더욱 그렇다. 『천도교

청년당소사』는 이렇게 기술하고 있다.[39]

천도교 자체가 한 개의 당이어늘 또 천도교청년당이라는 별개의 기관을 가지는 것은 무슨 뜻이냐. 물론 이렇게 생각할 수 있다. 그러므로 천도교청년당이라 함은 추호라도 천도교 그 자체의 당적 의의를 慊然함이 아니요 철두철미 일원적 체계임을 물론인 바 이를 한층 더 적극적 구체적으로 진전 발휘키 위한 천도교 자체의 일종 전위조직이다. '水不離波波是水'라는 말과 같이 천도교를 떠나서는 청년당이 있을 수 없는 것이며 청년당의 운동은 곧 천도교 운동의 하나이다. (중략) 요컨대 이와 같은 청년당은 우리 교내에 언제든지 있을 것이다. 있어야 될 것이다. 더구나 지금과 같은 과도기에 있어 일층 중요한 의의를 가지는 것이 사실이며 이리하든지 저리하든지 불구하고 당의 일체가 천도교의 전적 의지 내지 범주를 벗어서나서 있지 못할 것은 물론이다.(『소사』, 135쪽)

천도교와 청년당은 이런 관계 속에서 유기적 연결과 체계적인 역할 분담을 유지하며 활동해 왔다. 청년당 동경부의 문서에서도 그 관계는 여실히 증명되고 있다. 즉, 문서는 일제의 식민지 수탈 정책으로 말미암아 한국 민족과 민중의 생활 상태는 참담한 몰락과 파멸의 총파산 상태에 있으니 이를 타개하려면 전 민족의 적극적 행동이 절실히 필요한 결정적 실천기에 직면했다고 지적하고 있다. 따라서 청년당은 모든 것은 '힘'의 문제이니 먼저 '민족적 힘의 결성'이 있어야 하며, 이를 이루려면 민족운동을 지도할 수 있는 큰 집단적 힘을 구심점으로 하여 이를 이루어야 한다고 주장한다. 나아가 그러한 구심점이 되는 집단은 세 가지의 조건을 갖추어야 한다며 다음을 제시하고 있다.

첫째, 그 집단이 가진 이론 정책이 우리의 현실에 적합하며 또 직면한 운동을 지도할 수 있는 것이라야 할 것. 둘째, 그 집단의 조직 역량이 강대 또는 건실하고 그 성원들이 확호불발確乎不拔한 훈련을 받아야 할 것. 셋째, 그 집단은 과거 우리나라의 현실에서 역사적으로 많은 경험을 쌓았고 또 금후에도 주저 없이 나아갈 희생심·용단력을 가져야 할 것이라고 말하며 이러한 조건을 충족하는 조선 내 유일한 집단은 천도교 뿐이라고 주장한다.[40]

또한 청우당의 운동에서 운동과 교리가 배치될 경우 청우당은 운동을 선택하라는 암시를 주고 있다. 이는 교단에서는 어려운 일일지라도 당을 통해서는 (종)교의 한계를 극복하는 대승적 결론을 유도하는 천도교 민족주의의 한 단면이라 할 수 있다. 종교와 민족의 입장이 상충할 때 과감히 민족을 택하라는 주장은 청우당 노선을 종교운동이 아닌 민족운동으로 평가하게 하는 대목이다. 그러나 이러한 민족운동 우선론은 동학 창도 이래의 현실 비판과 참여를 통한 현실 개혁 지향의 전통이기도 하다.[41]

2. 해방 이후 청우당의 정치이념

청우당의 정치사상은 기본적으로 동학의 창시자 수운 최제우의 당시 국내외적 위기에 대한 시국 인식에서 출발하고 있다. 동학·천도교는 봉건적 사회체제의 모순과 서구열강의 침략과 일제하라는 시대적 상황에서 보국안민과 지상천국 건설의 이상을 제시하였으며, 이를 토대로 하여 갑오(1894) · 갑진(1904) · 기미(1919)의 3대운동을 통해 봉건제도 타파, 민주정치 실현, 약소 민족 해방, 제국주의 타도를 실천하는 데 앞장섰다. 청우당 역시 천도교의 이념을 그대로 계승하고 이를 정신개벽, 민족개벽, 사회개벽을 기본 이념으로 구체화하면서 출현하였다.[42]

해방을 맞이해 부활한 청우당 역시 외세에 의한 분할 점령이라는 시공간적 제약을 넘어선 이념적 무장을 하게 된다. 즉, 외세에 의한 분단 위기의 극복과 내부적 이념 갈등에 처한 민족의 단합이라는 이중적 과제에 청우당은 자주적 통일정부의 수립을 목표로 설정하고 이상적 정치질서를 제시했다. 그것은 천도교의 대원칙인 포덕천하, 보국안민, 광제창생, 지상천국의 실현을 위한 현실적 · 구체적 방법론의 제시이기도 했다.

1) 청우당의 종지와 강령 그리고 목적

(1) 종지 : 인내천

(2) 강령 : 물심일원, 성신쌍전, 교정일치

(3) 목적 : 보국안민, 포덕천하(지상천국)

(4) 본질 : 애국적 본질, 개벽적 본질, 민주주의적 본질, 희생적 본질, 인민적 본질

2) 청우당 강령

청우당의 강령은 청년당 시절[43]과 해방 후 재창당된 이래로 4개의 강령으로 구성되어 있다.[44]

일, 민족자주의 이상적 민주국가 건설을 기(期)함.

이, 사인여천의 정신에 맞는 새 윤리 수립을 기함

삼, 동귀일체의 신생활에 기(基)한 신경제 제도의 실현을 기함

사, 국민개로제(國民皆勞制)를 실시하여 일상 보국의 철저를 기함

(1) 민족자주의 이상적 민주국가의 건설을 기함

천도교는 천도의 진리를 세계관으로 요약하여 인내천으로 종지를 삼았다. 인내천은 양으로 세계 각국의 사상을 통일 내포하고 실로 적기의 활용과 살활자재殺活自在의 교화를 가졌다. 그러나 그것들의 출발의 기초단위는 민족이 될 수밖에 없다.

청우당 정치이념에서 민족은 천도교 정적政的 영역의 핵심이다. 국가는 민족으로 구성된 권력단체로 단일민족으로 혹은 복수민족으로 구성된다. 단일민족은 혈통이 같고, 역사가 같고, 언어문자 · 풍속습관이 같고, 문화가 같고, 경제적 조건이 같고, 최종으로 공통숙명을 가졌다. 그러나 단일민족이라 할지라도 이민족 혈통이 다소간 혼합한 것은 사실이다. 그러므로 민족의 개념을 신비적으로 규정할 것은 아니었다. 아무리 혼혈적 민족이라 할지라도 이해관계가 공통되면 공동의 숙명을 향유하게 되는 것이다. 민족은 공통 이해의 숙명을 가진 점에서 생존 경쟁의 단위가 될 가능성을 가졌다.

청우당이 지향하고자 하는 민족주의는 당의 핵심적 이론가였던 야

뢰 이돈화의 『신인철학』에서도 제기되고 있다. 그는 민족이란 인류주의의 의미로 보든지 사회주의의 의미로 본다면 거론할 필요가 없는 것이라고 한다. 각자 자기의 민족만을 기준하고 타 민족은 배제 또는 무시한다면 군국주의 폐해가 그칠 날이 없고, 세계의 평화는 기대할 수 없을 것이기 때문이다. 그런데 민족개벽을 주장하는 이유는 민족의 문화와 생활 정도를 향상코저 하는 개벽이니, 즉 민족개벽은 이상주의의 과도기에 있어 최대의 준비 기초가 된다는 것이다.[45] 이러한 그의 민족주의관은 『당지』에서 소위 '신민족주의'로 명명된다.

청우당은 보국안민 차원의 1차원적 민족주의를 넘어선 포덕천하의 국제주의를 지향하는 차원 높은 민족주의임을 신민족주의로 확인해 주고 있다. 신민족주의는 세계 각 민족이 세계 공화를 위해 자기 민족을 縱으로 향상하는 주의이다. 어차피 세계는 민족이 기본단위이다. 따라서 민족주의는 피해 갈 수 없는 인류의 과제가 된다. 청우당의 신민족주의도 이 점을 잘 알기에 보국안민을 통한 각국의 민족주의를 바탕으로하여 각국의 공존공생의 각성에 호소하는 것이다. 이렇게 될 때 신민족주의는 세계 최고의 이상을 달성하는 것이자 세계공화국을 실현하는 것이 된다는 이상론을 가지고 있는 것이다.

한편 자주의 문제에 대해서 청우당은 자주가 고립이 아님을 강조한다. 즉, 자주는 좌左로는 고립을 제거하고 우右로는 의타를 배제한 행동관념이라고 지적한다. 자주란 상호부조의 자연적 원리를 활용하여 자주자유의 독립적인 존재를 의미한다[46]고 할 수 있다. 주목할 점은 청우당의 이러한 자주적 민족국가 건설의 노선이 정립되어 있을 당시는 해방정국의 시기였다는 것이다. 이 시기는 우후죽순처럼 수많은 정당들이 등장하는 때였으나 중경의 임정 세력이었던 한독당을 제외한 거의 모든 정당들이 미·소 등 외세에 크게 의존해 그들의 세에 거슬리는 '자주'라는 표현을 거의 쓰지 않았던 시절이었다. 이런 '비자주'적 분위기가 만연하고 있던 시기에 청우당이 당 강령의 1호로서 '자주'를 강조하고 있다는 점은 청우당을 전형적인 민족주의적 정당으로 자리매김하기에 충분하다.[47]

민주국가에 대해서도 청우당의 입장은 "민주국가란 것은 문자 그대로 인민이 직접 국가의 주권을 가진다는 말"이라고 해석한다. 즉, 주권이 군주에게 있는 것은 군주국가라 하고 주권이 귀족에게 있는 것을 귀족정치라 하며 주권이 자본가에게 있는 것을 자본주의 국가라 하는 것과 같이, 주권이 인민 전체에게 있을 때에 이를 민주국가라 한다는 근대적 정치체제를 말하고 있다. 청우당이 지향하는 민주정치는 신민주주의이다. 이는 당시의 우리 현실을 반영한 것으로 노동자와 농민이 절대 다수의 사회인 만큼 그들이 중심이 되고 국가의 직접적인 주권을 가진 국가가 진정한 민주국가라는 주장이다.[48] 그리고 이러한 민주국가는 세계가 모두 진보하여 도달하게 될 체제라고 지적하고 있다.

이 같은 기초적 이해를 바탕으로 하면 청우당의 제1강령인 민족 자주의 이상적 민주국가는 다음과 같이 정의될 수 있다. "신민족주의에 입각한 고립과 의타가 아닌 자주적 노농민주국가의 건설에 청우당의 당력을 집중한다." 즉, 구민족주의가 국수적·침략적 또는 폐쇄적 민족주의라면 신민족주의는 횡으로 발전하는 주의가 아니라 세계 공화를 위하여 자기 민족을 종으로 향상케 하는 주의이다. 따라서 민족은 세계 공화에 기여하는 단위민족으로서의 의무와 역할을 분담하게 된다.[49] 이러한 신민족주의에 맞는 자주란 고립과 의타를 배제[50]하면서도 상호부조의 자연의 원리에 따르는 것으로 세계공화에 이바지하는 민주적 국가를 건설하자는 것이다.

(2) 사인여천의 정신에 맞는 새 윤리 수립을 기함

대체로 정치 집단인 정당의 강령에 도덕성을 강조하는 경우는 매우 드물다. 그럼에도 청우당은 강령으로 사인여천의 윤리적·도덕적 측면을 강조하고 있는데, 이는 청우당이 동학사상을 바탕으로 하고 있기 때문이다. 즉, 도덕성을 상실한 조선에 도덕성 회복을 외치며 등장한 것이 동학이었기에 도덕성이야말로 국가 기강의 근본이 된다는 것을 강조하며 청우당은 사인여천의 정신으로 새로운 윤리관을 세우자고 주장하는 것이다.[51]

이러한 주장의 근거를 청우당은 "인내천을 종지로 하는 생활에 있어 사인여천의 윤리가 성립될 것은 자연의 순서이다. 사인여천의 윤리란 것은 인본위사상에 맞는 새 윤리제도를 이름이다"[52]라며 자연의 진화로 인본위 시대가 오는 것은 필연적이라고 주장한다. 사인여천이란 본시 인간의 존엄성을 모든 가치의 척도로 삼는 것이다. 따라서 인간은 하늘과 같은 대우를 받아야 하는 대표적 존재이다.[53] 이처럼 인간 존엄을 최고 가치로 했을 때 권위주의나 독재란 존재할 수 없다. 즉, 사인여천의 윤리가 없는 순간은 권력의 남용과 비민주가 횡행하는 시기이며,

이것이 존중되는 순간부터가 민주의 시작이랄 수 있는 것이다.[54]

사인여천의 윤리는 평등만을 강조하는 듯 하나 인간의 선의의 자유의지를 자유로 존중하기에 일면에서는 평등이고 일면에서는 자유를 가진다. 사실 자유와 평등은 그 모순성으로 인해 민주주의의 발전과 더불어 숙제로 지금껏 남아 있다. 자유의 강조는 평등에 치명적 폐를 끼치며, 평등의 강조는 자유의 억압으로 이어지기 때문이다. 이것을 풀기 위해 민주주의는 이 둘 모두를 묶을 수 있는 이념으로 '인간의 존엄'을 들고 있다. 즉, 자유와 평등은 모두 인간의 존엄을 실현하기 위한 하위 개념에 불과하다는 것이다. 이런 민주주의를 가장 완벽하게 실현할 수 있는 정신이 있다면 그것이 바로 사인여천이다. 사인여천 그 자체가 인간의 존엄을 강조하는 이념일 뿐 아니라 자유와 평등의 모순성을 자연스러운 질서와 제한으로 조화시킬 수 있기 때문이다. 나아가 청우당은 개인과 전체의 조화, 사회윤리 그리고 천도교의 삼경윤리를 제시하며 사인여천의 윤리를 구체화하고 있다.

(3) 동귀일체의 신생활 이념에 기한 신경제 제도의 실현을 기함

동귀일체는 생리적 신체에서 상징한 이념이다. 생리적 신체는 그 자율적 본능으로 백체를 기화작용의 평등으로 통일한다. 자유의지를 자유로 조화하는 것이다. 영양을 평균으로 분배하는 것과 혈액을 자유로 평등 순환하게 하는 것이며 행동을 격에 맞추어 조절하는 것이며 원기를 내외백체에 충족하게 하는 등 실로 자연의 영묘라 할 수 있다. 이것은 전적으로 유기체의 본능이다. 인간사회를 유기체로 보는 견해와 무

기체로 보는 견해의 구별이 있으나 어떻게든 사회조직을 유기화하여 인체의 생존 원리에 들어맞도록 이상하는 것이 동귀일체의 생활이다.

즉, 신체와 사회는 밀접한 상관관계를 가지니 신체가 세포라는 개체로 조직되어 있다면 사회는 개인이란 개체로 조직되어 있으며, 신체가 오장육부·사지백체·이목구비의 기관으로 형성되어 있다면 사회는 각종의 공공기관과 임의단체들로 구성되어 있다. 이 밖에도 신체는 신경의 상부 지휘와 하부 전달기관을 가지고 있으며, 그것을 총괄하는 정신이 있고 혈맥이라는 교통수단을 가진다. 사회는 중앙이라는 상층부와 이들의 지시를 실천하는 지방조직이 있으며, 그것들을 통합시키는 그 사회의 통일사상이 존재하고, 교통·통신 등 커뮤니케이션으로 그 전달이 이루어진다. 이처럼 신체와 사회는 유기체로서의 기능을 거의 비슷하게 공유하고 있다. 특히 신체가 동식물의 섭취로 신체라는 유기체를 유지하듯이 사회라는 유기체가 유지되기 위해서는 올바른 경제제도가 있어야 한다.

인간의 신체 진화를 강제할 수 없듯이 사회 진화도 인위적 강제로 강행시킬 수 없다. 즉, 사회 진화 역시 불가항력에 의한 무위이화로 이루어져야 한다.[55] 인간이나 사회나 유기체이기에 무위이화의 자연적 진화야말로 가장 이상적인 진화이다. 무위이화가 실현되는 것이 동귀일체이다. 동귀일체의 신생활이란 무엇보다도 강제하지 않는 것이다. 따라서 청우당은 사회생활에 가장 큰 불편을 주는 것 중 하나인 소유제도가 강제를 통해 이루어지므로, 무엇보다도 이것이 유기체를 파괴하는 만악의 근원이라고 지적한다. 이로써 청우당의 경제 원칙은 대단

히 진보적임을 알 수 있다.[56]

소유제에 대한 부정적 인식은 토지문제에 와서는 더욱 신랄해진다. 청우당은 소유문제에 왜 이렇게 부정적일까. 당시는 아직 우리나라에서 자본주의의 폐해가 두드러진 시기도 아니었음에도 불구하고 청우당은 이미 한국사회에서 자본주의가 크게 성할 것을 예상이라도 한 듯이 거침없이 소유문제를 비판하고 있다. 이는 아마도 동학의 출현이 그러했듯이 청우당도 민중에 기초한 정당이기에 그러했을 것이다. 동학 이래로 그 추종자들은 한국사회의 전형적인 민중 그 자체였다. 조선말이나, 일제 강점기 그리고 해방후에도 가난하고 무지한 무지렁이들이 동학을 지지했다. 그들은 역사의 주체요 주인공이라면서도 어느 시대, 어느 순간 한번 실제로 자신들이 신바람 난 주체가 되어 보지 못했던 사람들이었다. 당연히 그들의 소유란 이 땅 어디에도 존재하지 않았다. 청우당은 민중주의를 대변하는 정당이었기에 가장 그들의 염원을 들어서 정책화해야 할 의무가 있는 정당이었다. 그들이 주장한 소유제 폐지, 토지 국유화 등은 당시 민중의 염원 그 자체였다. 그리고 그 폐해를 시정하는 역사는 지금(해방정국)의 대변동 시대에 가능하다며 시급성을 말하고 있다.

그러나 청우당은 무조건적인 소유제의 폐지가 능사가 아님을 지적하고 있다. 그리고 그것을 극복하는 소위 창조 충동의 역할에 자신들의 의무가 부여되어 있음도 자각하며, 이것들을 동귀일체의 경제관으로 집약하고 있다.[57]

동귀일체의 경제는 자본주의니 사회주의니 하는 말을 쓰지 않으면서 인간 개체의 윤리적인 이념을 바탕으로 한다고 볼 수 있다. 인내천의 사상으로 인간을 무장시켜 인간의 원초적인 소유 충동을 창조 충동으로 변환시킴으로써 경제문제를 해결하자는 것이다. 그것은 분배에 더 치중하는 사회주의 경제론을 지향하면서도 부의 저하 분배가 아닌 부의 평등적 향상 분배인 사회민주주의적 지향성을 동시에 담아내고, 한편으로는 국가의 개입을 배제하는 자유주의적 시장질서에 철저하고 있다고 할 수 있다.

나아가 청우당이 지적하는 명백한 사실은 경제문제라는 것이 독립된 변수로 홀로 설 수는 없다는 점이다. 경제는 분명 정치와 깊은 상관관계를 맺고 있으며 사회적 여건도 뒷받침이 되어야 한다. 그리고 특히 경제 운영의 주체가 인간인 이상 인간의 심성과 자질 등이 결정적 역할을 한다.[58] 결국 경제는 인내천 사상으로 무장하고 동귀일체한 인간이 운영해야 한다는 것이다.

(4) 국민개로제國民皆勞制를 실시하여 일상보국의 철저를 기함

'국민개로'란 말은 놀고먹는 사람들을 없애자는 뜻이라기보다도 한 걸음 깊이 들어가 천도공리天道公理에 입각한 성誠의 표현을 가리키는 말이다. 즉 『중용』의 '성자誠者는 천지도天之道요 성지자誠之者는 인지도人之道'라는 말처럼 천도가 성誠으로써 존재의 원리로 되었다 하면 천의 자인 인간도 성誠으로 존재 가치를 표현하여야 한다는 것이다.

구체적으로 국민개로란 말은 '성誠' 자를 의미한다. 성은 자강불식自疆不息을 이름이며 보편타당의 진리표현을 말한다. 국민전체가 의타를

끊고 고립을 버린 후 자주자립의 정신에 의하여 자율적 생활을 영위하는 것을 자강이라 하고 보편타당이라는 것은 누구에게나 행복이 되고 누구나 가능한 사실을 의미한다. 예를 들면 근검과 같은 것은 누구에게나 행복이 되며 또한 가능한 일이 된다. 그러므로 보국의 도는 누구나 근검자강하여 정진 또한 정진하는 곳에 위기위국爲己爲國의 행복이 만들어지는 것이다.

따라서 보국의 길의 방편으로 제시되는 것이 국민개로제이다. 즉, 천민하생무록지인天民下生無祿之人이란 말과 천생만민필수기직天生萬民必授其職이란 말처럼 녹祿과 직職은 하늘로부터 타고났다는 것이다. 따라서 인간은 누구나 그것을 갖고 행해야 할 의무를 가진 존재가 된다. 그러나 녹과 직이 평균으로 만인에게 균등히 배분되지 못하는 이유는 사회제도가 불완전하고 본인에게 자강불식의 성이 없기 때문이다. 특히 이 강령에서 청우당이 강조하고자 하는 것은 국민으로서의 자각이다. 사회제도의 불완전을 고칠 수 있는 것도 인간이라 했을 때 인간의 자세는 모든 것에 우선하기 때문이다. 그러나 불행히도 인간들 간에 부족한 성誠 인식이 만인의 녹과 직을 불균등하게 한다. 이것은 실질적 삶이 이루어지는 생활세계의 문제이기에 대단히 중요한 지적이다. 인간이 인간다움을 누리기 위해서는 우선 생활의 바탕이 되는 직업의 안정이 이루어져야 한다.

청우당은 해월 최시형을 자신들이 모범으로 삼아야 하는 최고의 인물로 받든다. 그는 조선에서 개로의 정신으로 일상보국을 체행한 유일한 인물로 평가되고 있다. 그는 종교가이며 혁명가로서 관리의 지목을

피하여 1개월 이상을 한곳에 머물지 못하고 이곳저곳으로 이주하는 중
에도 어디를 가든지 노를 꼬거나 혹은 짚신을 삼거나 멍석을 내었다.
할 일이 없으면 꼬았던 노를 다시 풀어 꼬는 일도 서슴지 않았다. 제자
들이 그 이유를 물으면 "사람은 일시도 손을 쉬어서는 안 된다." 하고
십지를 들어 제자에게 십지설법十指說法을 하였다. 그는 어느 곳을 가
든 유실수를 심었고 절구를 파고 방아를 놓는 등 쉬임 없이 노동했다.

국민개로는 성誠 자의 의미를 되새겨 국민된 도리로 국가에 당연히
보국함을 말하는 것으로, 그것은 놀지 않는 데 있다는 지극히 평범한
그러나 진리를 담고 있는 강령이다. 청우당원들은 특히 해월이 그러했
듯이 앞장서 실천함으로써 모범을 보여야 한다는 원칙을 의미하기도
하는 것이다. 국민개로를 말하는 성誠의 정치를 실현하는 것은 곧 정치
를 인간들의 구체적 삶 속에 돌려주는 생활정치의 회복이자 실현을 의
미한다.[59] 국민개로가 실현되지 않는 국가는 이미 그 존재의 의미를 상
실한 것이다. 이 부분은 청우당이 종교적 교리의 수준을 극복하고 정
치적 강령을 제시하는 대표적 표현이라 할 수 있다.

3) 조선적 신민주주의 건설 이념

해방정국에서 1946년부터 미소공동위원회가 열렸고 미소 양국은
조선의 정당 및 사회단체의 참여를 보장하는 가운데 청우당이 참가를
희망하며 제출한 건국이념은 동학적 이상국가를 구상하고 있다. 흰 백
지에 새로운 국가 건설이라는 그림을 그려 나가는 민족 과제에 청우당
이 제시한 민주정치, 민주경제, 민주문화, 민주윤리의 건국 이념은 동

학 이념을 바탕으로 한 동학 이상국가론이었다고 할 수 있다.

청우당은 해방정국 당시 조선민족에게 부여된 정치적 사명은 민족해방과 사회해방이라고 설정했다. 두 가지의 과업을 동시에 수행하지 않으면 안 되게 된 것이 당시 조선의 특수 사정이었다. 이것을 위해 청우당은 조선은 어디까지 조선민족의 조선이니만큼 정치도 우리 힘으로 수립해야 한다는 민족주의 의식을 표명한다. 즉, "국제민주주의 원칙에 의하여 우리 민족의 절대다수가 요망하는 진정한 민주주의 국가사회를 건설하여야 할 것은 물론 연합군의 원조도 우리의 주권이 손상됨이 없이 자력의 부족을 보충하는 정도로써 민족적 우호관계를 돈독히 하는 데 한정할 것이요, 그 이상의 타력 신뢰, 외세 의존은 배제하지 않을 수 없다는 것이다. 신뢰는 자주가 아니요, 의존은 독립이 아니기 때문이다."[60] 여기서 청우당이 제시하는 것이 조선적 신민주주의이다.

조선적 신민주주의는 자본주의의 한계와 공산주의의 한계를 극복하려는 정치노선이며 동학이 이루고자 했던 보국안민을 실현하려는 정치노선이기도 하다. 이것은 조선민족이 원하는 정치 · 경제 · 문화는 연합국의 지도자들보다도 조선의 평민이 더 잘 안다는 정치적 자주의 원칙에서 출발한다. 그러므로 조선은 미국형인 자본가 중심의 자유민주주의나 소련식의 무산자 독재의 프롤레타리아 민주주의도 원치 않는다. 즉, 조선적 신민주주의란 민족해방과 계급해방을 차별 없이 동일한 정도로 해결하고자 하는 민주주의이다. 이른바 조선적 신민주주의는 조선의 독립과 함께 조선 민족 사회에 맞는 민주정치, 민주경제, 민주문화, 민주도덕을 동시에 실현하려는 민주주의이다.[61]

우선 청우당이 제시하는 건국이념에서 정치는 민주정치[62]이다. 즉, 조선의 현단계에서 민주정치란 자본가 전횡의 자유민주주의도 아니요, 무산자 독재의 프롤레타리아 민주주의도 아니고, 조선에 적응한 조선적 신민주주의에 기초한 민주정치이다.

진정한 민주정치를 실현하자면 "전 인민이 정치적·경제적·사회적으로 자유와 평등을 향유할 수 있는 진정한 민주주의라야 한다"는 것이며, 민주정치의 실현을 위해 우선 평등과 자유를 보장하는 인민의 기본권을 확립하는 동시에 입법기관의 민주화와 행정 및 사법 기관의 민주화가 이루어져야 한다는 것이다. 청우당이 제시하는 인민의 기본 권리는 다음과 같다;

"(1) 법률상 평등

(2) 정치·경제·문화·사회생활의 전 영역에 참여할 권리

(3) 평등한 선거권, 피선거권

(4) 언론, 출판, 집회, 결사, 신앙, 연구, 시위, 파업의 자유

(5) 신체의 자유(법률에 의함이 아니면 체포, 구금, 심문 또는 처벌을 받지 않음)

(6) 거주의 자유

(7) 이전의 자유

(8) 서신 비밀의 자유

(9) 재산 사유의 권리

(10) 육체적·정신적 보호를 받을 권리

(11) 국가 부담의 초등교육

(12) 청원, 소원, 소송을 제기할 권리

(13) 기타 자유 내지 권리는 사회의 질서, 공공의 이익을 방해하지 않는 한 균일한 국가의 보호를 받을 권리

(14) 자유 내지 권리를 제한하는 법률은 국가안정의 보장, 긴급위난의 방비, 사회질서의 유지 또는 공공이익의 증진을 위하여 필요한 것에 한함."

진정한 민주정치를 실현하기 위하여 위에 열거한 인민의 기본적 권리를 주장하는 한편 중앙·지방을 통하여 입법기관에서 인민의 의사를 대변하는 대의원이나 행정기관에서 인민의 공무를 대행하는 행정관료나 사법기관에서 인민의 양심적 명령을 실현시키는 법관을 막론하고 다같이 인민의 일반적·평등적·직접적 선거에 의하여 이를 선출하며, 또 그들의 실제 행동이 인민의 본의에서 월권 또는 탈선될 경우에 그에 대한 정정 또는 파면하는 권한도 인민이 가져야 한다고 주장한다. 그러므로 인민은 진정한 인민의 정치의 주권자가 되고 관리는 진정한 인민의 공복이 될 것이고, 비로소 진실로 인민을 위한 법률을 제정하고 경제를 건설하고 교육을 실시하게 될 것이며, 또는 그렇게 하는 데서야 비로소 다수가 소수의 무리한 지배와 압박을 받지 아니하며 선이 악에게 억울한 굴종을 면하게 될 것이라는 것이다.

청우당은 "민주경제[63]라 함은 동귀일체의 신생활 이념에 기한 민주주의 경제제도"라고 규정한다. 즉, 과거 봉건시대의 경제제도는 봉건적 특권계급이 경제적 실권을 가졌고 현대 자본주의 사회의 경제제도

는 다수의 자본가 계급이 경제적 실권을 잡았던 것과는 근본적으로 다르게 근로층에 속한 인민대중이 민주주의적으로 경제적 실권을 가질 수 있는 경제제도를 말한다.

지금까지 생산수단(토지, 광산, 공장, 교통기관, 기계 등)과 분리되어 있던 생산력 담당자(농민, 노동자, 기술자 등 근로층)에게 생산수단을 법적으로 재분배 또는 장악하게 하여 사회적 생산의 정당한 토대를 부여하는 동시에, 경제권을 소수의 지주 자본가로부터 인민 전체에 옮겨 놓자는 것이요, 계급적 대립이 없는 단일성인 민족경제를 실현하자는 것이다. 이러한 내용을 가진 민주경제만이 조선민족이 재생할 유일한 방도일 것이며, 이러한 민주경제의 방향으로 발전되어 가는 것이 조선 경제사회의 역사적 순로이고, 이러한 민주경제 제도의 실현을 담당할 수 있는 정권만이 진정한 민주주의 정권일 것이며, 이러한 민주경제 제도를 실현할 수 있는 정치만이 진정한 민주주의 정치일 것이다.[64]

원래 '민주정치'와 '민주경제'와는 불가분리의 표리관계를 가진 것이다. 정치를 표면적·형식적이라 하면 경제는 이면적·실질적인 점에서 민주경제를 떠난 민주정치는 존립할 수 없을 것이며, 민주적 신경제가 명목에만 그치면 민주정치도 명목에만 그치고 말 것이다. 그러나 당시 일부 정치가들은 정치적 독립이 된 뒤에 경제 건설을 논의해도 늦지 않다는 것을 주장했다. 그것은 정치와 경제의 표리관계를 이해치 못한데서 기인하는 것으로 민주정치와 민주경제는 건국 당초에 동시 해결하여야 할 연합성과 필요성을 가진 것이다.

공업 발전의 공업경제에서도 민주경제 체제에 의하여 중요 산업기관은 국유로 하고 그 경영은 국영 반 공영으로 하여 자본가적 이윤 착취의 방지를 원칙으로 하는 동시에, 토지제도를 개혁하고 농업정책, 즉 농업 생산 양식을 근대화시켜 적은 노동력으로 많은 경작과 많은 수확을 얻도록 하며 그 잉여 노동력을 공업 노동력으로 전환하는 것을 그 방략으로 제시하고 있다.

청우당이 건국이념에서 제시하는 민주문화[65]란 동귀일체의 신사회생활에 적응한 민주주의 문화를 말한다. 이것은 봉건사회 또는 자본주의 계급문화의 기형적 문화에 대비되는 표현이다. 즉, 우리는 유구한 민족사와 한가지로 찬연한 문화를 자랑한다. 그러나 이제부터 신시대 신생활에 적응한 민주적 신문화를 재수립하지 않으면 안 된다. 왜냐하면 과거의 문화는 부하고 귀한 특권계급만이 향유할 수 있고 번화한 도시에서만 향락할 수 있는 계급적·기형적인 문화이기 때문이라고 지적한다.

민주문화의 건설을 위해 청우당은 교육제도의 사회화, 교육기관의 대중화, 교육정신의 민주화를 주장하고 당면의 급선무로는 문맹 퇴치, 초등교육의 의무제 확충, 경제 건설의 기본이 되는 기술자의 양성, 노동자와 농민의 교양, 부인계몽 등을 제안한다. 나아가 청우당은 민중 중심의 문화가 신국가의 이념이 되어야 한다고 본다. 그래서 과거의 양반 중심적 음악, 양반 지향적 문학을 비판하며 민중의 소리, 민중주의적 민주주의의 문학을 강조한다. 원래 문화란 것은 시대적·사회적 산물이니만큼 구시대·구사회의 기성문화가 그대로 신시대·신사회에 적용될 수 없다. 그러므로 현존한 문화의 각 부문에서 봉건적·

일제적 잔재를 일소하는 동시에 대중생활을 향상시키고 대중정서를 함양시킬 수 있는 신문화를 건설해야 한다고 지적한다. 물론 신문화를 수립하자면 먼저 새로운 정치·경제의 제도가 실현되어야 할 일이다. 그러나 조선의 현재와 같은 초창기에 신문화의 운동이 신정치·신경제의 건설을 추진시키는 데에 유력한 보조역이 되므로 이 문화운동을 적극적으로 전개하는 것이 역시 건국 사업의 일익이 된다는 것을 잊지 말아야 한다고 주장한다.

한편 새로이 개벽되는 세상으로 맞이해야 할 신국가의 토대는 새로운 민주윤리[66]여야 한다는 것이 청우당의 입장이다. 이는 동학의 개벽관과 같은 것으로 민주윤리야말로 청우당이 주장하는 새로운 국가의 건국이념이다. 즉, 민주윤리란 사인여천 정신에 맞는 새 윤리, 즉 민주주의 윤리를 의미하고, 봉건적인 계급윤리와 자본 사회의 개인적·이기적 윤리를 극복하는 윤리를 말한다.

과거의 우리 민족은 동방예의지국이니 군자지국이니 하여 윤리도덕에 있어서는 세계에 우리가 제일이거니 자긍자처하여 왔으나 청우당은 이를 현재화해야 한다고 주장한다. 이를 위한 선결과제가 과거의 그 윤리, 그 도덕 내용의 비판이다. 즉, 윤리 도덕도 고정불변한 것이 아니라 이 사회가 변동에 따라서 변천한다는 것이다. 민주주의의 신사회·신시대 윤리는 인간 상호 간 평등적 입장에서의 인격을 기준으로 하고 공동사회·공동생활을 표준으로 하여 거기에 상응되는 도덕으로 세워져야 한다는 것이 청우당의 주장이다. 그러므로 동양 전래의 예도 개념화한 형식적인 허례를 강조해 다시 진흥시킨다면 이는 봉건적인 계급 의례의 반복에 불과한 것이지 결코 민주사회의 창조 과정을 정화시키는 것이 아니다.

민주적 예의란 생활양식에서 인격적으로 평등화하려는 규범이며, 타인에게 불쾌감을 주지 않는 사회적 약속이다. 그뿐 아니라 타인의 의견과 인격을 존중할 줄 알아야 한다. 만일에 민주정치를 논하면서 타인의 의견과 인격을 무시한다면 민주정치의 본질을 망각한 것이며, 민주공덕을 말하면서 타인의 면전에서 불쾌한 언동을 자행하는 것은 민주도덕을 모르는 까닭이다.

따라서 신윤리는 인격과 공동생활을 척도로 하고 표준으로 하여 거기에 부합되는 인간의 행위를 말한다. 이를 위해 천도교의 윤리인 사인여천을 가르치고 그 실천 행동으로 성경신을 제시하고 있다. 이 성경신은 실생활에서의 삼경사상의 체현으로 구체화되어 이른바 공동체 구성원 모두의 도성입덕이 완성된 사회, 즉 광제창생을 이루는 이상사회가 건설되는 것이라고 할 수 있다.

나아가 천도교청우당의 당면정책으로는 다음과 같이 구체적으로 나열하고 있다;

(1) 소련 및 민주주의 국가와의 친선 도모

(2) 반일적 신민주주의제 정당 민족통일전선

(3) 인내천의 신문화로 민족원기 진작 신생활 창조

(4) 노동자, 농민, 어민, 소시민, 봉급생활자 등의 생활 향상과 최저 생활 확보

(5) 중노농업의 국가 경영과 소작지 분배

(6) 국민 양육 일체 국가부담, 사회교육 실시

(7) 인격 향상과 기술 중점의 교육제도

(8) 20세 이하 남녀에게 참정권 부여

(9) 광공업, 수산업 발달, 농업의 과학화·중농화

(10) 실업 방지, 보건위생, 부양 문화 등 고도의 사회정책 실시

(11) 언론, 집회, 신앙, 결사, 출판의 자유

(12) 여성의 인격적·경제적 평등[67]

　그리고 청우당원들은 이를 실천할 주체로서의 의무 수행을 권하고 있다. 즉 조선적 신민주주의 건설의 주역이 되고자 한다면 공민으로서의 의무와 천도교인으로서의 의무뿐만 아니라 청우당원으로서의 의무에도 충실해야 한다는 것이다. 『당론』에는 이와 관련해서 16가지의 준수 의무 사항을 적시하고 있다.[68]

4. 결론

　일제치하의 민족운동 단체 중 해방공간까지 이어지면서 일정 정도의 역할을 했던 대표적인 정치세력은 한국독립당, 조선공산당, 연안 조선독립동맹의 후신인 남북한의 신민당 그리고 천도교에서 만든 청우당을 들 수 있다. 그러나 공산당과 신민당은 북한에서 조선노동당으로 통합되어 6·25전쟁이라는 민족상잔의 주동세력이 되면서 이전의

독립운동 성과마저 훼손시켜 버리고 말았다. 그리고 그들의 정강정책 역시 마르크스-레닌주의에 입각하고 나아가 주체사상으로 무장됨으로써 남북한의 공통분모 역할을 하기에는 한계가 있다. 한독당의 경우는 해방정국에서 철저한 민족주의 노선으로 민족통합의 통일정부 수립운동에 진력했으나 단선·단정 불참으로 점차 정치무대에서 소멸되고 말았다. 그러나 천도교청우당은 민족주의 노선과 통일정부 수립 운동에 있어 한독당과 운명을 함께 했으나 전통적 정치이념을 현재화하였다는 점에서는 한독당과 차별된다. 즉, 청우당은 구한말 이래로 민족운동의 선구였던 동학·천도교의 이념을 지상에서 실천하고자 창당된 정치세력으로, 그 이념은 철저하게 민족 전통 의식에 기반하고, 동학사상을 계승·실천한 개벽의 정당이었다.

분명 동학·천도교의 한 세기 반은 성공과 실패가 교차하는 역사였다. 그것은 종교성을 뛰어 넘는 이념성의 이상적 공동체 건설을 목표로 한 도전의 역사였기에 아직 누구도, 어느 국가도 달성치 못했던 실패한 이데올로기 실험의 하나였기 때문이다. 그러나 적어도 19세기 역사적 격변기에 동양의 작은 국가 조선의 민중들에게 자신들이 역사의 주체임을 각성시킨 점에서는 성공의 역사였다. 그 시절 다른 이념과의 이러한 질적 차별성을 천도교는 민족의 한가운데서 민중운동으로 줄기차게 실천해 왔다. 청우당의 경우도 일제 강점기와 해방정국을 거치면서 자주적 통일독립국가 수립운동을 위하여 민족운동, 사회운동 부문에 큰 업적을 내고서도 지금은 잊혀져 버린 정치세력이 되어 있다. 암울하고 희망 없던 그 시대에 국내의 대부분의 유력자나 단체가 친일, 친미, 친소파가 되어 가고 민중이 그 좌절감을 더욱 심화시키고 있던 그때에, 청우당의 활동은 항해하는 배를 인도하던 등대와도 같았다고 할 수 있다.

특히 해방정국 시기 청우당의 정치 활동은 민족자주의 이상적 통일 민주국가를 수립하고자 하는 민족의 바른 길을 추구했던 표본이었다고 평가할 수 있다. 더욱이 그들은 여느 정치세력과 달리 명백한 자기 정치이념을 가지고 해방된 국가의 미래상을 제시했다. 청우당은 동학사상의 대원칙인 인간 존중의 이념을 바탕으로 인내천, 물심일원, 성신쌍전, 교정쌍전의 철학적 이념을 제시하고 보국안민과 포덕천하의 원대한 이상을 나열하고 있다. 그리고 좀 더 현대적 실천의 의미에서 청우당은 여전히 남아 있던 신분제 타파의 사회질서 확립, 민주경제 실현을 위한 공정 배분이 이루어지는 평등사회의 건설, 진정한 문화개벽의 완성, 사인여천의 윤리실현 등 조선적 신민주주의를 주창했다.

청우당의 운동과 이념은 분명 많은 문제와 한계를 가지고 있다. 그러나 그것은 우리 역사에서 한국 민족주의 운동의 전통이라고 할 수 있는 것으로, 현실적이냐 비현실적이냐의 문제가 아닌 정도正道냐 사도邪道냐의 문제이기에 그 의의와 가치는 현재를 넘어 미래로 열려 있다고 평가할 수 있다.

주석

1 대략 3개월간의 논의를 거쳐서 1947년 3월에 소책자로 완성되는데, 출간일은 4월 5일이다. 논의에 참여한 인사로는 김병제·김병순·박우천·공진항·이 응진·송동곤·이양보 등이었으며 북조선천도교종무원의 조기주와 북조선천 도교청우당본부 부위원장 박윤길도 월남하여 의견을 개진했다고 한다.

2 당론의 경우 그 내용과 진술 방식 등을 보건대 야뢰 이돈화의 작품이 아닐 가 능성도 있다. 일설에는 허문일이 작성했다고도 하나 확인되지 않는다.

3 『如菴文集』上, 如菴先生文集編纂委員會, 1971, 147-149쪽 및 『如菴文集』下, 45-47쪽.

4 『每日新報』1945.9.23.

5 『매일신보』1945.9.28; 10.1.

6 金鍾範·金東雲, 『解放前後의 朝鮮眞相』第2輯, 朝鮮政經研究社, 1945, 128쪽.

7 『자유신문』1945.11.5; 『매일신보』1945.11.6.

8 「復刊辭」, 『開闢』제73호, 1946.1, 23쪽.

9 청년회는 1945년 11월 25일 부활했는데 "첫째, 우리는 사인여천의 교양과 훈 련으로 청년대중의 원기 진작과 인격 향상을 기함, 둘째, 우리는 민족의 자주 독립과 근로 대중 해방의 전위대가 됨을 기함, 셋째, 우리는 공고한 단결과 활 발한 행동으로서 당 운동을 절대 지지함"이라는 신강령을 발표하였다.

10 『北韓年表』, 국토통일원, 1980, 31-32쪽.

11 『북한연표』44쪽.

12 『민중일보』1945.12.2; 『조선일보』1945.11.29.

13 『서울신문』1945.12.21. 청우당이 이처럼 해방정국 초기 이승만에 대한 지지보 다는 백범의 노선을 지지한 것은 임시정부에 다수의 천도교인이 참여했다는 이유도 있지만 무엇보다도 그들의 자주적 민족통일운동에 동감했기 때문으로 생각된다. 실제로 해방정국 기간 동안 남한 내에서는 이승만의 외세 이용 독립 국가 건설론과 백범의 자주적 통일독립국가 건설론의 대립·경쟁관계가 지속 되었다.

14 『중앙신문』1945.12.30.

15 『자유신문』1945.1.30.

16 『조선일보』1945.12.29.

17 『서울신문』 1946.1.1. 당시 천도교인으로 여기에 참여하였던 사람으로는 위원
장 권동진, 위원 오세창 · 백세명 · 이군오 · 이인숙 등도 있다.

18 『서울신문』 1946.1.19.

19 『조선일보』 1946.2.11.

20 『조선일보』 1946.3.13.

21 『조선일보』 1946.10.10.

22 의견 충돌의 핵심은 모스크바 결의문에 담겨 있는 '민주주의'의 해석 다툼이었
다. 즉 조선의 임시정부 수립을 위해 조선 내의 민주주의적 단체와 협의한다는
문구를 들고 협의 대상이 되는 민주주의적 단체가 누구인가에 대해 대립한 것
이다. 소련은 모스크바 결의문에 동의한 단체만이 민주주의적 단체라는 주장
이었고, 미국은 민주주의는 반대의 자유도 포함하는 것이므로 결의문에 반대
한 단체도 협의 대상에 넣어야 한다는 것이었다.

23 『서울신문』 1946.10.18.

24 『서울신문』 1946.11.16.

25 『조선일보』 1946.11.20.

26 『조선일보』 1946.12.12.

27 『조선일보』 1947.1.25; 『동아일보』 1947.1.25.

28 『조선일보』 1947.2.4.

29 『경향신문』 1948.1.16.

30 김달현 일파의 밀고로 사전에 17,000여 명의 교역자가 체포되고, 187명이 처
형되는 등 운동은 실패로 끝나고 말았지만 영변 등지에서는 시위 행렬이 30리
나 되는 등 북한 민중들의 가슴에 통일 의지와 민족의식을 심어주기에 충분했
고 이후 영우회라는 비밀조직으로 이어져 점차 관제화되는 청우당을 대신했
다. 이 사건은 '3 · 1재현운동'으로 명명되어 왔다. 『삼일재현운동지』, 신인간
사, 1969. 최근에는 '분단저지운동'으로 불려야 한다는 주장이 자리를 잡아 가
고 있다.

31 오익제 편, 『천도교 요의』, 천도교중앙총부 출판부, 1986, 211-212쪽.

32 『서울신문』 1948.5.4; 『조선일보』 1948.5.4;

33 『조선일보』 1948.5.8.

34 『조선일보』 1948.4.21.; 4.28. 그러나 자격 심사에서 4명만 통과되었다. 이 외에
도 천도교인으로는 최동오, 신숙이 참여하였다.

35 『조선일보』 1948.7.13.

36 이미 청우당은 1947년 7월 15일 보성사가 김성건 등 20여명으로부터 습격을
당해 활자가 흩어지고 인쇄기에 모래가 뿌려지는 테러를 당했다(『자유신문』
7.17. 『중앙신문』 7.17.). 8월 11일에는 수도경찰청에서 좌익계 인사에 대한 검
거령을 내리고 12일까지 민전, 전평, 전농 등 좌익계 단체 외 협동조합, 근로인
민당, 청우당, 반일투쟁위원회 등의 사무실을 수색하여 3,4백명을 검거하였다.
이때 청우당 관계자는 박우천, 김병제, 계연집 등 수명이 피검되었다(『조선일
보』 1947.8.13.).
37 동학은 기본적으로 政과 敎를 분리하여 보지 않는다. 인내천 생활의 표현 중 그
것이 제도로서 나타날 때는 정으로 되고, 그것이 교화로서 나타날 때는 교로
되는 것이다. 따라서 천도교는 세상을 새로이 하는 일에서 정신교화를 존중함
과 동시에 물질적 제도를 또한 중시하여, 그 두 가지를 병행하려고 한다. 이것
이 천도교의 교정쌍전이고 청우당을 건설한 이유가 되는 것이다.
38 3·1운동을 주도한 천도교에 대한 일제의 탄압은 가혹하기 이를 데 없었다. 많
은 교도의 연행과 구속은 물론 재산 압수, 전교실 폐쇄 등이 잇따랐다. 뿐만 아
니라 천도교를 분열시키기 위하여 靑林敎, 濟愚敎 등 친일적 사이비 동학 계열
의 종단을 건설했다. 오지영은 이때의 상황을 이렇게 말하고 있다. "조선독립
운동에 타사회보다 천도교는 일층 곤란을 밧엇서고 乃終에는 천도교 간판 문
제까지도 흔들니여 가장 위험한 상태에 빠졌섯다." 오지영, 『동학사』 四, 신창
서관 발행(아세아문화사 영인본, 1973).
39 조기간, 『천도교청년당소사』, 천도교청년당본부, 1935, 130쪽.
40 신용하, 「자료해제—천도교청년당동경부의 문서 '조선농민의게'」, 『한국학보』
1993, 봄호, 일지사.
41 동학의 이 같은 현실 위주의 사고는 한국 전통 종교가 가진 공통점이기도 하다.
실제로 원효의 和諍思想이나 보조국사 지눌의 敎觀兼修論 그리고 성리학의
實學思想 등은 종교 위주가 아닌 현실 개혁 위주였다. 그래서 한국 전통 종교
는 종교로 접근하기보다는 하나의 사상으로 접근해야만이 그 내면의 본질을
발견할 수 있다고 생각된다.
42 여기서 정신개벽은 과거의 잘못된 관념 형태에 대한 근원적인 개혁을, 민족개
벽은 민족의 완전 해방과 새 시대에 맞는 민족적 자기 혁신을, 사회개벽은 구
사회 제도를 근본적으로 개혁하여 모든 사람의 성능을 최대한으로 발휘시키
고 모든 사람의 생활을 최고도로 향상시키는 것을 의미한다.
43 『소사』에 의하면 청년당 시절의 강령은 일, 사람성자연에 맞는 지상천국의 실

현!. 일, 사인여천에 맞는 새 윤리의 수립!의 두 가지였다. 『소사』 136쪽.

44 이후 청우당의 제4강령은 3강령과 중복되는 부분이라 하여 합치시켰다고 한다. 여기서는 강령을 제시하고 있는 이돈화, 『당지』(청우당중앙당선전부, 1947)의 해석에 따라 4강령을 포함시켰다.

45 이돈화, 『신인철학』, 천도교중앙총부출판부, 1924.

46 이러한 자주를 유지하기에 조선의 지정학적 위치가 유리하다는 점을 지적하고도 있다.

47 청우당의 자주노선은 동학사상과 운동에 연유한다. 동학의 역사가 곧 민족자주를 향한 역사였기 때문이다. 이는 독립선언서의 첫머리에서도 '자유민'이 아닌 '자주민'임을 선포하는 대목에서도 동학의 역사가 얼마나 자주를 향한 투쟁의 역사였는가를 증명하고 있다. 김철, 1989, 「동학의 정치사상 — 청우당의 삼대강령을 중심으로」, 『東學精義』, 동선사, 359-360쪽 참조.

48 이러한 주장은 당시 자본가 중심의 사회를 지향하는 남쪽과 노동자 중심의 사회를 지향하는 북쪽 모두로부터 소외되는 청우당의 운명을 예고해 주는 것이나 다름없었다. 김철, 위의 책, 364쪽 참조.

49 김철, 위의 책, 366쪽.

50 고립은 자살을 의미하고 의타는 타살을 의미하므로 자립을 하고 독립은 하되 다른 나라와 더불어 평화적 공존과 협동 체제를 이루는 것이 중요하다는 의미이다.

51 실제로 개인이든 사회든 윤리 도덕이 확립되어야만 국가가 부패하지 않는다. 세계사의 흥망성쇠를 보더라도 순수한 외침에 의해서 나라가 망한 예보다도 대내적인 부패와 도덕적 타락에 의해서 내우외환을 자초하여 국가를 멸망으로 몰고 간 경우가 허다하며, 특히 정치 지도자의 부패와 타락은 나라의 존망과 직접적인 관계에 있어 더욱 경계의 대상이 된다. 김철, 앞의 책, 367쪽.

52 『당지』, 65쪽.

53 해월 최시형의 "人是天이니 事人如天하라"는 말에서 기원하는 사인여천은 사람 섬기기를 한울님 섬기듯 하라는 동학사상의 실천론이다. 사인여천이 있음으로 해서 동학사상의 시천주는 민중 속으로 들어와 민중 하나하나가 주인되는 세상을 건설하여야 한다는 당위를 뒷받침하게 되었다. 즉, 동학이 수운의 관념성을 뛰어넘어 구체적 실천성을 부여 받는 계기가 된 것이 바로 사인여천이다.

54 정당에서도 윤리와 도덕의 철학이 반드시 있어야 하는 이유가 여기에 있다.

55 『당지』, 70-71쪽 참조.

56 마르크스의 소유제 부정론과 같은 인식적 기초가 청우당 경제론의 토대이다. 마르크스가 소유제가 없어진 사회를 공산사회라고 했다면 천도교청우당은 동귀일체사회라고 명명했다.

57 인간의 소유 충동은 항상 인류 부패의 원인이 된 데 비하여, 창조 충동은 과거의 불안전에서 탈피하여 미래의 완전을 향하여 발전하는 계기가 되므로 정신개벽의 요체는 창조 충동에 있다.

58 김철, 앞의 글, 379쪽.

59 생활정치의 문제는 포스트모던 논쟁의 주제이기도 하다. 특히 하버마스의 생활정치 논리는 가장 대표적인 이론이라 할 수 있다.

60 김병제, 『천도교 정치이념』, 천도교총본부 지도관, 1947, 123-124쪽.

61 위의 책, 124쪽.

62 『천도교의 정치이념』, 126-134쪽 참조.

63 위의 책, 135-140쪽 참조.

64 그렇다고 해서 중소상공업의 자유기업을 금지하자든가 개인사유권을 일절 부인하는 것은 아니다.

65 위의 책, 140-146쪽 참조.

66 위의 책, 146-153쪽 참조.

67 『당론』.

68 1. 당헌의 모든 조항을 충분히 이해 기억하여 일상적인 일동일정이 하나도 당헌에 위배됨이 없게 할 것. 2.당의 강령 정책을 충분히 이해 기억하여 어느 때 어느 곳에서든지 그 실현을 위한 활동의 적극성을 높일 것. 3. 당의 규율을 준수하고 강령 정책을 실현하기 위한 능동적 활동에 열성을 다함으로써 어느 때 어느 곳에서든지 일반 인민들에게 애국적·건설적인 실천의 모범을 보일 것. 4. 일반 인민들보다 더욱 열성적으로 배우며 일하고 일하며 배우는 생활을 지속하여 지식 기능 실천이 모두 일반보다 높은 수준에 도달하게 할 것. 5. 선진적인 진취성과 희생적 애국심으로써 인민을 옳은 방향으로 추동 지도할 것이요 결코 낙후분자들의 꼬리를 따르는 일이 없을 것. 6. 일상적으로 인민과 함께 말하고 웃고 일하는 가운데서 그들의 진정한 진보적·애국적 의사와 요구를 받아들여 당의 의사를 인민 대중의 의사와 더욱 밀접히 결부되게 하고 당의 요구가 더욱 절실히 인민 대중의 요구를 대변하게 하는 생신한 자료가 되게 할 것. 7.당원 상호간의 심화 기화적 단결을 더욱 강화하며 우당과의 협조를 더

욱 굳게 하여 민주주의적 통일 단결에 좋은 모범을 보이며, 교인 및 일반 인민들의 곤란을 자기의 곤란으로 여겨 적극적으로 도와주고 어려운 문제를 친절하게 해결하여 주는 성의를 아끼지 말 것. 8. 인민 주권의 바른 시책을 인민 대중 속에 심화 (철)저시키는데 있어서 항상 선봉이 되고 모범이 될 것. 9. 입은 당의 입이 되어 일상적으로 당의 바른 주장을 선전하며 자기의 눈과 귀는 당의 눈이 되고 귀가 되어 당 및 인민 주권관계에 해를 끼치는 당내 당외의 모든 적 (사람으로서의 적 사상 경향으로서의 적 또는 의식 무의식 중에 일어나는 행동으로서의 적)들을 재빨리 적발 폭로 또는 시정 숙청하는 경각성을 높이어 가지고 있을 것. 10. 당원은 마땅히 농민은 농민으로서, 근로자는 근로자로서, 사무원 기술자는 사무원 기술자로서, 상인은 상인으로서, 기업가는 기업가로서 항상 애국적 · 건설적인 태도를 가지고 자기의 직무에 충실하여 직업상의 모범이 되고, 인민 경제 건설의 추동력이 될 것. 11. 일할 때에는 남보다 더 부지런하게, 더 세심 정밀하게, 더 진보적 · 적극적으로 일하며, 애국적인 사업에는 남보다 더 희생적 · 선진적으로 용감히 돌진하여 많은 성과를 거우되 공은 항상 인민들에게 돌리어 스스로 자고 자대하지 말 것. 12. 천도교인으로서의 수련 향상과 교리 교사의 연구를 게을리 하지 않는 동시에 현대적 과학 지식 수준을 더욱 높이기 위하여 항상 부지런하고 열성적일 것. 13. 일언일동을 좀 더 당에 이익이 되도록 국가 인민에 이익이 되도록 정성과 적극성을 가지고 행동할 것이며, 털끝만치라도 당과 국가 인민에 해되는 일을 하지 말 것. 14. 당의 기본 세포기관인 〈접〉생활을 철저히 하여 사적 생활과 당적 생활을 딴 방향으로 이탈시킴이 없어야 할 것이며 당과 자체의 불이성을 사상 의식상으로 뿐만 아니라 일상적 실천에서 구현할 것. 15. 당의 결의와 지시를 접수함에 있어서 이를 자기의 역량 및 그때 그곳의 구체적 실정에 맞도록 구체화시켜 책임적 적극적으로 실천할 것. 16. 보고와 연락은 반드시 기관을 통하여 할 것이요 사적 · 개인적 행동을 취하지 말 것이며, 당의 비밀을 생명으로써 지키며 당의 조직적 사업을 책임적으로 집행하여야 할 것 등이다. 『당론』.

동학네오클래식12

천도교의 정치이념

등록 1994.7.1 제1-1071
1쇄 발행 2015년 3월 31일

지은이 김병제 이돈화 외
해 제 임형진
펴낸이 박길수
편집인 소경희
마케팅 조영준
디자인 이주향
펴낸곳 도서출판 모시는사람들
        110-775 서울시 종로구 삼일대로 457(경운동 수운회관) 1207호
전 화 02-735-7173, 02-737-7173 / 팩스 02-730-7173

인 쇄 상지사P&B(031-955-3636)
배 본 문화유통북스(031-937-6100)
홈페이지 http://modl.tistory.com

값은 뒤표지에 있습니다.
ISBN 978-89-97472-97-0   04250
SET   978-89-97472-22-2   04250

이 도서의 국립중앙도서관 출판예정도서목록(CIP)은 서지정보유통지원시스템 홈페이지
(http://seoji.nl.go.kr)와 국가자료공동목록시스템(http://www.nl.go.kr/kolisnet)에서 이용하
실 수 있습니다.(CIP제어번호: 2015007632)